한국의 경제발전과 기업가정신

조재호 지음

UUP

한국의 경제발전과 기업가 정신

- 2021년 2월 26일 개정판 발행
- 2014년 9월 1일 초판 2쇄 발행
- 2011년 2월 28일 초판 발행
- 지은이 조재호 ▪ 펴낸이 오연천
- 펴낸곳 UUP(울산대학교출판부) 680-749 울산광역시 남구 대학로 93(무거동) 울산대학교 출판부
- 전화 (052)259-2488 팩스 (052)277-3011 ▪ 홈페이지 http://uup.ulsan.ac.kr
- 출판등록 제370-1996-000001호(1996.3.13)
- ₩ 12,000

ISBN 978.89.7868.985.4(93320)

_ 글을 시작하면서

'한 송이의 국화꽃을 피우기 위해 봄부터 소쩍새는 그렇게 울었나 보다'라는 미당 서정주 시의 구절이 있다. 고통과 인내의 결과로 한 송이 꽃이 피어난다는 걸 노래한 것이리라. 1960년 이전 한국은 세계에서도 가난한 국가 중의 하나이었다. 1900년부터 1960년 동안 한국의 1인당 소득의 평균 성장률은 0.71%로 당시 저개발국가 평균 성장률 1.2%에 못 미치는 낮은 수준이었다.

2021년 현재 한국은 세계 10권의 경제대국이다. 단순히 부(富)의 규모만을 따진다면 분명 선진국은 아니다. 국내총생산(GDP) 순위는 10위이지만, 1인당 소득은 세계 28위에 불과하다. 그런데도 한국경제가 주목받는 이유는 한국이 맨주먹으로 시작하여 고도성장을 이룩하였고 이를 지속적으로 유지하고 있기 때문이다. 물론 고도성장 과정에서 민주주의와 인권의 억압, 소득과 부의 불평등, 계층과 지역 간 갈등, 전통의 해체나 가치관의 혼돈과 같은 부작용이 있기는 했지만, 빈곤 탈피나 경제성장의 성과를 가릴 만큼은 아니다.

한국은 세계에서 가장 가난한 나라에서 일약 근대 공업국가로 도약하며 이른바 '한강의 기적'을 만들어 냈다. 이러한 경제 기적에는 60~70년대 '정부주도적' 개발전략이 주효했다. 그리고 조국 근대화에 동참하면서 창의력을 발휘하고 헌신적인 노력을 기울였던 기업가, 그 기업가와 뜻을 같이 하는 근로자의 동참이 없었다면 '한강의 기적'은 결코 이루어질 수 없었을 것이다.

세계경제는 끊임없이 변화하고 있다. 세계경제와 깊숙이 연동되어 있는 한국경제는 1997년의 외환위기, 2009년의 글로벌 경제위기 그리고 2020년 코로나19를 겪으면서 일시적 경기 침체를 경험하였지만 이를 극복하고 다시 성장세로 돌아섰다. 세계경제 위기 때마다 주저앉지 않고 다시 일어서는 저력은 기업가 정신으로 무장한 창업 기업가들의 노력과 경제개발을 향한 정부의 집념이 한데 어우러져 글로벌 시대에 걸맞은 튼튼한 산업들을 건설하였기에 가능한 것이었다.

이웃나라 일본 오사카시(市) 상공회의소에는 '기업인의 박물관'이 있다. 전 세계 수많은 일반인, 기업인, 학생들이 이곳을 방문하여 오사카지역 상공인들의 활동과 그들의 기업가 정신에 대하여 연구하고 연수를 받고 있다. 또한 영국은 2004년부터 기업주간(Enterprise Week)을 시행하여 학생들에게 창업을 독려하고 기업가 정신을 홍보하고 있다. 그러나 우리 주위에는 아직도 왕성한 기업가 정신이 발현되기 힘든 여건들이 여기저기 산재되어 있다.

기업만이 사회발전의 유일한 원동력은 아니다. 그러나 국가의 부를 축적하고 치열한 글로벌 경쟁 속에서 경제의 선진화를 가져오기 위해서는 기업가 정신이 원활하게 실현될 수 있는 사회적 여건이 조성되어야 한다는 것이 필자의 소신이다. 본 저서에서는 과거 기적적 경제발전을 이루며 우리나라 정부와 기업인들이 보여주었던 창의성, 통찰력, 모험심, 진취성 등 기업가 정신이 한국경제 성장에 미친 영향에 대하여 서술한다.

창업 1세대 기업가들이 국가발전이라는 원대한 목표를 달성하기 위해 정부와 긴밀한 관계를 유지하며 민간분야에서 보여주었던 기업가 정신은 객관적으로 그 가치를 측정하기 힘든 무형문화재(intangible cultural heritage)와 같은 국가적 자산이다. 치열한 시대적 변화의 격랑 속에서 그 명맥을 유지해왔던 기업가 정신이 무한 경쟁시대인 21세기에 또 다시 발현되어 국가발전에 이바지하기를 희망한다.

본 저서를 통하여 산업발전을 주도한 정부의 기업가 정신과 더불어 철강, 조선, 자동차 및 반도체 등 한국경제의 핵심적 분야를 축으로 발휘되었던 민간 창업자들의 기업가 정신의 가치를 다시 한 번 고찰해보고자 한다.

본 저서의 구성은 다음과 같다. 제I부에서는 세계경제 성장과 한국경제의 발전과정을 소개한다. 정부와 민간의 기업가 정신을 구분하고 이들이 발현하는 과정을 사례와 이론으로 구분하여 서술한다. 제II부에서는 한국의 민간 기업가 정신을 산업별로 구분하여 설명한다. 철강, 조선, 자동차, 반도체산업을 중심으로 창업자들의 위기극복과 집념 그리고 그 성과에 대하여 서술한다. 제III부에서는 한국경제 발전에 좋은 운과 나쁜 운, 소득불평등 원인과 대책, 외환위기의 특징과 종류 그리고 부(富)의 창출을 위한 규칙들에 대하여 서술한다.

_ 목차

제II부 한국의 민간 기업가 정신 / 109

제III부 한국경제와 운(運) / 183

제 I 부

세계경제와 한국경제

러시아 문호 톨스토이는 장편소설 '안나 카레니나'에서 가난한 가족과 행복한 가족의 특징을 구분하였다. '모든 행복한 가족들은 서로 닮은 데가 많다. 그러나 모든 불행한 가족은 그 자신의 독특한 방법으로 불행하다'는 것이다. 세계경제를 살펴보면 톨스토이가 관찰한 바와 비슷하다. 가난한 국가들은 유형이 다양할지 몰라도, 부자 국가들의 패러다임은 하나다. 가난한 국가는 특유의 경제여건과 사회여건을 벗어나지 못한 채 빈곤에서 허덕이고 있으며, 부자 국가는 자신들이 오랫동안 가꾸어 놓은 경제, 법, 정치제도 등을 활용하면서 부유한 생활을 영유하고 있다.

가난한 국가가 빈곤의 늪에서 벗어나기는 쉽지 않다. 짧은 시간 내에 가난한 국가가 부자 국가가 되려는 것은 부자 국가가 더 부자 국가가 되려는 것보다 훨씬 더 크게 불리한 여건에서의 승부이다.

제I부에서는 세계경제 발전 현황을 소개하고 과거 가난한 국가였던 한국이 기업가정신으로 온갖 국내외의 시련을 극복하고 부자 국가가 되어가는 과정을 소개한다. 정부와 민간의 기업가 정신을 구분하고 이들이 발현하는 과정을 이론과 사례를 통하여 서술한다.

제1장_ 세계경제

세계 지도를 보면 부자 나라와 가난한 나라가 쉽게 구분되어 진다. 미국과 일본 그리고 서유럽 일부 국가들은 부자 국가들이며, 아프리카 대부분의 국가들은 가난한 국가들이다. 처음부터 부자 나라와 가난한 나라로 구분되어 있던 것은 아니다.

경제학자들은 18세기에 영국에서 일어난 산업혁명 이후 동서양의 소득 차이가 벌어졌다고 판단한다. 1776년 아담 스미스의 '국부론'이 출판되면서, 아담 스미스의 처방대로 국가의 부를 축적시키기 위하여 자본주의를 채택한 국가들은 일찌감치 경제가 성장하여 선진국의 대열에 섰다. 오늘날 부자 국가들 소득의 90%가 1820년대 이후에 형성되었다고 한다. 이후, 후발 국가들이 자본주의를 도입하면서 경제 성장을 도모하고 있지만, 19세기부터 벌어진 국가 간의 소득 불평등은 근세기에 들어와서도 그 격차가 좁혀지기는커녕 오히려 지속적으로 악화되고 있다.

국가 간 소득의 불평등을 측정한 연구(Bourguignon & Morrison, 2002)에 따르면, 1820년부터 1992년까지 전 세계의 소득 지니계수(Gini coefficient)는 30% 증가하였다. 지니계수가 증가하였다는 것은 국가 간 부익부, 빈익빈이 심화되었다는 것을 의미한다. 최근 중국과 인도 경제가 성장하면서 전 세계 소득 불평등지표가 개선되고 있지만, 빈곤이 집중되어 있는 아프리카지역의 상대적인 소득 불평등은 더욱 심화되고 있다. 소득불평등에 대해서는 제22장에서 자세히 다룰 예정이다.

19세기 세계에서 가장 잘 사는 나라는 영국이었다. 당시 미국과 일본이 부자 나라는 아니었지만 지금은 영국보다 더 잘 사는 나라가 되었다. 우리나라 역시 70년 전에는 세계 최빈국 중 하나였지만, 꾸준히 경제발전에 매진한 결과 지금은 세계적으로 잘 사는 나라 중 하나가 되었다.

국내총생산이란 일정 기간 동안 그 나라에서 생산된 모든 재화와 서비스를 합한 것이다. <표 1-1>은 각국의 국내총생산(GDP)과 1인당 국내총생산(GDP per capita)의 순위를 나타낸다. 현재 세계에서 제일 부자 나라는 미국이다. 미국은 2020년 국내총생산이 약 20.8조 달러로 세계 1위이다. 미국의 GDP 규모는 영국, 독일, 러시아 및 몇몇 유럽 국가들의 GDP를 합친 수준과 비슷하다. 세계 2위는 중국으로 약 15.2조 달러의 GDP를 갖고 있다. 세계 10위인 우리나라의 GDP는 1.6조 달러로 세계 3위의 위상을 자랑하는 일본 GDP 4.9조 달러의 1/3 수준이다. 일본의 토지면적은 374,744㎢로서 남한의 토지면적(99,538㎢)의 3.76배이다. 일본은 유럽의 부자 국가인 독일의 토지면적(357,028㎢)보다 크며, 독일의 GDP는 3.8조 달러로 일본보다 작다. 통계적으로 볼 때 일본은 우리의 일반적인 통념보다 훨씬 큰 경제 대국임에는 틀림없다.

어느 나라 국민이 얼마만큼 잘 사는지를 알아보려면 국내총생산(GDP)을 전체 국민수로 나누어보면 된다. <표 1-1>에 따르면 2020년 우리나라의 국민 1인당 국내총생산은 30,644달러(명목환율로 계산)로 세계 28위이다.

〈표 1-1〉 GDP · 1인당 GDP 순위(2020)

GDP (Nominal) Ranking

Country/Economy	GDP (Nominal) (billions of $)						Growth (%)	GDP per capita (Nominal) ($)		Continent
	2019	Rank	2020	Rank	Share (%)	diff	2020	2020	Rank	
United States	21,433.23	1	20,807.27	1	24.8	-	-4.27	63,051	5	North America
China	14,731.81	2	15,222.16	2	18.2	5,585	1.85	10,839	64	Asia
Japan	5,079.92	3	4,910.58	3	5.86	10,312	-5.27	39,048	23	Asia
Germany	3,861.55	4	3,780.55	4	4.51	1,130	-5.98	45,466	15	Europe
United Kingdom	2,830.76	6	2,638.30	5	3.15	1,142	-9.76	39,229	22	Europe
India	2,868.93	5	2,592.58	6	3.09	45.7	-10.29	1,877	148	Asia
France	2,715.82	7	2,551.45	7	3.04	41.1	-9.76	39,257	21	Europe
Italy	2,001.47	8	1,848.22	8	2.20	703	-10.65	30,657	27	Europe
Canada	1,736.43	10	1,600.26	9	1.91	248	-7.14	42,080	18	North America
Korea	1,646.74	12	1,586.79	10	1.89	13.5	-1.88	30,644	28	Asia
Russia	1,702.50	11	1,464.08	11	1.75	123	-4.12	9,972	66	Europe
Brazil	1,839.08	9	1,363.77	12	1.63	100	-5.80	6,450	88	South America
Australia	1,387.09	14	1,334.69	13	1.59	29.1	-4.16	51,885	10	Oceania
Spain	1,394.27	13	1,247.46	14	1.49	87.2	-12.83	26,832	33	Europe

출처: IMF, World Economic Outlook Database (2020)

제2장_ 경제성장과 경제개발

개발도상국 중에는 경제를 성공적으로 부흥시켜 선진국의 길을 걷고 있는 나라가 있는 반면 아직도 빈곤의 악순환에서 헤어나지 못하는 국가들도 있다. 경제를 성공적으로 성장시켜 선진국 경제로 발전한 개발도상국은 한국을 포함하여 극히 소수에 불과하다. 경제성장에 실패한 국가들은 여전히 가난한 상태로 남아있다. 가난한 국가의 국민들이 겪는 고통, 삶의 수준, 그리고 해결점에 대해 서술한다.

여기서 이론적으로 경제개발과 경제성장을 구분할 필요가 있다. 경제성장은 소득과 성장률 등 양적인 변화를 다루는데 반해, 경제개발은 삶의 수준(standard of living)과 관계있는 조건의 변화를 다룬다. 주어진 여건에서 더 많이 생산하면, 즉 생산성이 높아지면 삶의 수준이 높아지기 때문에 경제성장은 생산성과 관련이 높다. 반면, 경제개발은 수준 높은 삶과 우수한 교육제도, 재화와 용역의 적절한 분배 등 양적인 변화보다 질적인 변화를 추구한다. 경제개발은 경제성장을 포함하는 폭 넓은 개념이다.

1. 빈곤과 질병

빈곤에서 해방되는 것은 개발도상국에게 매우 중요한 과제이다. 세계은행은 2020년 기준 1일 생활비 1.9달러(원화 약 2,200원), 1년 생활비 700달러(약 81만원) 이하를 버는 계층을 극빈층으로 분류한다. 세계은행은 코로나19 사태 발생 이전 2020년 말 기준으로 전 세계의 극빈층이 6억1,500만 명에 달할 것으로 전망하였지만 코로나19 이후 전 세계의 극빈층은 7억300만~7억2,900만 명으로 확대 추산하고 있다. 이는 세계 인구의 최대 9.4%에 해당하는 수치다. 지난 20년간 전 세계의 극빈층이 계속 줄어들었지만, 코로나19 사태로 인하여 극빈층이 증대하여 2030년까지 빈곤을 종식하겠다는 유엔의 계획에 차질이 생기고 있다.

<표 2-1>은 후진국에서 발생빈도가 높은 질병을 정리한 것이다. 가난한 국가에서는 설사, HIV/AIDS 등의 발생 빈도가 높다. 이들 질병들은 예방과 치료가 가능하다. 그리고 0세에서 4세에 이르는 '어린이 사망률'도 선진국은 백만 명당 0.9명인 반면, 후진국은 30.2명으로 상당히 높다.

〈표 2-1〉 국가의 소득과 질병

백만 명 중의 사망자 수(1년간)	전 세계	후진국	선진국
독감(respiratory infections)	3.96	2.90	0.34
HIV/AIDS	2.78	2.14	0.02
분만관련 사망(Perinatal deaths)	2.46	1.83	0.03
설사병(Diarrheal disease)	1.80	1.50	0.00
결핵(Tuberculosis)	1.57	1.09	0.01
말라리아(Malaria)	1.27	1.24	0.00
사망률			
0세~4세	18.4	30.2	0.9
60세 이상	50.8	34.2	75.9

출처: Deaton (2006)

Easterly(2001)의 분석에 따르면 소득이 10% 증가하면 유아사망률이 6% 감소한다고 한다. 2017년 한국의 유아사망률은 1,000명당 2.7명이며, 멕시코의 유아사망률은 1,000명당 12.5명이다. 멕시코의 어머니들은 한국의 어머니보다 더 큰 슬픔을 겪고 있다. <그림 2-1>은 중국과 인도의 소득증가율과 유아사망률의 관계를 나타낸 것이다. 그림에서 1인당 소득이 늘어남에 따라 유아사망률은 급속히 하락하고 있음을 알 수 있다.

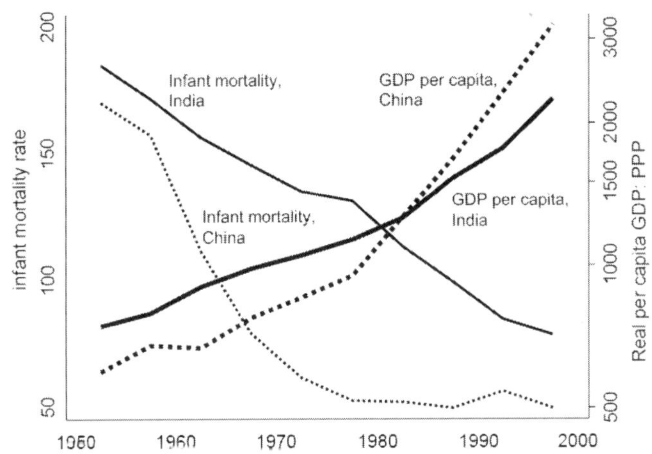

출처: Deaton (2006)

〈그림 2-1〉 1인당 GDP와 유아사망률(중국, 인도)

2. 평균수명과 국민소득

국민 건강상태와 사회 안전망은 평균수명과 관련이 깊다. 의료제도와 사회보장제도가 잘 구비된 나라의 평균수명은 대체로 높다. 국민 건강은 국가경제에도 긍정적인 영향을 미친다. 경제개발 초기에는 평균수명이 높은 나라가 평균수명이 낮은 나라보다 일반적으로 더 높은 경제성장률을 기록한다.

세계보건기구(WHO)에 따르면 2000~2005년 경제협력개발기구(OECD) 회원국 국민의 평균기대수명은 78.8세였다. 기대수명은 해당연도에 태어난 아이가 앞으로 살 것으로 기대되는 연수를 뜻한다. 이는 1970~1975년보다 7년 이상 늘어난 수치로, 지난 세기에 비해 평균수명이 거의 30년 가까이 늘어났다. 반면, 아프리카 사하라 사막 남쪽의 가난한 나라 국민들의 평균수명은 46.1살로, 1970년 이래 겨우 4개월 늘었을 뿐이다. 부자 국가들의 평균수명이 가난한 국가들의 평균수명보다 50% 이상 길다. 2020년 OECD 보건통계에 따르면 2018년 한국인의 기대수명은 82.7년이며 OECD 회원국 평균은 80.7년이다. 기대수명이 가장 긴 나라는 세계 최장수 국가인 일본(84.2년)으로 우리나라와는 1.5년 차이이다.

선진국의 주요한 사망원인은 암이나 심장병 관련 질병으로 주로 노년층에서 일어난다. 반면 개발도상국에서는 유아사망률이 상대적으로 높다. 소득 증가는 유아사망률을 크게 억제하여 평균수명을 연장시킨다. 평균수명과 1인당 소득의 크기를 나타내는 곡선(The Preston Curve)은 다음 그림과 같이 비선형으로 나타난다.

<그림 2-2>는 국가별 1인당 소득과 평균수명과의 관계를 연도별로 구분한 것이다. 10년 주기로 구분할 때 미국은 1960년대 이후 소득은 계속 증가하였지만, 평균수명은 70세 이상에서 거의 변동이 없었다. 반면 중국과 인도는 낮은 국민소득 수준에서 시작해서 소득 증가보다 평균수명의 증대가 더 빠르게 진행되고 있음을 알 수 있다.

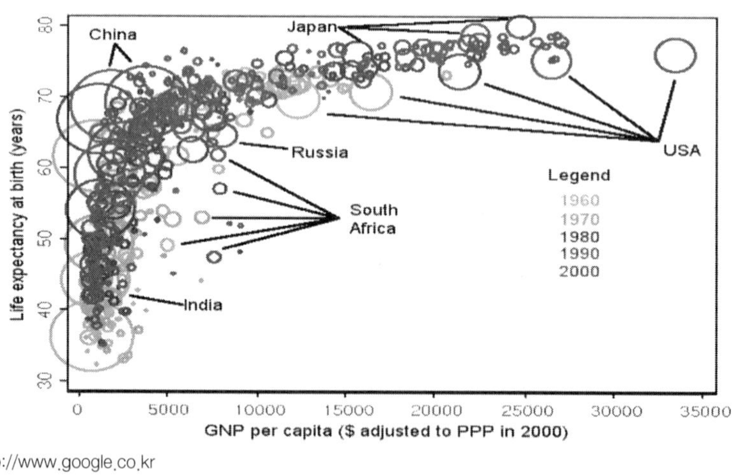

출처: http://www.google.co.kr

〈그림 2-2〉 국가별 1인당 소득과 평균수명

3. 삶의 만족도

세계 국가들의 삶의 질에 대한 만족도를 인터뷰 형식으로 조사하는 World Values Survey와 World Poll이 있다. <그림 2-3>에서 까맣게 색칠한 동그라미는 World Values Survey의 결과이다. Gallop에서 조사한 World Poll에 따르면 소득이 증가하면서 삶의 만족도는 완만하게 증가하고 있다. 반면 World Values Survey에 따르면 국민소득이 낮은 상태에서는 삶의 만족도가 가파르게 증가하며 소득이 일정수준을 넘어서면, 즉 10,000달러 이상의 소득수준에서는 소득과 만족도간의 관계는 완만하게 증가하는 것으로 나타났다. 두 조사 결과에 따르면, 1인당 소득이 높으면 대체로 삶의 만족도가 높다.

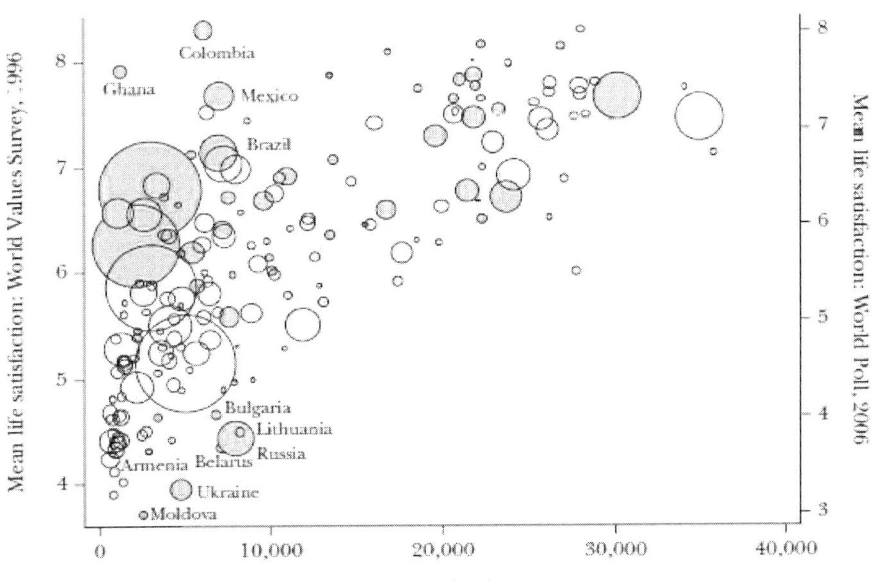

출처: Deaton (2008)

〈그림 2-3〉 세계 삶의 만족도 조사

5. 기타 경제 및 사회지표

가난한 국가의 산업 비중을 보면 국내총생산(GDP)에서 농업이 차지하는 비중이 상대적으로 높다. 저개발 국가에서 농업이 차지하는 비중은 대략 30%, 중진국은 10%, 선진국은 2% 수준이다. 농업 비중이 높다보니 소득은 강우량, 온도 등 자연조건에 따라 심하게 변동한다. 가난한 국가들은 자연히 천연재해에 노출되어 있다.

13개 국가(Cote d'Ivoire, Guatemala, India, Indonesia, Mexico, Nicaragua, Pakistan, Panama, Papua New Guinea, Peru, South Africa, Tanzania, and Timor Leste (East Timor)) 조사에 근거한 자료에 따르면 가난한 국가의 국민들은 소득의 대부분을 음식 구입에 사용한다. 소비에서 음식비가 차지하는 비중은 56~78%이다. 또한 소득이 증가해도 국민들의 영양상태는 바로 호전되지 않는다. 인도의 경우 1995~2005년 사이 매년 경제가 5%씩 성장하였지만, 체중이 정상보다 낮은 어린이의 비율은 45% 수준으로 10년간 거의 일정하였다.

가난한 국가들의 소비행태는 알코올, 담배, 종교 의식과 여흥에 대한 소비 지출이 높은 것이 특징이다. 알코올과 담배 소비를 줄이면 음식 지출을 30%까지 증대시킬 수 있다(Banerjee & Duflo, 2006).

가난한 국가는 TV, 라디오 같은 내구재를 소유하기가 힘들고, 의료제도가 발달되지 않아서 건강과 죽음에 대한 스트레스가 많다. 소득에서 교육투자 비중이 낮으며, 사회안전망과 같은 사회적 보호와 혜택의 제도가 제대로 구비되어 있지 않다. 또한 가난한 국가들은 자원을 효율적으로 활용하지 못하고 있다. 경제학자들의 연구에 따르면 방글라데시, 에콰도르, 인디아, 인도네시아, 페루, 우간다 등의 국가에서는 학교나 보건소를 사전 통지 없이 방문할 때 교사와 보건소 직원이 자리를 비운 경우는 각각 19%와 35%였다. (Chaudhary et al., 2006).

세계 경제개발 자료를 보면 이처럼 가난한 국가 국민들의 삶은 고달프고 각종 질병과 고통에 노출되어 있으며 선진국가보다 덜 행복하다.

어떻게 하면 가난한 국가들을 구제할 수 있을 것인가? 경제학자들은 국가가 가난과 질병의 고통에서 벗어날 수 유일한 길은 지속적인 경제성장이라고 판단하고 있다. 가난한 국가에 대한 부자 국가들의 지원이나 협력은 일시적인 효과만 가질 뿐이다. 자국 스스로의 경제성장 외에 빈곤을 해결할 수 있는 다른 근본적인 방법은 없다.

6. 국가 간 소득의 차이

국가 간 소득의 차이를 결정하는 요인은 무엇인가? 선행 연구(예: Hall & Jones, 1999; Bosworth & Collins 2003; Weil, 2007)에 따르면 국가 간 소득의 차이는 자본이나 인적 자원 같은 부존자원보다는 주로 생산성 차이에 기인한다. 부존자원으로는 국가 간 소득 차이를 34~39% 밖에 설명할 수 없다(Caselli, 2005). 이는 국가 간 경제력의 격차가 부존자원의 차이보다는 생산성 차이에 더 기인한다는 것을 의미한다.

풍부한 천연자원이나 지리적 이점을 제대로 활용하지 못한 국가들도 쉽게 찾아볼 수 있다. 예를 들면, 베네수엘라는 세계적으로 거대한 원유와 천연가스 매장량을 보유하고 있다. 미국 에너지정보청(EIA, 2017)에 따르면 베네수엘라의 원유 채굴 가능 매장량은 3,008억 배럴로 전 세계 원유의 5분의 1을 보유하고 있다. 석유 매장량 2위는 사우디아라비아(2,664억 배럴)이며 캐나다(1,697억 배럴), 이란(1,584억 배럴)이 뒤를 잇는다. 다만 베네수엘라는 석유 수출이 줄면서 달러 수입이 감소한 데다, 불황과 인플레이션까지 겹쳐 어려움을 겪고 있다. 그리고 '21세기형 사회주의'를 표방하고 있는 사회주의 경제체제로 인해 경제의 활력을 잃고 있다.

부존자원의 차이, 지리적 접근성이 비슷하면서 국민소득 차이가 큰 사례도 있다. 한국은행(2020)에 따르면 2019년 북한의 1인당 국민소득은 140만8천원으로 우리나라 1인당 국민소득(3,743만원)의 약 27분의 1수준(3.8%)이다. 2019년 북한의 국민총소득(GNI)은 모두 35.6조원이며 우리나라(1,935.7조원)의 54분의 1(1.8%) 수준이다. 북한 인구는 2,525만 명으로 한국(5,171만명)의 절반 수준이고 북한의 대외교역 규모는 32.4억 달러이며 한국의 교역규모 1.5조 달러와 비교하면 322배 차이이다.

남한은 1960년대부터 수출주도형 경제정책을 추진하면서 정부와 민간부문이 공조체제를 구축하면서 빠르게 성장하는 나라가 되었지만, 북한은 내부지향 경제정책을 추진하면서 외국과의 무역거래를 제한하고, '주체사상'으로 경제를 운영하면서 세계에서 가장 뒤쳐진 국가로 전락하게 되었다. 이에 대해서는 제4장에서 자세히 다룬다.

제3장_ 경제성장이론

경제성장이론은 일반적으로 신(新)고전학파의 경제성장이론(솔로우 모형)과 신경제성장이론(내생적 경제성장이론)으로 구분된다. 신고전학파의 경제성장이론에 따르면 자본, 노동, 기술 등의 생산요소가 증가하면 경제 규모가 확대되지만 경제성장률은 체감하게 된다. 신경제성장이론은 생산요소가 증가하면서 경제성장률은 체감하지 않고 지속적으로 높은 경제성장률이 유지된다고 주장한다. <그림 3-1>은 두 이론의 차이를 보여준다.

<그림 3-2>는 경제사학자인 Angus Maddison의 통계자료를 이용한 것이다. 그림에 따르면 한국은 1970년대 이후, 미국과 일본은 50년대 이후 급속한 경제성장을 기록하고 있다. 1인당 국민소득의 차이도 대륙 간 크게 나타나고 있다. 아프리카의 1인당 소득은 1,780달러로(1990년 구매력평가기준) 세계 1인당 평균소득 7,614달러의 20% 수준이다.

<그림 3-1>와 <그림 3-2>을 비교하면 한국경제의 고도 경제성장 경험은 신고전학파 경제성장이론보다는 신경제성장이론이 더 잘 설명하고 있다고 판단한다.

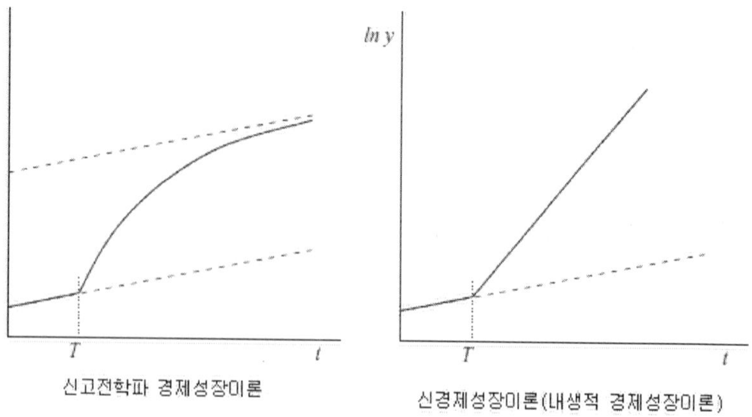

〈그림 3-1〉 경제성장이론 구분(T시점부터 고도 경제성장 시작)

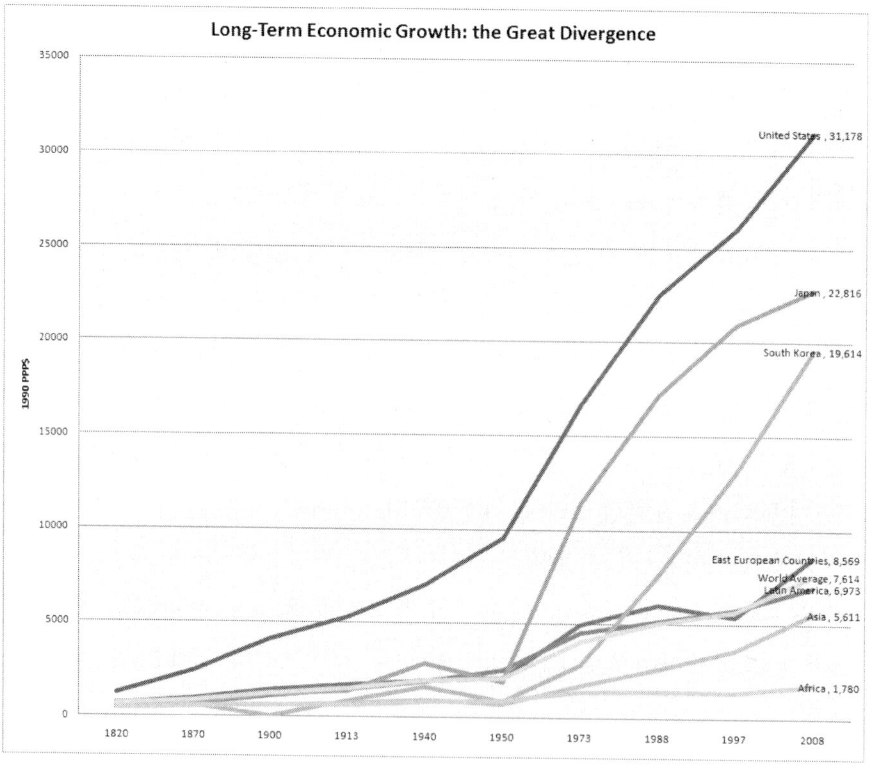

〈그림 3-2〉 1인당 국민소득의 장기 패턴

생산요소인 자본과 노동 투입은 국내총생산을 확대시키고, 기술수준은 생산성을 향상시킨다. 그러나 이들 생산요소만으로는 국가 간의 소득 차이와 성장률 차이를 설명하는데 한계가 있다. 신경제성장이론은 자본, 노동, 기술수준의 생산요소 이외에 추가적으로 인적자본(human capital), 경제정책, 제도, 기업가 정신 등을 포함한다. 이들 추가적인 생산요소들은 외부효과를 통하여 생산성 향상에 영향을 주지만 그 전달과정과 계측이 어렵기 때문에 신경제성장이론으로 현실 경제를 설명하기는 한계가 있다.

본 저서에서 한국경제를 신경제성장이론으로 이론적 분석을 하기 보다는 사례를 통하여 기업가 정신 등과 같은 추가적인 생산요소들의 역할을 소개한다. 본 장에서는 인적자본을 간단히 소개하고 경제정책의 선택은 제4장, 제도는 제5장, 기업가 정신은 제6장에서 설명한다.

인적자본은 교육 수준의 향상과 R&D(research and development) 투자 등을 통해 축적된다. 사람들의 지적 능력을 높이는 것 자체가 공장 및 기계설비 등의 자본에 대한 투자와 마찬가지로 소득 수준을 높이고 경제성장 효과가 있다. 양질의 교육을 통해 축적된 인적자본은 기술개발에 기여하게 되며, 경쟁력 있는 기술과 지식은 궁극적으로 국가경제 발전에 기여하게 된다. 그러나 인적자본이 축적되었다고 반드시 높은 경제성장을 이룩한다는 보장은 없다. 1930년대 우루과이 등 몇몇의 남미국가들은 인적자본이 충분히 축적하였음에도 불구하고 이후 높은 경제성장을 이룩하지 못하였다.

민간투자의 동기(incentive)가 활발한 상태에서 교육에 대한 투자는 인적자본의 질적인 향상을 통하여 생산성 향상으로 나타난다. 민간투자가 활발하지 못했던 남미국가들은 축적된 인적자본을 잘 활용할 수가 없었다. 기술과 지식은 전파가 잘되는 특성을 지니고 있다. 민간투자가 활성화 되면서 전문가와 기술자들이 힘을 모으게 되고 이들에 의해 전파된 지식은 팀워크를 통하여 더 높은 지식으로 발전하기도 한다.

노벨상 수상자들은 활발한 의견 교환과 자유로운 연구주제 선정 등을 통하여 높은 지식을 얻었다고 주장한다. 국내에서도 비슷한 사례를 발견할 수 있다. 세계적인 조선소인 현대중공업이 있는 울산은 조선산업 클러스터가 수립된 국내 최대 공업도시이다. 울산에는 기술자 친목단체가 여럿 있다. 예를 들어 조선 전문기술자들의 모임은 비슷한 연배의 대학 또는 고등학교 선후배들로 구성되어 있다. 이들의 전문분야는 엔진, 설계, 해양구조물, 특수함 제조 등 다양하다. 친목모임에서 주고받는 정보와 아이디어는 가상의 배를 건조하기도 하고 수리중인 배의 고장을 즉시 해결할 수 있을 정도의 엄청난 기술개발 효과를 갖는다. 이것이 현대중공업의 조선해양기술이 전 세계 1위 수준임의 숨은 원동력이라 할 수 있다. 우리나라 조선 산업의 발전과 현황에 대해서는 제15장에서 자세히 다룬다.

제4장_ 정책의 선택

제2차 세계대전 이후 국제무역이론은 두 가지로 양분되었다. 국제무역 활성화로 자본과 노동의 가격이 세계 시장가격과 균등화된다는 이론(Paul Samuelson)과 국제무역은 부자 국가와 가난한 국가의 소득차이를 더 넓힐 뿐이라고 주장하는 이론(Gunnar Myrdal)이다. 이후 경제정책도 양분되었는데, 개방을 통해서 경제성장을 추진하는 수출주도형 경제정책(outward -looking 또는 export-oriented growth)과 국내산업을 보호하면서 경제성장을 추진하는 내부지향 경제정책(inward-looking 또는 import-substitution growth)으로 구분되었다.

경제발전에서 정책의 선택은 매우 중요하다. 정책 추진 중에 큰 폭의 수정과 변경이 이뤄지면 그 만큼 기회비용 손실이 발생한다. 제2차 세계대전 이후 대부분의 개발도상국은 어느 정책이 자국의 현실에 적합한지 실증적 분석도 없는 상태에서 경제정책을 선택해야만 했다.

1970년대에서야 수출주도형 경제정책과 내부지향경제정책의 장단점을 명확하게 경제학적으로 구분할 수 있었다. 수출주도형 경제정책은 기업인에게 협소한 국내시장보다는 방대한 세계시장을 제공한다. 시장개방은 기업의 입장에서 보면 부의 창출을 위한 도전(challenge)이 되기도 하고 시련(discipline)이 되기도 한다. 기업가는 끊임없는 기술 혁신, 첨단 기술 도입 등을 통해 가격

경쟁력을 확보하고자 노력한다. 독자적인 생산 모델을 개발하고, 가격 경쟁력을 확보하기 위해서 규모의 경제와 효율적인 생산능력도 요구된다. 경쟁력을 지닌 기업만이 생존하고 비효율적 기업은 자연 도태되어 자원이 효율적인 방향으로 배분된다.

60년대에 한국 정부는 수출활동에 참여하는 기업을 일정 기간 보호하고 지원하였다. 그러나 기업이 성장하고 새로운 기업들이 시장에 진입하게 되면 정부의 과보호가 어려워지고 한 기업이 국내 시장을 독점하는 현상이 억제된다. 수출기업이 성장하여 국제 경쟁력을 가진 제품이 완성되면 자국 산업을 위하여 별도로 보호무역을 실시할 필요가 없다. 자국 제품에 대한 국내 수요가 늘어나 자동적으로 수입이 제한되는 효과가 발생하기 때문이다.

세계화를 통하여 선진국과의 접촉이 많아진다는 점도 수출지향형 정책의 장점이다. 최신 기술의 도입이 용이해지고, 선진국의 자본이나 자본재를 저렴한 가격으로 수입할 수도 있다. 기업가들은 선진 공업국의 인적 및 물적 자원의 운영 실태를 파악하면서, 비용탐색(cost discovery)을 통해 새로운 창업 동기를 갖게 된다.

수출주도형 경제개발 정책 초기단계에서, 개발도상국이 금융과 조세 제도 등이 수립되지 않은 상태로 상품을 생산하여 수출하기 위해서는 기계와 기술 그리고 가공하여 수출할 원재료들을 수입해야 한다. 또한 짧은 시간에 개발도상국이 가격 경쟁력을 갖춘 상품을 수출한다는 것은 선진국이 새로운 상품을 세계시장에 수출하는 것보다 훨씬 불리한 여건에서의 승부이다. 따라서 선진국보다 더 많은 노력과 인내가 필요하다. 이 고난의 기간 동안 개발도상국은 자연히 만성적인 경상수지 적자의 늪에 빠질 우려가 있다. 경상수지 적자의 누적은 외채부담으로 나타나고 이것이 국가 부도를 유발하기도 한다. (외환위기에 대해서는 제23장에서 자세히 서술하겠지만, 한국도 경제개발 단계에서 몇 차례의 외환위기를 겪었다.)

아울러 수출을 통해 외화가 안정적으로 공급되는 시점까지 국민과 기업 그리고 정부의 통합된 노력이 필요하다. 민간은 소비를 축소하고 저축을 늘리며, 정부는 재정수지를 양호하게 유지하여 실질환율을 절하시키고 제도적 장치도 확보해야 한다. 기업인은 기술혁신으로 수출시장을 지속적으로 개척해야 한다. 민간과 정부의 공조협력(coordination)이 없이는 수출주도형 경제정책은 성공하기 쉽지 않다.

시장을 개방하려는 개발도상국들은 종종 외부의 작은 충격으로부터 새로운 국가산업을 탄생시킨다. 다음 소개하는 사례는 한국의 대우실업(Daewoo)이 방글라데시의 섬유산업을 일으키는 과정을 소개한다. 수출주도형 경제정책 하에서 개발된 한국의 섬유관련 각종 지식과 기술이 다시금 개발도상국에게 수출되는 흥미로운 사례이다.

사례 1: 대우실업(Daewoo)과 방글라데시 섬유산업 발전

대우는 1967년도에 설립된 한국의 대표적인 섬유 수출 기업이다. 정부의 수출주도형 경제정책에 힘입어 섬유제품을 수출하면서 대기업으로 성장하였다. 급성장한 대우는 제1차 석유파동 이후인 1974년부터 선진국들의 섬유수출 쿼터 규제를 받게 되었다. 대우는 선진국 섬유규제를 받지 않고 노동력이 풍부한 개발도상국을 생산기지로 선정하는 전략을 추진하였다. 이 과정에서 방글라데시의 전직 관리였던 Noorul Quader와 접촉되었고, 그는 1978년에 'Desh Garment Company'를 설립하고 대우와 합작생산 계약을 맺었다.

계약에 따르면 대우는 5년간 'Desh'회사에서 생산된 의류의 공장도 가격의 3%를 로열티로, 그리고 해외 판매에 5%의 수수료를 받기로 하였다. 대우는 'Desh'회사를 위해 공장의 제조 설비 공급과 라인 구축을 책임지는 한편, 'Desh'회사 노동자들을 부산 공장에서 1979년 4월1일부터 7개월간 교육시켰다. 총 130명의 연수생은 관리자(4명)와 생산 감독(97명), 생산직(29명)으로 구성되었다. 이후 대우는 방글라데시 현지 생산을 위하여 15명의 선임 대우그룹 엔지니어를 투입해 품질관리를 지도하였다.

개발도상국의 노동력을 집중적으로 선발하여 교육시키고 생산에 투입시킨 국내 대표사례는 대우가 유일할 것이다. 의류 수출로 기업을 확장한 대우는 해외 마케팅, 인사관리, 노무관리, 심지어는 신용장 개설 방법까지 충분한 경험을 갖고 있었다. 의류 제조, 해외 마케팅 등에 대해 아무런 경험이 없던 방글라데시에 대우는 'Desh'회사에게 섬유제품 생산, 수출, 판매 기술 등을 제공하였다.

무역에는 다양한 금융제도의 지원이 필요하며 이 사례에서도 그랬다. 1960년대 이후 한국에서 시도된 신용장을 이용하는 금융기법 및 보세가공제도 등이 소개되었고, 'Desh'회사의 창업자는 전직 고위 관료로서의 영향력을 발휘해 방글라데시 정부가 이 제도를 도입하도록 로비를 하였다.

'Desh'회사는 1년 반 만에 국제경쟁력을 갖췄다고 판단되자 대우와의 계약을 파기하였다. 대우와의 기술협력이 중단되었음에도 불구하고 'Desh'회사는 이후 6년 동안 매년 90%의 성장률을 보였다. 또한 대우와 계약이 파기되면서 한국 연수를 왔던 간부 대부분(130명 중 115명)은 독립하거나 'Desh'회사를 모방하려는 신생기업으로 전직했다. 대우로부터 전수된 지식이 'Desh'회사에서 근무했던 퇴직자들을 통해 전파되어 방글라데시의 섬유산업계가 형성된 것이다.

대우와 합작을 시작하였던 1979년 이전에는 방글라데시에는 근대적인 섬유산업이 존재하지 않았다. 'Desh'회사가 1979~1980년도에 처음으로 기성복 43,000벌($56,000)을 수출하였다. 2006년 방글라데시 전체 수출액은 106억 달러이며 총 수출의 75%인 79억 달러가 의류제품이었다. 섬유공장의 수는 1977년 7개에서 2006년 4,250개로 늘어났으며 현재는 세계 5대 의류 수출국가가 되었다. 현재 200만 명이 섬유산업에 종사하고 있다. 초기 130명의 섬유관계 기술자들이 30년 만에 200만 명의 고용창출을 이룩한 것이다(Salim & Mohammed, 2007).

방글라데시 섬유산업의 성공은 다음과 같은 부수적인 효과를 갖는다. 첫째, 여성 취업기회의 확대이다. 방글라데시 섬유산업 종사자의 90%가 여성이다. 여성 취업기회의 확대는 자녀교육 기회의 확대로 직접 연결된다. 여성이 취업하여 가계 소득이 늘어나면 남녀 구분 없이 자녀들의 교육지수가 높아지며, 남성만이 취업하는 경우에는 여성 자녀의 교육지수가 낮아지는 경향이 있다.

방글라데시 여성 소득의 향상은 자녀 교육의 확대뿐 아니라, 이후 경제발전이 이루어지면서 후진국이 겪는 내전이나 종교전쟁에서 벗어나는 효과를 가져다주었다. 비슷한 사례는 이웃나라인 아프가니스탄에서 찾아볼 수 있다. 소련군이 1979년 아프가니스탄을 무력 점령하였지만 아프가니스탄 반군의 노력으로 10년 뒤인 1989년 소련군이 철수하였다. 아프가니스탄은 소련군 철수 이후 현재까지도 내전과 빈곤으로 시달리고 있다. 전후 방글라데시와 같은 경제발전 사례가 있었다면 지금과 같이 내전으로 시달리지는 않았을 것이다. 둘째, 방글라데시의 사례를 보면 경제성장이론에서 사용하는 생산요소인 기술은 과학기술만을 의미하지 않는다. 경영기법, 금융기법 등 경제와 밀접한 관련이 있는 기술도 중요하다.

지금까지 수출주도형 경제정책에 대하여 서술하였지만 내부지향 경제 정책이 수출주도형 정책과 대립되는 것은 아니다. 경제발전을 향한 목표는 같다. 단, 국내자원을 동원하는 방법에 차이가 있을 뿐이다. 국내 산업이 발전 안 된 상태에서 시장을 개방하게 되면 환율과 해외수요의 잦은 변동에 따라 국내경제의 불확실성이 증대되어 효율적인 경제정책을 수행하기가 어렵다. 이를 방지하기 위해서 자국 내 산업이 어느 정도 국제경쟁력을 갖출 때까지 보호 육성하는 정책을 내부지향 경제정책이라고 한다. 수출주도형 경제정책에 비하면 내부지향 경제정책은 기업가들의 도전과 시련이 상대적으로 적은 소극적인 정책으로, 비교적 자원이 풍부한 인도, 터키, 아랍, 동유럽, 아프리카 및 아시아 등의 많은 개발도상국이 채택하였다(Lin, 2009).

내부지향 경제정책의 극단적인 선택은 대외 거래를 전면 차단해야 한다는 종속이론(dependence theory)이다. 고도로 발전된 기술을 갖춘 선진국 경제가 무역개방을 통하여 기술이 낙후된 후진국 경제로부터 이익을 착취할 수 있기 때문에 이를 방지하기 위해서는 대외 무역을 철저히 제한하는 이론이다. 실제로 중국(1978년 이전), 탄자니아, 북한, 쿠바 등이 이 정책을 추진하였다. 그리고 80년대 초반에는 세계적으로 중남미 국가들의 외채상환 불능사태가 초래되고 우리나라의 외채 규모도 급속히 증가함에 따라 외자의 부정적 영향을 강조하는 종속이론이 대두된 때도 있었다.

종속이론은 더 이상 발전하지 못하였다. 한국, 대만, 싱가포르, 홍콩 등이 수출주도형 경제정책을 선택하여 경제성장을 이룩하였기 때문이다. 종속이론은 현실과 배치되는 경제이론이었다.

내부지향 경제정책은 다음과 같은 부작용이 있다. 정부는 외국에서 수입하는 상품을 대체하기 위해서 수입 금지나 관세 같은 수입 제한정책을 실시한다. 수입 제한정책은 수출 지원에 비해 별다른 예산부담 없기 때문에 정부의 과도한 시장개입으로 특혜가 남발될 여지가 많다. 시장 크기가 국내 시장으로 제한되고, 제한된 시장에서 이윤을 최대화하기 위해서 하나의 기업이 시장을 독점하는 경우가 많다. 열악한 품질의 고가 국산 제품만이 존재하게 되고, 우수하고 저렴한 수입 제품은 국내산업의 보호라는 미명 아래 수입이 금지된다. 자연히 외국 제품의 밀수가 큰 이윤이 남는 장사가 되고, 암시장이 활성화되는 부작용이 생기기도 한다.

내부지향 경제정책 하에서 기업가는 세계의 유수 기업과 제품을 경쟁할 필요가 없기 때문에 제품 혁신과 외국기술 습득보다는 각종 특혜를 받으려고 노력할 것이다. 국내 경쟁기업의 탄생을 막기 위한 정경유착도 제도화된다. 일자리 창출이나 생산적인 기업가 정신이 발생할 수 없고 부동산 및 주식투자 이윤만 추구하는 기업가 정신이 만연되면서 경제는 탄력을 잃게 된다.

내부지향 경제정책의 폐해를 살펴보기 위하여 아프리카 가나공화국의 사례를 소개한다. 1960년대 가나공화국은 아프리카 대륙에서는 부유한 국가였다. 가나공화국 사례를 보면서 경제정책의 선택이 국민경제에 얼마나 큰 영향을 주는지 확인할 수 있다.

사례 2: 가나공화국의 내부지향 경제정책

아프리카 가나공화국은 황금 해안에 위치하고 있으며 면적(23만8,533㎢)은 한반도의 면적(22만1,336㎢)과 비슷하다. 인구는 3,014만 명 정도(2019년)이고 인구밀도는 101.5명/㎢이다. 동쪽은 토고, 북쪽은 부르키나파소, 서쪽은 코트디부아르와 국경을 접하고 있으며, 해안선은 약 1,000km, 국토는 장방형에 가까운 모양으로 남북으로 길다. 가나공화국은 아프리카 국가 중에서 유일하게 경제관련 자료가 풍부하며 비교적 많은 경제적 분석이 이뤄졌다.

개발 초기에 가나 경제는 우리와 경제규모와 비슷하였다. 1960년도 가나의 1인당 국민소득은 873달러(1985년 달러 기준) 한국은 883달러이다. 가나는 영국의 식민지에서 보호령에 편입되었다가 1957년 3월 6일에 독립하였다. 당시 가나는 세계 코코아의 2/3를 공급하고 있었고, 세계 금 생산양의 10%를 생산하여 수출하고 있었다. 많은 해외 자산과 함께 다른 아프리카 국가들보다 인적자본이 풍부해 교육받은 사람들과 기술자도 많았다(Fieldhouse, 1986). 1955년 해외 보유자산은 5.32억 달러로서 1인당 83.1달러를 보유하고 있는 정도로 가나는 사하라 사막 남쪽의 아프리카 국가들 중에서 가장 부유한 국가였다(Werlin, 1991).

영국으로부터 1957년에 독립한 가나의 초대 대통령 Nkrumah는 내부지향 경제정책을 실시하였다. 1960~1965년 주요 수출품인 코코아의 가격이 하락하였음에도 불구하고 사회복지와 국영회사 지원을 늘리면서 정부의 예산을 2배로 늘렸다(Fieldhouse, 1986). 늘어나는 정부 적자를 충당하기 위하여 화폐를 남발하면서 1970~1982동안 매년 35%의 높은 인플레이션을 기록하였다. 인플레이션을 진정시키기 위하여 고환율정책을 실시하였는데, 1982년에는 816% 정도로 자국 화폐가 과대평가되었다. 환율의 과대평가는 수출과 생산의욕을 감소시킨다. 1970년부터 1980년까지 금 수출은 매년 7% 감소, 원목수출은 14% 감소하였다. 고환율 정책으로 수입상품 가격이 상승하면서 인프라의 부품 공급이 원활하지 못해, 철도와 수송부분을 비롯한 산업체 전반이 침체되었다. 부족한 정부재정을 확보하고 외환보유고를 유지하기 위하여 높은 관세와 수출세 그리고 수입규제를 광범위하게 실시하였다. 결국 높은 인플레이션율과 함께 가격통제로 시장기능이 취약해지고 암시장이 활발해지면서 1983년에는 시장이 거의 제 역할을 하지 못하였다. 가나 정부는 주요 수출품인 코코아에 더 많은 세금을 부과하였지만, 수출과 수입의 실질가치가 줄어들면서, 정부의 조세수입이 감소하였다. 정부로부터의 교육과 보건지출이 감소하면서 경제는 극심한 침체를 겪게 되었다. 1960년에 가나와 한국의 1인당 국민소득은 비슷하였지만, 2020년 한국의 1인당 국민소득은 30,644달러, 가나 공화국은 2,187달러로 차이가 명확하다.

제5장_ 제도

최근 학자들은 국가 간의 경제성장률 차이의 원인을 제도적 차이라고 판단한다(Rodrik, Subramanian, & Trebbi, 2004). 제도는 그 사회의 생산적인 활동을 촉진하고 나라 전체의 에너지를 생산성이 뛰어난 곳으로 집중시킬 수 있도록 유인할 수 있기 때문이다.

제도는 관습이나 도덕, 법률 따위의 규범이나 정부체제 및 사회구조 등을 포함하는 폭 넓은 의미의 생산요소이다. 제도는 개인의 인센티브를 결정한다. Douglas North(1981)는 제도를 사회에서의 게임의 룰(rule)이라고 정의하였다. 경제에서의 게임의 룰(rule)은 재산권(property rights)과 거래제도(contracting institutions)에서 나타나고, 정치에서의 게임의 룰(rule)은 민주주의 체제와 독재체제, 선거제도 등으로 나타난다.

제도 가운데 개인이나 기업이 경제운영을 하면서 실제로 받아들여지거나 지지를 받는 제도를 경제제도라고 부른다. 장기적으로 구축된 법, 지적 소유권, 제도 등은 가계와 투자자들이 시장에서 직면하는 인센티브와 제약여건 등에 영향을 주면서 경제행위를 구체화시킨다. 경제제도가 발달하지 못한 국가에서는 정보의 비대칭, 시장실패, 정책실패, 외부효과, 공조체제 미흡(coordination failure) 등으로 자원의 효율적인 배분이 어렵게 된다.

제도는 짧은 기간 내에 확립되는 것이 아니다. 이해계층 사이의 갈등과 이해가 조정되면서 서서히 완성되어 나간다. 개발도상국이 제도를 개선하면 어느 정도 거래비용을 줄이게 되어 자원배분을 촉진시킬 수 있다. 그러나 개발도상국에게는 제도의 확립보다는 빈곤의 해방 또는 경제성장이 더 시급할 수도 있다.

현실적으로 볼 때 제도를 먼저 완비하고 이후 경제정책을 추진하는 개발도상국들은 없다. 단기간에 부패방지, 자유방임주의, 지적 소유권 확보 등의 제도를 선진국 수준으로 발전시킬 수 없는 개발도상국은 자국 내 전통적인 제도를 그대로 유지하면서 글로벌 경제에 필요한 새로운 제도를 디자인하고 발전시키는 차선책(second best solution)이 필요하다. 차선책은 자국 내 노동시장과 정치 상황을 고려하여 선택한다. 차선책으로 채택한 제도 하에서 경제가 성장하기 시작하면 비로소 제도개혁을 통하여 지속적인 경제성장을 추구할 수 있다.

수출주도형 경제정책을 지원하는 최선의 제도(first best solution)는 수출과 수입을 동시에 자유화하는 것이다. 그러나 생산성이 낮은 개발도상국에게는 가격 경쟁력이 있는 외국상품들이 국내시장을 선점하면 국내의 유치기업들은 불리한 처지에 놓인다. 개발도상국들은 자연히 최선의 제도를 수립하지 못하고 일정기간 전략산업을 보호하는 차선책을 시행하게 된다.

한국은 경제개발을 추진하면서 최선의 정책보다는 차선책을 선택하여 경제성장의 지름길을 모색하였다. 수출주도형 경제정책을 도입하면서 수입을 규제하였고 중화학공업을 육성하면서 다른 기업들의 시장진입을 억제하였다. 그리고 금융산업을 질적으로 발전시켜 나가기보다는 기업에게 개발자금을 지원하는 중개기관으로 활용하였다. 비슷한 사례로서 대만은 조세와 수출보조금을 지원하는 제도로 수출주도형 경제정책을 추진하였으며, 중국은 특별자유경제구역(Special Economy Zone) 형태로 경제를 성장시켜 이후 경제성장에 알맞은 경제제도를 지속적으로 구축하였다.

경제성장에 좋은 제도는 이미 선진국에서 장기간에 걸쳐 구축된 제도이다. 이 제도는 효율적인 재산권제도와 상거래제도를 포함한다. 그리고 안정적인 거시경제정책과 국제경제와 긴밀한 연계, 기술혁신과 생산적인 분산화,

금융기관의 효율적인 규제와 정치적 안정성 등이 포함되어 있다.

경제발전을 위해서 어떤 정치제도가 좋은가? 민주주의 체제 하에서 경제발전이 이루어지는 것이 바람직하다. 그러나 경제성장은 민주주의 또는 독재체제 하에서 모두 가능하다. 한국은 독재정권 하에서 경제가 성장하였지만, 세계경제개발 과정을 보면 반드시 강력한 정권이나 독재정권만이 경제를 성장시킬 수 있는 것은 아니다. 일본, 핀란드, 스웨덴 등은 완벽하지 않지만 민주주의를 하면서 국민합의를 도출해 경제성장을 하였다.

민주주의는 지식수준이 높은 국가에서 먼저 발달하였으며(Papaioannou & Siourounis, 2007), 건전한 민주체제가 완성되고 유지되기 위해서는 국민의 높은 지식수준이 뒷받침되어야 한다. 가난한 국가도 민주주의를 실현할 수 있지만 실패할 가능성이 높다. 돈이나 뇌물로 유권자가 매수되고 선거 결과가 왜곡될 수 있기 때문이다. 소득 수준이 높은 나라에서 민주주의가 더 잘 시행되고 있다는 사실은 경제가 민주주의의 발전에 기여하고 있다는 사실을 시사한다.

정치제도가 불안정한 개발도상국들은 내전 등으로 고통을 받고 있기 때문에 경제발전에 전념할 수 없다. 내전이 일어날 확률은 소득수준과 반비례한다. 1인당 국민소득이 250달러 이하인 국가는 5년 이내 내전이 발생할 확률이 15%, 국민소득이 600달러인 국가는 내전이 일어날 확률이 절반으로 줄어들고, 국민소득이 1,250달러인 경우는 4% 수준으로 떨어진다. 소득이 5,000달러 이상인 국가들은 내전 확률이 1% 이내로 격감한다. 1980년대와 1990년대 사하라 사막 남쪽의 43개 국가 중에서 29개 국가들이 각종 내전으로 시달렸다(Rodrick & Pande, 2010).

최근 민주주의의 수명(壽命)을 조사한 연구(Zakaria, 2003)에 따르면, 1950년부터 1990년 동안 1인당 국민소득이 1,500달러 이하인 나라에서는 민주주의 정권의 수명이 8년이고, 1,500달러에서 3,000달러에 이르는 나라에서는 수명이 18년이었다. 6,000달러 이상인 국가에서 민주정권이 붕괴할 가능성은 1/500이었고, 대략 9,000달러 이상인 국가들은 민주정권이 붕괴된 사례가 없다. 반면, 세계 가난한 69개 국가의 56%인 39개국에서는 민주주의 정부가 결국 실패하고 말았다.

2002 UN Human Development Report에 따르면 1980년대 및 90년대에 전 세계적으로 정치적 자유가 확대되면서 전 세계 200개 국가 중에 81개 국가가 민주주의 체제를 도입하는 등 정치적 자유화에 상당한 진전을 보였으며 특히 140개 국가가 양당 정치제도(multi-party election)를 채택하고 있다.

한국의 고도 경제성장도 민주주의에 기여하였다. 1980년대까지만 해도 정치적 자유가 제한되었지만 현재는 아시아 국가 중에서 일본 다음으로 정치적 자유가 보장되고 있다.

정책과 제도는 경제성장에서 필수 조건이다. 경제성장에 실패한 국가들은 정책과 제도의 두 가지 조건을 모두 충족시키지 못하였다. 예를 들면, 내부지향 경제정책 하에서는 해외무역과 외국인의 투자 및 선진기술 수입이 억제되며, 정부가 정치적으로 소수계층에게 이권을 부여하면 효율적인 제도 확립도 불가능해진다. 비효율적인 제도 하에서는 건전한 재정 정책 및 금융정책을 기대할 수 없다.

국가 역량이 부족하여 두 가지 조건을 모두 충족시키지 못하는 경우, 제도 확립이 우선인가 아니면 개방정책이 우선인가? 중남미 16개 국가에 대한 연구(Hausmann & Rodik, 2003)에 따르면, 이들 국가들의 정부의 제도개혁 지수(정부가 무역, 재정, 조세, 공공기관에 간섭을 줄이는 정도)는 1980년대 보다 1990년대에 대폭 개선되었다. 그러나 경제성장 실적은 저조하였다. 1인당 국민소득을 미국 수준으로 볼 때 1985년도 22.9%에서 1999년도 17.7%로 5.2% 감소하였다. 반면 제도가 확립되지 않았지만 비교적 자유로운 경제활동이 보장되었던 1960년대에는 경제성장 실적이 제도가 엄격해진 1990년대에 비하여 훨씬 더 좋았다.

남북한 사례에서도 비슷하다. 남한과 북한은 1960년대 1인 독재체제 하에서 경제발전을 위한 제도가 공통적으로 확립되지 않았다. 60년대 후반 이후 남북한 경제력의 차이는 크게 벌어졌다. 남한은 자유주의 경제체제에서 수출주도형 경제정책을 채택하고, 북한은 내부지향 경제정책을 채택하였다. 한국은 1960년대 수출주도형 경제정책을 실시하면서 민간투자의 불확실성을 정부가 수출지원, 금융지원, 세제지원 등으로 제거하였다. 경제정책이 친기업적으로 전환되고 민간부문에 큰 인센티브가 제공되면서 경제는 급성장을 이루었다. 그러나 강한 독재체제를 유지하며 자유로운 경제활동을 억제하였던 북한 경제는 지난 40~50년간 큰 변화가 없었다. 정도의 차이는 있을지 모르나, 전 세계적으로 대부분 국가 경제들이 성장하는 추세를 띠고 있다는 사실에 비추어볼 때 북한 경제는 과거보다 오히려 더 침체되었다고 볼 수 있다.

이상 두 사례를 보면 개발도상국의 경제발전에 있어 제도보다는 경제정책이 더 중요하다는 것을 알 수 있다. 그러나 이러한 추정이 반드시 옳다고 볼 수 없다. 다음 소개하는 중국과 구소련 사례는 기존 제도가 뒷받침되지 않으면 좋은 정책도 성공할 수 없다는 것을 시사해 준다. 결국 제도와 정책의 선택의 우선순위가 있는 것이 아니며 서로 보완해면서 발전해야 한다.

중국은 기존의 제도를 유지하면서 사회주의 체제를 시장경제(자본주의) 체제로 바꾸면서 경제가 급성장하였다. 한편 소련은 시장경제를 도입하였지만 기존 제도의 뒷받침 부족으로 체제가 붕괴되었다. 1990년대 급성장하였던 중국과 반대로 급 몰락을 경험한 구소련의 사례를 소개한다.

사례 3: 중국의 급성장 배경

중국의 경제개혁은 1978년부터 시작되었다. 공산혁명으로 통치자가 된 마오쩌둥은 인민공사를 통하여 인민들에게 토지를 무상으로 배분하였다. 이 제도는 농민들에게 지지를 받았지만, 사용권만 인정되는 미완성된 제도였다. 예를 들면 집, 공장 및 상가의 사용기간을 각각 70년, 50년, 40년으로 제한하면서 소유권을 명시하지 않았다. 따라서 정부가 필요하면 농민의 토지를 적당한 보상으로 수용할 수 있었는데 이것이 정부와 농민 간의 분쟁으로 자주 나타났다. 결과적으로 중국의 토지제도는 언젠가는 해결되어야 하는 한시적인 정책이었다.

이때 중국 남동부 안휘성 평양현에 있는 샤오강촌이라는 한 작은 마을은 새로운 제도를 비밀리에 운영하고 있었다. 이곳 농민들이 농가별로 토지를 서로 나누어 책임지고 경작하는 '다바오간(大包干)'을 실행하였다. 다바오간을 결의한 18가구 대표들은 일정 농지를 분할해 생산을 책임진 뒤 국가 납부량을 제외한 잉여분은 각자 처분할 수 있도록 하는 비밀계약을 맺은 것이다. 사실상 자본주의 이윤 개념을 도입한 제도이다. 이 비밀제도가 시행된 후 이들은 대풍작을 거뒀다. 당시 이런 사실을 보고받은 중국 지도자 덩샤오핑은 1980년 5월 담화를 통해 샤오강촌의 혁명을 긍정적으로 평가하고 모든 농촌에서 다바오간을 실시하도록 공식 통보했다. 그리고 헌법에 사유재산을 보호하는 조항을 1982년에 명시하였다.

완전히 새로운 제도가 도입된 것이다. 새로 만들어진 법에 따르면 건물 사용권 기간이 지나면 자동으로 연장되고 상속과 매매와 같은 재산권의 행사도 가능했다. 따라서 부동산 시장이 생기고, 주택 소유 붐이 일어나게 되었다. 새로운 제도 하에서 농민들은 땅의 소유권을 인정받아 대규모 영농을 시도하고, 생산성을 높일 수 있게 되었다. 기업 역시 자신이 소유한 재산에 대해 법적 보호를 받게 되어 안정적인 경영이 가능해졌다.

새로운 제도를 채택한 중국은 지난 30년간 괄목할만한 성취를 이뤘다. 개혁개방을 시작한 1978년 당시 중국의 대외무역액은 206억4천만 달러였고 빈곤층이 3억 명이나 됐다. 그러던 중국이 2020년에는 일본의 경제규모를 제치고 세계 2위의 경제대국이 되었다. 중국은 현재 외환보유고가 3조2천억 달러를 넘고 미국 정부채권을 가장 많이 보유한 국가로서 국제자본시장을 좌지우지할 수 있는 엄청난 경제대국으로 발전하였다.

사례 4: 구소련의 붕괴

소련의 대변혁은 1985년 고르바초프의 등장과 함께 시작되었다. 그는 경제침체와 외교적 고립이라는 난제를 해결하기 위해, 대내적으로 페레스트로이카(개혁), 대외적으로는 글라스노스트(개방)라는 실용적인 정책을 펼쳤다. 국내 경제발전을 위해 국가 통제체제를 완화하고 기업과 지방의 자율권을 확대하는 동시에, 시장경제제도 도입과 무역확대를 추진하였다. 또한 관료주의의 축소, 권력의 지방분산, 인민대표회의 창설, 대통령제 도입 등 정치개혁을 실시하였다. 1989년 최초로 다당제 선거가 실시되었고 1990년 고르바초프가 초대 대통령으로 선출되었다.

한편 국내 개혁을 효율적으로 추진하기 위해 외교적 부담을 줄일 필요가 있었다. 그리하여 아프가니스탄에서의 철수, 군축회담, 동유럽 민주화에 대한 불개입, 미·소 정상회담 등을 통해 새로운 데탕트를 형성하였다. 그의 개혁정책은 외교적 측면에서 큰 성과를 얻었지만 국내정치 및 경제에서는 별다른 성과를 얻지 못했다. 오히려 소련 내 누적되어 왔던 경제적, 사회적, 민족적 문제들이 터져 나오는 계기가 되었고, 그에 따라 경제 혼란과 연방 내 공화국 간의 갈등이 심화되었다. 제도화를 통하여 국유화와 중앙경제를 없애고 사유화를 하면서 그 반작용으로 소련경제가 붕괴되었다.

사회주의 체제에서 자본주의 체제로 이전하면서 중국은 경제성장을 이룩하였지만, 구소련은 체제 자체가 붕괴되었다. 이 상반된 두 사례는 정부가 일정 기간 동안 가격을 통제할 수 있을 제도적 능력을 갖고 있을 때에만 자본주의를 안착시킬 수 있다는 것을 보여준다(Lau, Quian, & Roland, 2000).

그 논리는 다음과 같다. 경제제도의 전환 초기에는 필연적으로 시장가격과 통제가격이 병존하는 이중가격제도가 형성된다. 이 와중에 정부가 체제 전환으로 손실을 입는 그룹에게 적당한 보상을 제도적으로 제공할 수 있을 때 체제 전환에 따른 혼돈을 최소화할 수 있다. 그러나 자유화 물결에 따라 통제가격이 시장가격으로 흡수된다면 정부의 재정수입이 사라지게 된다.

좀 더 자세히 설명하면 다음과 같다. 시장 균형 생산량과 가격에서 도출되는 총수입(A)과 통제된 생산량과 가격에서 도출되는 총수입(B)의 차이는 정부 재정수입(A-B)으로 귀속된다고 가정한다. 이중가격제도가 강력하게 추진되는 상황에서는 생산자는 정부에서 할당된 생산량을 정부에 제공하고, 나머지 생산의 잉여분을 시장에서 통제가격보다 높은 시장가격으로 판매할 수 있어 생산자 잉여가 늘어난다. 한편 소비자는 배급된 상품이외의 부족한 상품을 시장에서 더 많이 구입하여 소비할 수 있기 때문에 소비자 잉여도 늘어나게 된다. 결국 정부의 재정수입을 일정하게 유지하면서 소비자 및 생산자의 잉여가 모두 증대되면서 이 체제는 유지될 수 있다.

2중 가격제도가 느슨하게 운영되는 상황에서는 정부가 생산량을 통제할 수 있는 기능이 약화되면서 생산자는 정부의 통제가격을 피해서 높은 시장가격으로 시장에 판매하려는 유혹을 강하게 받게 된다. 결국 사회적으로 혼란한 틈 속에서 통제된 가격이 시장가격으로 흡수되면서 정부에 할당된 생산량이 사라지고, 개혁이전 시장가격과 통제가격 차이에서 얻어지는 정부의 재정수입은 사라지게 된다. 재정수입 감소는 시장경제로 인하여 손해 보는 계층에게 적절한 지원을 할 수 없게 되어 이 체제는 붕괴된다(Lau, Qian, & Roland, 2000).

중국과 구소련의 체제전환에 대한 사례를 비교하면 중국식 개발독재가 더 흥미롭다. 현재와 같이 남북한 정치 경제체제가 다르고, 소득 차이가 큰 상태에서는 통일의 기회는 반드시 온다. 이론적으로 북한도 중국과 같이 자본주의 체제를 도입하면서 이중가격 제도를 유지하는 개발독재를 추진할 수 있을 것이다. 또한 이들 사례를 남북한 통일에 적용할 수 있을 것이다.

역사적으로 볼 때 동서독의 통일, 중국의 개혁은 자국의 특성에 맞게 진행되었으며 예측도 불가능하였다. 남북한 통일도 새로운 형태로 진행될 것이다. 강대국의 이익이 한반도에 첨예한 상태에서 남북한 통일 시나리오는 강대국 다자간의 합의에 의하여 이루질 가능성이 크다. 이러한 시나리오가 설득력을 갖는다면, 남한은 강대국들의 정책을 조심성 있게 분석하면서 통일을 위한 사전 준비를 하는 방법밖에 없다.

경제정책에는 항상 양면의 효과가 있다. 가장 좋고 유리한 정책도 잘못 운영하면 고통이 되고, 반대로 비효율적으로 보이는 것이라도 잘 운영하면 큰 효과를 얻을 수 있다. 장점만 보고 선택했던 정책들 중에는 국가발전에 오히려 악영향을 미친 것들도 많다. 어떠한 정책도 효과적일 수만은 없다. 국가가 보유하고 있는 자원이나 처한 상황에 따라 경제정책은 유리하게 작용할 수도 있고 불리하게 작용할 수도 있는데, 그 중에서 유리한 것을 골라내는 것이 국가 지도자의 수완이다. 북한이 전환기에 유리한 정책만을 골라내는 수완이 있는지는 큰 미지수다. 이미 북한은 과거 대내 지향적 경제정책을 고수하고 핵무기 개발을 하면서 같은 실수를 계속 반복하고 있기 때문이다.

제6장_ 기업가 정신

올바른 제도와 정책이 채택되었다고 해서 반드시 경제가 성장한다는 보장은 없다. 민간이 강력한 이윤 창출의 인센티브를 가지고 있어야 경제가 성장한다. 국가의 부를 축적시키는 주역은 기업인이다. 앞장에서 설명한 인적자본, 제도 또는 경제정책 등의 생산요소 축적 자체가 경제성장을 일으키지 않는다. 이들 요소들이 기업가 정신과 화학적으로 반응할 때 비로소 경제성장을 일으키게 된다. 국가 간 소득의 차이는 기업가 정신이 발휘되는 정도에 따라서 발생한다. 기업가 정신은 경제성장의 원동력이다.

1. 기업가 정신의 정의

기업가 정신에 대한 정의는 다양하다. Knight(1921)는 기업가들이 직관과 잠재의식(intuitive and subconscious)으로 창업하여 성공하면 이윤이 창출된다고 주장하였다. 그는 기업가들이 불확실성을 무릅쓰고 도전하는 정신을 기업가 정신으로 정의하였다.

Schumpeter(1942, 1949)는 기업가들은 기업가 정신을 발휘하여 오래된 기술들을 새로운 혁신으로 지속적으로 대체하는 창조적 파괴(creative destruction)를 통하여 경제발전에 기여한다고 주장하였다. 기술혁신(innovation)은 주로 경제 시스템 외적인 요인인 수요의 창출에서 발생한다. 기업가는 발명과 기술의 사업화를 통하여 창출된 수요를 충족시키며 모방 기업가(imitator)가 시장 진입할 때까지 독점적 이윤을 얻는다.

Kirzner(1972, 1979)는 Knight, Schumpeter의 기업관을 더욱 더 발전시키면서 기업가 정신이 시장의 새로운 균형을 유도한다고 주장하였다. 시장에는 가격과 수량의 차이, 소비자 기호와 기술의 변화가 존재한다. 새로운 기술이 도입된다 해도 그 기술은 이전에 개발된 기술에서 발전된 것이고, 그 기술들은 기존의 기술과 질적으로 큰 차이가 없다. 이 때 기업가 정신이 충만한 기업가들은 남보다 한 발 앞서서 가격, 기호, 기술의 차이 등을 파악하고 기존의 기술과는 다른 새로운 기술을 혁신적으로 도입하여 이윤창출의 기회를 선점한다. 이러한 정보 차이를 활용하는 민첩함을 기업가 정신으로 정의하였다.

기업가에 대한 Schumpeter와 Kirzner의 시각의 차이는 크다. Schumpeter에 따르면 기업가는 창조적 파괴를 통하여 새로운 균형을 유도한다. 그러나 Kirzner는 기업가는 지속적으로 새로운 균형을 창조한다고 주장한다. Schumpeter는 기업가 정신이 풍부한 대범한 사업가들이 장기적으로 역사까지도 변동시킬 수 있다고 보았다. 그러나 Kirzner는 시장에서의 가격경쟁자, 기술혁신 모방자(imitator)들도 기업가에 포함시키고 단기에서도 이들 기업가들이 시장균형 달성에 중요한 역할을 한다고 주장하였다.

Knight, Schumpeter, Kirzner의 기업가 정신에 대한 주장을 정리하면 다음과 같다. 기업가 정신은 불확실한 상황에 도전하여 남보다 한 발 앞서서 이윤창출의 기회를 감지하고 새로운 혁신을 통하여 창조적 파괴를 하는 순발력과 추진력이 갖춰진 정신으로 정의할 수 있다.

기업가가 불확실성에 도전하고 새로운 기술혁신을 통하여 이윤을 추구하는 과정에서 경제가 성장한다. 한 기업가가 이윤창출을 감지하고 생산을 시작하면 다른 기업가들도 그 영향을 받아 새로운 이윤창출을 기회를 추구하게 된다. 이 과정에서 혁신(innovation)이 이루어지며 경제는 지속적으로 성장하게 된다. 따라서 제도가 기업가의 이윤창출을 보장해 준다면 기업가는 경제발전의 주역이 되는 것이다.

생산적인 기업가는 시장규모가 확대되고 기업가에게 부와 명예가 주어지는 환경에서 탄생한다. 앞에서 설명한 내부지향 경제정책 하에서는 기업가들이 국내시장에서 독점적인 이익만을 챙기는 일에만 열중하게 된다. 반면 수출지향형 경제정책 하에서는 국제시장이 개방됨에 따라 기업가들이 생산적 기업가 정신을 발휘할 기회를 갖는다. 세계시장을 상대로 기술을 혁신하고, 새로운 기술의 신속한 도입(speeding up learning processes)에 관심을 기울이게 된다.

기업가는 어떤 문화나 역사에서도 존재한다. 그렇지만 생산적인 기업가 정신은 모든 사회에서 똑같이 발생하지 않는다. 산업혁명은 17세기 영국에서 시작했다. 당시 유럽에는 스페인, 포르투갈, 프랑스 등의 부자 국가들도 있지만, 영국에서만 유일하게 산업혁명이 일어났다. 영국에서는 무역이 증대되면서 왕권의 힘을 조절할 수 있는 시민계급들이 등장하였고, 그들은 무역확대에 따른 재산권 확보 등 새로운 제도를 확립하여 자신들의 이익을 확보하기 위해서 노력하였다. 결국 기업가들이 새로운 국제 무역질서에 능동적으로 적응하면서 기업가 정신이 발현된 것이다. 한편 스페인은 왕실에서 무역을 관장하면서 귀족들에게 무역 이익이 귀속하게 되었다. 민간의 무역참여는 제한되었으며, 민간 기업가의 행동은 위축되어 기업가 정신이 발현되지 못하였다(Acemoglu et al., 2005).

2. 생산적인 기업가 정신

기업가들이 생산적인 경제활동을 하느냐 아니면 범죄나 주식투자 등 비생산적 활동을 하느냐는 전적으로 개인의 선택이며 제도, 문화, 그리고 시장의 크기에 따라 자신의 활동을 결정한다. 경제발전을 위해서는 생산적인 기업가 정신이 중요하다. 그러나 부동산 투기 등의 지대이윤 추구도 인간의 이윤추구 동기이다. 통상적으로 지대이윤 추구 기업가는 이미 축적된 사회의 부의 일부를 취득하려고 노력하지만, 생산적인 기업가는 시장점유 확대를 통하여 부를 축적시킨다.

최근 미국 사례 연구에 따르면 생산적인 기업가 정신이 경제성장에 미치는 효과는 다른 경제성장 요인들과 큰 차이가 없다고 주장하고 있다(Kortum & Lerner, 2000). 그러나 앞으로 설명하겠지만 개발도상국에게는 창업자의 기업가 정신이 신산업 창출 등 국가의 경제성장에서 매우 중요한 의미를 갖는다.

Baumol(1990)은 기업가 정신을 경제발전에 도움이 되는 생산적인 기업가 정신과 경제발전에 해악을 주는 비생산적인 기업가 정신으로 구분하였다. 그는 Schumpeter의 기업가 행태의 5가지 형태 - 새로운 상품 소개, 새로운 생산방법 소개, 새로운 시장 개척, 원자재 및 중간재 새로운 공급원 발견, 산업의 새로운 조직 운영 - 에 지대추구 기업가를 추가하였다. 지대이윤 추구 즉 주식이나 임대료, 수임료 등을 목표로 하는 기업가 정신은 사회적으로 유익하지 못하다는 것을 로마, 중국, 유럽 중세 등의 역사적 사례를 소개하면서 주장하였다.

Baumol은 기업가에게 인센티브를 제공하는 적절한 정책이 실행된다면 기업가의 능력을 생산적인 분야로 끌어들일 수 있다고 지적하였다. 정부 정책으로 기업가의 건설적인 능력을 비생산적인 분야에 낭비하지 않고 생산적으로 유도할 수 있다는 것이다. 또한 이공계 전공자의 비중이 많은 국가들은 경제가 더 빨리 성장하고, 법학 비중이 큰 국가들의 성장률이 더디다는 주장도 있다(Murphy, Schleifer & Vishny, 1989). 이공계 전공자들이 법학 전공자들보다 더 높은 경제적 마인드나 기업가 정신을 갖추고 있다고 볼 수는 없지만, 기업가 정신이 경제성장에 영향을 준다는 흥미로운 경험적 분석이다.

Baumol에 의하면, 과거 중국에서 근대적 의미의 기업 활동이 활발하지 않았던 것은 이윤을 추구하는 상인그룹에게 명예가 주어지지 않고 중앙관리들에게 명예가 집중되어 기업가 정신이 사장되었기 때문이다. 당시 중국의 사회 문화적 제도 하에서는 상인에게 기업가 정신을 실현하도록 제도적 배려를 할 수 없는 체제였다.

비슷한 문화권인 한국도 마찬가지였다. 한국은 금속활자를 세계 최초로 발명하였고, 세계적으로 자랑하는 문화유산인 도자기 기술도 이미 고려시대부터 꽃피웠다. 훌륭했던 과거의 인쇄술과 도자기 기술은 현재는 세계적이지 못하고 경제발전에도 기여하지도 못하고 있다. 그 이유는 간단하다. 당시 이윤을 추구하는 상인들을 천민 취급하였기 때문에 그들의 활동에 부와 명예가 주어지지 않았고, 기술발전에 기업가 정신을 발휘할 수 없었기 때문이다. 다음은 한국의 금속활자와 도자기에 대한 사례를 소개한다.

사례 5: 한국의 금속활자와 도자기

외국 학생들에게 세계를 빛낸 10인의 발명가를 선정하라고 하면 항상 1위로 활판 인쇄술을 발명한 독일의 요한 구텐베르크(1400~1468)를 뽑는다. 구텐베르크는 1450년 무렵 금속활자를 개발해 '42행 성서'를 인쇄하였다. 그러나 현존하는 가장 오래된 금속활자는 파리 국립도서관에 있는 고려시대 '직지심체요절'이다.[1] 이 책은 '42행 성서'보다 78년 앞선 금속활자본이다.

1995년 당시 미국의 부통령 앨 고어는 한 국제회의의 기조연설에서 한국인들은 세계 최초로 금속활자 인쇄술을 발명했으나, 유럽에서와 달리 '한국 문화를 발전시키는 데에는 실패했다'고 지적했다. 그 이유는 한국의 금속활자가 서적의 대중화 내지는 사업화를 이루어 내지 못했기 때문이다. 한국이 금속활자로 만든 서적은 구텐베르크의 것과는 달리 이용대상이 불교계나 이후 사대부 등으로 제한되었다.

서양의 구텐베르크의 인쇄술은 일반 대중을 위한 것이었고, 한국의 인쇄술은 소수 계층을 위한 것이었다. 구텐베르크는 보이지 않은 잠재적 이익을 추구하는 기업가 정신으로 금속활자를 이용하여 당시 종교 개혁가들의 주장이 담긴 팸플릿과 성경을 아주 싼값에 대량으로 인쇄해[2] 경제적으로도 막대한 성공을 거두었다. 한 자본가가 발명한 금속활자 인쇄술이 다시 유럽의

---

1) '직지심체요절'은 선(禪)에 관한 고승들의 어록을 요약한 것으로 초대 주한 프랑스 공사가 19세기 말 입수해 프랑스로 가져간 것이다.
2) 구텐베르크는 모두 180부의 성경을 인쇄하였다고 한다.

'인쇄술 혁명'으로 이어졌다.

한국의 도자기 사례도 비슷하다. 일본 도자기산업은 임진왜란부터 조선에서 건너간 도공들에 의해 시작됐다. 당시 지구상에서는 중국과 조선만이 도자기를 생산할 수 있었다. 임진왜란 이후 1640년대 후반부터 일본은 자신들이 만든 도자기를 유럽시장에 수출하기 시작했다. 반면 조선 백자는 국내에서 특정 계층이 사용하는 국내용 도자기에 그치고 말았다. 해외시장을 개척하지 못했던 것이다. 왜 이런 일이 일어났던 것일까. 그것은 조선의 제도적 환경에 기인한다. 조선에서 도공 신분은 천민이었다. 반면 일본에서는 좋은 도자기를 만드는 기술자들은 신분 상승이나 부를 축적할 기회를 얻을 수 있었다.[3)]

일본은 임진왜란 중 일본에 잡혀 온 조선의 도공에게 파격적 대우를 하였으며. 특히 규슈 사가현에 끌려온 조선 도공 이삼평은 아리타에서 백자의 원료가 되는 흙을 발견하고 일본에서 처음으로 자기를 만들어냈다. 일본은 도자기 산업 클러스터를 만들면서 '아리타 자기'가 일본 전역과 유럽으로 수출되면서 세계적인 명성을 얻게 되었다. 당시 일본과 무역을 하던 네덜란드, 포르투갈 등을 통해 '자기의 세계화'를 실현시켰다. 그리고 도자기 교역으로 막대한 부를 축적하여 훗날 명치유신의 원동력이 됐다. 명치유신으로 부자나라가 된 일본은 1910년 한국을 강제 합병하게 되었으니 역사의 아이러니가 아닐 수 없다.

---

3) 조선 도공에 대한 파격적인 대우가 있어 소개한다. "팔산은 임진왜란 중 구로다 나가마사의 포로로 일본에 잡혀 온 도공이다. 그런데 이 구로다는 팔산에게 연봉 백미 350석(2억원 상당)의 파격적 대우를 제안한다. 이것은 지금으로 말하면 반도체나 생명공학과 같은 첨단 도자기 기술자에 대한 파격적 대우였다."(CHIEF EXECUTIVE, 2000)

제7장_ 그림으로 보는 경제성장이론

제3장부터 제6장까지 경제성장이론에 대하여 서술하였다. 세계경제를 보면 어려운 환경을 극복하고 고도성장하는 국가가 있는가 하면 경기침체가 지속되는 불운한 국가들도 많다. 이러한 현상을 앞에서 소개된 여러 경제 변수들을 이용하여 경제성장이론으로 설명하기는 쉽지 않다. 그 이유는 다음과 같다. 첫째, 소개된 변수들(인적자본, 정책, 제도 등)은 서서히 움직이는 경제변수(state variable)들로 갑작스럽게 변동하지 않는다. 그 때문에 세계경제에서 자주 나타나는 경제 급성장과 지속적인 경기침체를 경제성장이론으로는 충분히 설명하지 못한다. 둘째, 경제성장이론에서 주장하는 생산요소인 인적자본과 연구개발 투자의 외부효과 전달과정(learning spillover)을 현실적으로 구분하거나 계측하기도 어렵다. 셋째, 기존의 경제성장 이론 모형으로는 개발도상국의 정부와 기업가의 기업가 정신의 발생과 그에 따른 효과를 설명하지 못한다. 기업가 정신은 정부 및 기업가 개인의 특성으로 체계적으로 발생하지 않을 뿐만 아니라 생산함수에 포함시켜서 실증적 검증을 할 수 없기 때문이다.

경제성장이론만으로 고도 경제성장을 기록한 국가의 경제성장을 이론적으로 설명하기에는 한계가 있다. 그러나 아직도 경제성장을 분석하는데 유용하게 활용되고 있기에 앞에서 설명한 경제변수들을 요약해서 정리한다.

총체적 생산함수는 다음과 같이 표현한다. $Y = AF(K, L, h) = AF(K, hL)$ 여기서 Y, K, L, h는 국내총생산(GDP), 자본량, 노동량, 1인당 인적자본을 나타내며, hL은 인적자본 부가적(human capital-augmented) 노동량을 나타낸다. A는 총요소생산성으로 기술수준을 나타낸다. 생산함수가 수확불변이라면 1인당 GDP는 다음과 같이 정의한다.

$$Y/L = AF(K/L, h)$$

생산함수 식을 1인당으로 표시하고, 이를 소문자로 나타내면 생산함수는 다음과 같이 노동 생산성(GDP/노동량)은 총요소생산성(A)과 부존자원(k, h)으로 구성된다.

$$y = AF(k, h)$$

경제성장에 영향을 주는 외생변수로는 지리적 여건, 문화, 운 등이 있다. 이들 변수들은 직접적으로 노동 생산성 및 부존자원(k, h)에 영향을 미치고 간접적으로 정책, 제도에도 영향을 미친다. 그리고 이것이 생산성에 영향을 미친다. 한편 제도와 경제정책은 기업가 정신에 영향을 주고 생산성 향상과 부존자원 확대를 통하여 경제성장에 영향을 주게 된다.

이와 같은 인과관계를 <그림 7-1>로 표시하였다. 그림 가운데에는 기업가 정신이 포함되어 있다. 생산함수에 포함되는 부존자원인 자본, 인적자본, 교육, 투자, 연구개발투자 등 생산요소는 일시적으로 경제성장을 증대시키게 된다. 그러나 이들 생산요소들이 기업가 정신과 반응할 때 드디어 지속적으로 생산성이 증대되어 경제성장을 일으키게 된다.

다양한 분야에서 기업가 정신이 끊임없이 발생할 때 사회 전반적인 생산성을 향상시키게 되어 일시적인 아닌 지속적인 경제성장이 가능하게 된다. 지속적으로 성장하는 경제의 원동력은 기업가 정신이다. 국가 간의 소득의 차이는 기업가 정신이 발휘되는 정도에 따라서 발생한다.

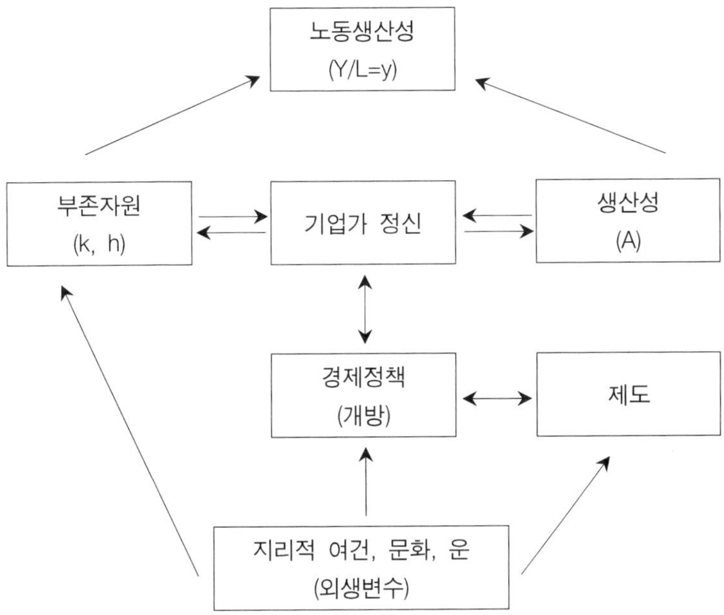

〈그림 7-1〉 그림으로 보는 경제성장 경로

제8장_ 한국경제의 이해

본 장에서는 오늘날 한국경제의 이해를 돕기 위하여 과거 한국경제가 겪었던 중요한 사건들을 정리하여 소개하고, 그 과정에서 정부와 기업가 그리고 노동자들의 도전과 집념, 그리고 성과에 대해서 요약하여 서술한다. 아울러 1962년 제1차 경제개발5개년 경제정책을 실행하기 이전의 초라했던 한국경제의 상황도 정리해 본다.

1. 한국경제의 이해

1960년대 한국경제의 초기 조건은 열악하기 그지없었다. 전쟁으로 산업시설이 대부분 파괴되었고, 천연자원도 없으며, 있는 것이라고는 비숙련 인적자원뿐이었다. 그동안 해외원조로 경제를 운영하다가, 이마저 끊어지고, 대부분의 국민이 빈곤상태로 추락할 것이 자명한 시점이었다. 국가 부도도 시간 문제였다.

1960년대 수립한 제3공화국은 빈곤으로부터 해방, 조국의 근대화라는 의지에서 체계적인 경제개발계획을 수립하였다. 철도, 항만, 도로, 발전시설과 같은 사회간접 자본투자가 필요하였다. 오랜 역사 기간 동안 외부 침략과 전쟁으로 인해 국내자본이 축적될 기회가 없어 자금이 턱없이 부족하였다. 그러나 경제성장 계획을 포기할 수 없었다. 가발, 야생동물, 오줌까지도 수출해 보았으나, 곧 경공업 수출로는 3,000만 인구의 큰 경제를 운영하기 어렵다는 결론에 도달하였다. 기술개발이 가능하면서 선진국에 수출할 수 있는 상품을 개발하는 산업 발전을 구상하였다. 해외차관이 필요하였다.

세계에서 제일 가난한 국가이면서 전쟁 위험이 항시 존재하는 국가에게 개발차관을 제공하는 서방 금융회사는 없었다. 해외차관을 얻을 수 없다면 경제개발 계획을 포기하든지 세계에서 가장 부유한 국가와 긴밀한 관계를 유지하면서 차관을 빌려오는 수밖에 없었다. 마침 그 부자 국가는 외국과 전쟁을 하고 있었다.

기회가 온 것이다. 정부는 파병의사를 밝히고 경비, 원조 및 지원을 최대한 받도록 외교적 노력을 하였다. 파병에 대한 국제사회의 따가운 시선이 있었지만 국가경제 발전을 위해서는 국가의 자존심이고 이데올로기도 필요 없었다. 오직 실용적인 정책만이 국가를 빈곤으로부터 벗어나게 할 수 있다고 믿었다. 그 부자 국가의 도움으로 수출은 증대되고 해외차관 도입도 원활해졌다. 국가 지도자는 기업가를 동원해서 중화학 산업을 발전시켜야 한다고 생각하였다. 이미 획득한 자본으로 수립한 중화학공업정책에 몰두할 수 있었다. 몇몇 저력 있는 기업가에게 산업발전을 제안하였다. 그들은 근로자들과 함께 밤낮으로 외국의 기술을 습득하기 위하여 동분서주하였다.

이것도 잠시, 석유파동이라는 암초를 만나게 되었다. 국가경제에 필수적인 자원인 석유를 100% 전량 수입에 의존하는 국가 및 기업인에게 산유국의 갑작스러운 석유가 인상은 또 다른 시련으로 다가왔다. 다시 국가가 부도위기에 처해졌다. 해결방안은 석유를 생산하는 산유 국가들의 개발프로젝트에 참가하여 오일달러를 벌어오는 수밖에 없었다.

중동건설에 참여한 기업과 근로자의 노력으로 국가경제는 다시 회생하고, 이 과정에서 참여한 기업들이 이윤을 창출하고 부를 축적하였다. 기업도 커지면서 규모의 경제를 실현할 수 있게 되었고 가격 경쟁력도 확보하게 되었다. 중동 인력수출을 통하여 기술과 자본이 축적되었다.

개발도상국에게 경제성장은 매우 중요하나; 그보다 더 중요한 것은 경제성장을 지속적으로 높게 유지하는 것이다. 일정 수준 이상의 경제성장을 지속적으로 유지하는 것은 경제성장 못지않게 어렵다. 이를 위해서는 지속적인 제도개혁이 필요하다. 당시 국가지도자는 매월 개최되는 수출진흥회의를 주재하면서 수출에 관한 제도적 장애를 하나 둘 제거하였고, 이에 기업가들이 생산적 기업가 정신을 발휘하게끔 제도가 정비되었다.

세계경제는 불확실하고 변동이 심하다. 그 국가는 외환위기(1997) 글로벌위기(2008) 그리고 코로나 바이러스 팬데믹(2020)을 맞이하였다. 위기를 차례차례 극복했던 그 국가는 이전의 개발도상국이 아니었다. 비슷한 상황에 처했던 다른 국가들은 내부적 갈등 등으로 경제회복이 지체되었지만, 이 국가는 짧은 시간 내에 경제위기를 극복하였다. 정부, 기업, 근로자의 긴밀한 공조체제를 유지하면서 경제위기를 기회로 전환시켰기 때문이다. 위기극복을 통하여 지속적으로 경제 체질이 개선되었다. 이전부터 시행한 전 산업의 수출화 전략과 수출시장의 다변화를 통하여 경제위기의 위험을 분산시킬 수 있었다. 세 번에 걸친 위기극복을 통하여 지혜가 쌓이면서 웬만한 경제위기는 쉽게 회복하는 저력을 갖게 되었다. 이것이 오늘날 한국경제이다.

2. 1960년대 이전의 한국경제

1960년대 이전 한국경제는 한마디로 비참하였다. 35년 만에 일본으로부터 해방되어 독립을 얻었으나, 곧 이어 벌어진 한국전쟁으로 국내 생산력이 감소하고 빈곤의 악순환이 지속되고 있었다. UN, 미국 등의 원조로 겨우 경제의 명맥을 유지하였다. <표 8-1>과 같이 1960년 외국으로부터 받은 무상원조 규모는 2억5천만 달러로 이 규모는 연평균 GNP의 6.4% 정도였다. 이 기간 중에 일반정부 수입의 48% 이상이 원조에 의해서 충당되었으며 원자재 및 농수산물에 집중되었다.

〈표 8-1〉 1960년대 이전의 무상원조 규모, 정부세원 및 비중

	1954	1955	1956	1957	1958	1959	1960
무상원조액 (천만달러)	15.3	23.7	32.7	38.3	32.1	22.2	24.9
GDP 대비 비중	4.2	10.3	10.8	9.8	7.8	5.1	6.4
일반정부 경상수입	7.25	12.24	23.52	31.51	34.51	38.01	48.69
무상원조 세입 (비중)	2.15 (30)	4.16 (34)	13.01 (55)	14.33 (45)	14.24 (41)	13.36 (35)	17.34 (36)
무상원조 구성							
원자재 및 농수산물	92.5	83.7	81.6	70.4	71.8	70.8	74.3
산업 및 경제 인프라	5.6	4.2	6.4	8.0	9.3	9.1	12.1
기술지원	0.0	0.1	0.4	0.9	1.4	1.4	1.6
기타	0.0	0.0	0.0	0.0	0.2	0.5	0.7
합계	100	100	100	100	100	100	100

출처: 한국은행 경제통계연보.

가난한 국가였던 시절에 국민들이 느끼는 국가나 개인의 운명은 가혹하였다. 가난과 질병에 의한 고통 그리고 전쟁에 의한 슬픔과 반목이 너무 깊어서 미래를 헤쳐 나갈 자신이 없을 정도로 한국에는 절망감이 팽배하였다.4)

3. 경제개발 초기조건

경제발전 초기조건이 양호한 국가는 그렇지 못한 국가보다 경제를 더 발전시킬 잠재력이 존재한다. 경제개발 초기단계에서 지진이나 전쟁으로 경제

4) 시인 金素雲(1955)은 수필집 '三誤堂雜筆'의 서문에 '나는 왜 한국에 태어났는가', '왜 처자식을 배부르게 먹일 수 있는 장사꾼 같은 직업을 갖지 못했는가', '왜 좀 더 일찍 병들어 죽지 못했는가'라고, 자신의 별호이기도 한 三誤(세 가지 잘못)를 개탄하는 비통한 한 줄을 붙여 '삼오당'의 뜻풀이를 했다."(출처: http://www.snua.or.kr/ver2/alumni/) 또한 필자 경험에 따르면 50년대 후반 길거리에는 영양실조로 코를 흘리는 어린이들과 일자리 없는 청년들이 골목에서 동전치기 하는 모습을 어렵지 않게 볼 수 있었다. 그리고 굶어서 죽는 사람, 나병환자, 상이군인들이 길거리에서 절규하는 모습을 어렵지 않게 접할 수 있었다.

기반시설이 붕괴되었다면 경제개발은 실패할 확률이 높아진다. 또한 경제개발이 진행되면서 사회주의 지도자가 권력을 잡으면, 자연스럽게 산업의 국유화 및 사회보장제도 및 공공지출의 증대를 추구되면서 초기의 경제개발 에너지의 탄력이 격감하게 된다.

1960년대 초 한국의 경제개발 조건은 최악이었다. 한국전쟁을 통하여 산업시설이 붕괴되었고 경제가 침체되어 경제개발의 기반을 형성할 처지가 못 되었다. 당시 한국경제는 원조에 의지하는 농업 국가였다. 원조물품이 유입되던 시기였으므로 자연히 三白産業(방직업, 제분업, 제당업)이 발전하였다.

삼백산업은 특성상 타 산업분야와 연관이 적다. 기업가들은 산업기반이 없는 상태에서 해외진출로 시장을 개척하여 새로운 상품 생산에 도전하기보다는 정부로부터 원조물품을 할당받아 이윤을 추구하는 것이 훨씬 유리하였다. 제도, 기술과 인적 자원을 충분히 확보하지 않은 상태에서 선불리 비전통적산업에 투자를 하면 수익률을 보장받을 수 없기 때문이다. 이러한 상태에서는 생산적인 기업가 정신을 기대할 수도 없었다. <표 8-2>에서 알 수 있듯이 전반적으로 탄력을 잃었던 한국경제가 힘자게 도약했던 시기는 1962년 이후였다. 참고로 다른 신흥개발도상국인 대만은 1961년, 중국은 1978년, 인도는 1982년부터 경제가 도약하였다.

〈표 8-2〉 개발도상국가의 도약 연도 및 경제성장률

	도약연도	도약이전의 경제성장률(B)	도약이후 경제성장률 (A)	차이 (A-B)
한국	1962	3.9	8.5	4.6
대만	1961	3.3	7.1	3.8
중국	1978	1.7	6.7	5.1
인도	1982	1.5	3.9	2.4

출처: Rodrik (2010)

당시 일본 정부의 보고서는 한국의 인구과잉, 자원의 부족, 공업의 미발달, 군비 압력, 정치의 조급, 민간자본의 약체, 행정능력 결여 등의 문제점을 지적하면서 한국이 경제성장과 자립을 이룩하는 것이 절망적이라고 예상하였다(오원철, 2006).

<표 8-3>은 1960년대 한국과 다른 개발도상국들과의 경제여건을 보여준다. 개발 초기 한국의 1인당 GDP는 아프리카 가나공화국과 비슷한 수준이었으며[5] 다른 아프리카 국가보다 낮았다.

〈표 8-3〉 한국과 초기조건이 비슷한 국가들의 경제성장 비교

국가	1960년 1인당 GDP (1985년 달러 기준)	1989년 1인당 GDP (1985년 달러 기준)	1인당 GDP 성장률 1960-89(%)
한국(Korea)	883	6,206	6.82
대만(Taiwan)	1,359	8,207	6.17
가나(Ghana)	873	815	-0.54
세네갈(Senegal)	1,017	1,082	0.16
모잠비크(Mozambique)	1,128	756	-2.29
브라질(Brazil)	1,745	4,138	3.58
멕시코(Mexico)	2,798	5,163	2.36
아르헨티나(Argentina)	3,294	3,608	0.63

출처: Pen World Table 5.5.

4. 한국경제발전과 농업

농업발전이 산업근대화에 미치는 영향은 국가의 부존자원 조건에 따라 달라진다. 토지가 넓고 농업생산성이 큰 국가들은 농업발전이 경제성장에 긍

5) 가나공화국과 한국 정부 간의 흥미로운 약정서 체결 기사가 있어 소개한다. "한국 정부는 30년 가까이 우리 바다를 지키다 퇴역한 참수리 고속정을 아프리카 가나에 무상으로 양도돼 마약거래 등 불법 행위 단속과 해안 순찰을 하는 주력 함정으로 활동하게 됐다고 발표하였다. 1977년 우리나라와 수교한 가나공화국의 해군은 모두 11척의 배를 갖고 있지만, 모두 50t이하의 소형인 것으로 알려졌다. 참수리 고속정은 150t급 함정으로 최고 37노트(시속 약 68.5㎞)로 항해할 수 있으며, 함포·기관포 등으로 무장하고 있다. 퇴역 고속정이 아프리카 국가에 양도되기는 처음이다."(조선일보, 2010.9.11)

정적인 영향을 준다. 농업부문의 생산성 증대는, 농업분야에서 남아도는 잉여 노동자를 인력이 필요한 산업화부문으로 전환시킬 수 있으며, 도시 근로자들에게 저렴한 농산물을 제공한다. 농업부문의 소득 향상은 제조업 생산품의 안정적 수요를 보장해 준다. 그리고 농업부문의 저축은 금융산업 발전에 기여하여 산업화에 도움을 주게 된다(Matsuyama, 1992).

토지가 협소하고 농업 생산성이 낮은 국가에게는 다른 방식으로 산업화를 이룰 수 있다. 국가가 성공적으로 제조업부문을 발전시켜 값싼 공산품을 외국에 수출할 수 있다면; 농촌의 값싼 노동력이 제조업분야로 전환되어 제조업 발전에 기여하게 된다. 농업부문의 저렴한 노동력이 산업화에 투입되면 생산 단가가 떨어지고 인플레이션이 진정되어 실질환율도 평가절하 된다. 결국 수출상품의 가격 경쟁력이 향상되면서 빠른 속도로 산업화를 이룩할 수 있다. 한국은 후자에 포함된다.

1960년대 이전의 한국경제는 경제발전을 위한 기반설비나 자금이 없는 가난한 농업 국가였다. 1964년에 총인구의 55.6%가 농업에 종사하고, 국민총생산의 42.4%를 차지하였다. 당시 공업이 차지하는 비율은 전체 산입의 10.3%였다. 경제발전에 필요한 자금을 여유롭지 못한 농촌으로부터 동원할 수 없는 실정이었다.

산업화 초기에는 농업 및 1차 산업이 별다른 역할을 하지 못하였다. 가장 큰 이유는 무상원조 때문이었다. <표 8-1>에서 보듯이 무상원조의 70% 이상이 잉여농산물로 구성되어 있다. 무상원조로 인하여 국내 곡물 값이 폭락하고, 이로 인해 농업생산을 늘릴 유인이 약해졌다. 농업생산이 부진하니 원조에 더욱 의존하는 경향이 나타났다.[6]

한국의 농업침체는 아이러니컬하게도 산업화를 급속도로 달성시키는 계기가 되었다. 농업부문의 낮은 생산성은 풍부한 해외원조로 보완될 수 있었

---

6) 개발도상국에서 농업부문의 생산성 향상은 산업화를 지연시킬 수도 있다. 농업부문의 생산성 향상은 자원을 농업부문에 집중시키면서 상대적으로 신규 산업화 투자를 소홀히 하게 된다. 이러한 현상을 'Dutch disease'이라고 한다. 1960년대 천연가스가 발견돼 경제의 호황을 꿈꿨던 네덜란드가 오히려 경제적 고통을 겪었던 역사적 경험에서 유래되었다.

고, 농지개혁 덕분에 농촌사회가 보수화 내지 안정될 수 있었다(박복영외 4인, 2007). 농촌에 근거한 안정된 정치기반으로 정부는 일정기간 경제발전의 계획을 차근차근 실행에 옮길 수 있었다. 1960년대 들어 미국으로부터 원조가 줄어들었다. 그리고 한국은 베트남에 파병하게 되었다. 한국은 이러한 기회를 빨리 활용하였다. 베트남전 특수에 힘을 얻은 한국은 곧바로 수출 지향적 산업으로 전환할 수 있었다. 그리고 안정된 농촌으로부터 저임금의 산업화 인력을 공급받을 수 있었다.

한국의 산업화 초기단계에 필요한 자금 확보는 정부, 기업인들이 노력하여 외화획득이나 해외자금을 유치하면서 이뤄졌기 때문에 침체된 농촌에는 영향을 주지 않았다. 반면 경제가 수출과 산업화의 성공으로 탄력을 받기 시작하면서 새마을운동 등으로 농촌을 지원하게 되었다. 이것이 해방 후에 정치적으로 불안하던 농촌을 보수적으로 묶어 놓는 역할을 하였다. 농촌이 경제발전에 필요한 정치적 안정의 바탕이 되었다.

정부는 새마을운동을 실시하여 농촌의 기본설비를 개선하였으며 추곡수매제도를 통하여 농민들의 소득증대를 시도하였다. 1965년 정부의 쌀 수매가 실시되었다. 특히 1972년에는 농민이 내다 판 쌀은 얼마든지 정부가 사 줄 수 있는 고곡가제도를 운영하기도 하였다. 1965~1975년간 정부수매가격 인상률은 연평균 24.8%이었다. 1969~1973년 연 평균 도매물가 상승률과 소비자 물가 상승률은 각각 9.1%와 11.3%로 물가 상승률을 크게 앞섰다. 이 조치로 농민들의 생활은 크게 좋아졌으며, 한때 농가소득이 근로자의 소득보다 높아지기도 했다(오원철, 2006, pp.442).

60년대 산업화 초기단계에서는 단순 노동집약적 제품을 생산하고 수출하는 것이 일자리를 창출하는데 기여하였다. 창출된 일자리는 농촌의 저임금 노동력을 흡수하고 농촌의 빈곤을 감소시켰다. 당시 농촌에서 지속적으로 개선되는 경제 상황을 간접적으로 보여주는 사례가 한국의 조림사업이다. 현재 한국은 60년대의 민둥산이 없어지고 모든 산에 수목이 울창하다.

한국의 녹화사업이 성공한 것은 정부의 의지가 강하게 작용하였기 때문이다. 정부는 산림녹화를 위해 1967년 농림부의 산림국을 산림청으로 개편했으며 대체에너지 보급 및 벌목방지에 총력을 기울였다. 정부의 강력한 통제 외에도, 급격히 산업화가 이루어지고 농촌의 인구가 도시로 이동하면서 자연히 벌목행위가 줄어들었다. 산업화로 인한 도시근로자의 급격한 임금 상승이 농촌의 벌목의 기회비용을 상승시킨 것이다. 산에서의 벌목이 사라짐에 따라 한국의 산들은 살아남았고, 전 세계 유일하게 산림녹화가 성공한 사례가 되었다. 경제성장 과정에서 환경이 파괴되지만, 한편으로는 경제성장이 산림녹화를 가능하게 하였던 것이다.7)

5. 한국경제 발전과 교육

양질의 인적 자원은 경제성장에 중요한 요인이다. 인적 자원이 풍부한 한국은 경제성장기간 동안 지속적으로 값싼 노동력을 공급받았다. 1946년 초등교육을 의무화하였고, 해방 당시 78%에 달했던 문맹률이 1960년에는 28%로 떨어졌다. 교육환경도 크게 향상됐다. 1956년 당시 초등학교 교원 1명이 책임져야 할 학생은 58.9명에 달했을 정도로 열악했으나 초등, 고등교육이 점차 확대되면서 2009년에는 교사 당 학생 수가 19.8명이다. OECD 자료에 따르면 2018년 기준, 우리나라 교사 1인당 학생 수는 초등학교 16.5명, 중학교 13.5명, 고등학교 12.2명으로 크게 개선되었다.

개발도상국의 투자 경험에 따르면 교육지표나 교육환경 개선은 경제발전에 크게 기여하지 못했다. 세계은행과 국제기구들이 개발도상국에게 많은 교육투자를 하였음에도 불구하고 교육투자와 경제성장과의 밀접한 관계를 발견하지 못하였다(Easterly, 2001, pp.73). 그러나 한국의 경우는 다르다. 교육투자는 기업가의 활동과 관련이 깊다. 60년대와 70년대 창업자들의 기업가 정

---

7) 한국은 정부의 강력한 그린벨트사업, 산림녹화사업 그리고 대체에너지 보급으로 인해 녹화사업이 성공하였다. '1984년 임업통계요람'에 따르면 남한 전체 임목 면적의 84%가 20년생 이하의 나무들이다. 이는 나무 10그루 중 8그루 이상이 박정희 대통령 시대에 심어진 것이라는 점을 암시한다. 유엔은 한국을 20세기의 대표적 녹화 사업 성공 국가로 꼽고 있다(출처: http://bbs.chosun.com).

신이 왕성하던 시절, 한국경제는 신규 투자가 급증하였다. 새로운 투자는 교육받은 인력을 필요로 하고, 교육 수요자에게는 교육에 대한 열의를 유발시켰다. 고등교육의 중요성과 교육에 대한 투자 수익률이 높아지면 학생들은 보다 열심히 공부하고, 부모들은 교육의 질에 관심을 갖고, 교사들은 좋은 학습 자료를 마련하게 된다. 교육의 질적인 향상은 생산성, 노동의 이동, 기업가 능력, 기술혁신 등에 긍정적인 영향을 미치게 되어 경제성장에 기여한다.

기업가 정신이 부족한 국가는 교육투자를 위한 인센티브도 부족하다. 아무리 세계은행 등에서 양질의 교육투자를 제공하여도 국민들은 교육에 대한 매력이나 필요성을 실감할 수 없기 때문에 질 좋은 교육을 위한 정부, 기업, 교육계의 코디네이션이 이뤄지지 않는다.

최근 선진국들은 인적자본에 대한 교육투자를 대폭 확대하고 있으며 연구개발(R&D) 투자를 통하여 과학기술의 역량을 확대해 오고 있다. 그리고 연구개발이 사업화(commercialization)를 거쳐 이윤발생으로 이어지면서 연구개발투자 자체가 직접적으로 경제성장에 영향을 준다.

과학기술의 사업화는 기본적으로 정부, 자본가, 기업가에 의해 주도적으로 이루어지게 된다. 기술에 대한 지식과 이해가 뛰어나고 시장 수요를 적시에 반영할 수 있는 국가 지도자가 있고, 자본가와 기업가가 많을수록 사업화의 성공확률은 높아지게 되며, 과학기술의 성과는 경제성장에 실질적인 영향을 미치게 되는 것이다.

개발 초기 한국은 선진국 수준의 기초 원천기술의 개발과 축적을 기다릴 시간과 능력이 부족하였다. 미국 및 일본으로부터 산업·응용기술을 도입하였으며, 이를 기반으로 세계 교역시장에서 경쟁할 수 있는 수출제품의 생산 및 혁신을 추진하였다. 경제가 성장 탄력을 받으면서 정부와 민간은 선진과학기술 따라잡기를 추진하였다. 정부는 과학기술 발전을 위해서 1966년에 한국과학기술소(현재의 한국과학기술원 즉 KIST) 등을 설립하였으며, 기업체들은 자체 연구소를 통하여 기술혁신을 주도해 나갔다. 축적된 인적자본과 과학기술은 철강, 자동차, 조선, 전기전자, 반도체 분야에서 제품 및 기술경쟁력을 지닌 공업국가로 발돋움할 수 있는 밑거름이 되었다.

국가의 부는 물적인 부와 인적인 부로 구분된다. 한국은 인적 자원이 풍부한 국가이다. 세계은행은 인적 자원이 세계 여러 나라의 국부 중에서 차지하는 비율을 계산하였다. <표 8-4>에 나타난 바와 같이 한국은 인적 자원의 상대적 비중이 가장 높은 나라 중 하나이다.

〈표 8-4〉 한국 및 주요 국가의 국부 구성

	1인당(천달러)	인적 자원(%)	자연자본 (%)	생산된 자본(%)	합계(%)
한국	168.0	82	2	16	100
미국	401.0	77	4	19	100
일본	304.0	68	1	31	100
독일	281.0	75	1	23	100
중국	37.0	77	7	16	100
인도	20.0	58	20	22	100
탄자니아	8.0	21	27	52	100

출처: 송병락, 한국경제의 길, 2006.

한국의 풍부한 인적 자원을 활용하기 위해서는 교육환경 개선 등 행정적인 지표의 개선보다는 교육 내용과 교사 자질을 내실화시켜 학생들의 학력을 향상시키는 것이 중요하다. 전교조를 둘러싼 갈등, 평준화정책, 무료급식에 대한 논란 등 아직도 이데올로기 문제로 진통을 겪고 있는 것이 한국 교육계의 현실이다. 이러한 상태에서는 최선의 인적 자원 향상을 위한 교육정책 개발이 어렵다. 그나마 한국의 교육투자가 사장(死藏)되지 않고 빛을 발할 수 있었던 것은 1960년대부터 이어져온 정부와 기업들의 꾸준한 교육투자에 기인한다. 한국의 교육발전은 교육계의 역할도 중요하지만 정부와 기업가의 역할이 무엇보다 컸다.

제9장_ 정부의 기업가 정신

기업가 정신을 단순히 인물적인 의미로만 한정짓기는 한계가 있다. 정부도 종종 불확실성에 도전하면서 국가 위기를 극복하고 경제발전을 이루기 위해서는 기업가 정신을 발휘해야 한다. 정부의 기업가 정신의 핵심은 지도자의 리더십이다. 지도자는 시대에 따라 역할이 달라진다. 역사적으로 볼 때 미래지향적 비전을 제시하고 위기를 관리할 능력을 갖춘 탁월한 리더십의 지도자가 있으면 그 국가는 번창하게 된다. 경제성장을 위하여 훌륭한 제도를 만들고 올바른 경제정책을 시행하는 것도 지도자 리더십에서 발생한다.

1. 지도자의 리더십

한 국가의 지도자는 대외적으로는 국가의 위상을 높이면서 대내적으로 경제를 발전시켜 자국민을 경제적으로 윤택하게 해야 하고 자긍심도 높여야 한다. 자국민들에게 공정한 경쟁의 기회를 제공하여 정부로부터 직접적인 지원을 받지 않고도 개별적으로 경제활동을 할 수 있는 건전한 경제 환경을 조성해야 하는 것이다.

지도자의 리더십은 아마추어 리더십과 프로 리더십으로 구분된다. 아마추어 리더십은 자신이 국가정책 결정에 직접 관여하는 경향이 있다. 자신이 항상 옳다고 주장하고, 정치적으로는 편 가르기를 하고 긴장과 불안을 조성한다. 경제정책이 실패하면 그 원인을 이전 지도자나 외부세력에게 전가하는 경향이 있다. 그 피해는 모든 국민이 감수해야 한다. 아마추어 리더십이 권력을 잡은 국가는 끊임없이 시끄럽다.

프로 리더십은 철학, 전략, 전술, 정책, 실천이 일관되게 흐르고 입체적으로 짜인 아름다운 건축물과 같은 조화를 이룬다. 프로 리더십은 항상 배우고 국내외 상황에 맞는 일관성 있는 정책으로 목표를 세운다. 목표를 달성하기 위하여 국민들에게 동기를 제공하며, 국민의 에너지를 모으는데 전력한다. 프로 리더십은 실용성과 합리성이 있는 전략을 구상하고 실천을 한다. 그리고 항상 자신감이 있으며 상대적으로 국가를 조용하게 운영한다.

정부의 역할에 대해서 하이에크는 노벨경제학상 수상 연설에서 "장인이 작품을 만들 듯 하기 보다는 정원사가 화초를 대하듯 경제에 가장 적합한 성장환경을 만들어 주는 것이다"라고 역설하였다. 하이에크 주장대로 정부가 제공하는 경제적 환경 조성은 중요하다. 개발도상국의 리더십은 경제적 환경 조성 이외 추가적으로 경제개발 목표설정과 그에 따른 전략과 전술도 필요하다. 경제개발을 창조해야 하는 개발도상국의 리더십은 선진국보다 더 많은 노력과 희생이 필요하다.

개발도상국에서 종종 발견되는 성숙되지 않은 리더십은 국가경제를 혼란 속으로 빠져들게 할 수 있다. 아프리카 가나공화국에서 발생한 종족 갈등과 경제운영에 대한 리더십 부재의 결과를 소개한다.

사례 6: 가나공화국의 아마추어 리더십

가나공화국의 코코아 생산은 오래전부터 Ashanti종족이 살고 있는 지역에서 재배되었다. Ashanti종족은 가나공화국 전체 인구의 13%를 차지하는 소수종족이다. 코코아 생산으로 부를 축적한 Ashanti종족은 다른 종족으로부터 미움을 샀다. Ashanti종족은 코코아 산업을 보호하기 위하여 식민지 독립을 반대하기도 했다.

1957년 식민지 독립 후 권력을 잡은 Nkrumah는 Akan종족이다. 그는 정적인 Ashanti종족에 대한 징벌로 코코아에 대해 무거운 세금을 부과하였다. 코코아 Marketing Board를 통해 코코아를 싼값으로 사들여서 높은 가격으로 외국 수출하였다. 외환시장에서는 과대평가된 공정 환율(중앙은행이 결정하는 공식 환율)을 운영하였다. 이 제도는 수출업자에게 대단히 불리하였다. 수출업자는 수출대금을 공정 환율로 환전을 해야 했고 필요한 외화 자금은 비싼 암시장의 환율로 구입해야만 했다.

과대평가된 공정 환율은 암시장에서 달러의 프리미엄을 발생시킨다. 가나의 암시장 프리미엄은 1982년도가 피크였는데, 당시 암시장 환율은 공정 환율보다 22배 높았다. 가격의 왜곡 현상으로 코코아 생산업자의 손실이 점차 증대하였다. 1949년 가나의 코코아 생산자는 세계시장 가격의 89%를 받았으나 1983년도에는 세계시장 가격의 6%를 받았다. 가나의 코코아 생산은 급속히 격감되었다. 1955년 코코아 수출은 가나공화국 GDP의 19%를 차지하였지만, 계속 감소하여 2017년 GDP의 1.6%를 차지하였나. 종족간의 갈등과 정부의 부패가 가나 경제에서 '황금알을 낳는 거위'를 죽게 만들었다.

2. 공유자원의 비극

개발도상국의 아마추어 리더십은 종종 공유자원의 비극을 일으키게 되어 국민들에 고통을 준다. 공유자원이란 자원의 소유자가 정해져 있지 않으나 전체적인 양이 한정되어 있어 자원을 얻기 위해 개인들이 경쟁을 하게 되는 자원을 말한다. 예를 들어, 바다 속의 물고기들은 내가 잡는다고 해서 다른 사람이 못 잡는 것은 아니다. 특별히 임자가 없다. 그런데 양은 한정되어 있다. 먼저 잡는 사람이 임자이다. 이렇게 배제성은 없는데 경합성이 있는 재화를 공유자원(common resource)이라 한다.

사적 소유물이라면 자기 것이므로 그 물건을 최대한 잘 활용하려고 노력한다. 또한 태양, 공기처럼 무한하게 제공되고 소유권이 없는 것이라면 특별히 더 욕심을 내려 하지 않는다. 그런데 공유자원은 내 것이 아니기 때문에 특별히 아끼려 하지도 않을 뿐만 아니라, 경합적인 성격을 띠고 있어 다른 사람이 먼저 가져가면 내게 손해가 되므로 마구 쓰게 된다. 공유자원은 심각한 문제를 야기한다.

앞에서 설명한 아프리카 가나공화국의 코코아 산업 붕괴는 리더십의 부재에 따른 공유자원의 비극으로 설명할 수 있는 사례이다. 코코아 산업과 관련된 사례를 체계적으로 분석하기 위해 다음 세 그룹의 이익단체들을 가정해 보자(Easterly, 2001). 그리고 이들 이익단체들의 개별적인 행동이 국가경제에 어떠한 영향을 미치는지 경제학적으로 분석한다.

제1그룹은 공정 환율을 결정하는 외환시장이고, 제2그룹은 정부지출과 화폐발행을 결정하는 정부이며, 제3그룹은 이자율을 결정하는 금융시장이다. 이제 각 그룹이 각자의 이익만을 추구하는 상황을 가정해 보자.

코코아를 해외시장에 수출하면 달러가 국내에 유입된다. 제1그룹이 수출업자에게 수출대금을 외환시장에서 공정 환율로 환전해준다. 만일 공정 환율보다 암 달러시장의 환율이 높으면 코코아 수출업자는 수출자금을 해외로 은닉하려는 유혹이 커진다. 수출업자가 외국은행에 수출자금을 은닉함에 따라 수출대금의 국내 반입이 적어지면 제1그룹의 이익이 감소한다. 제1그룹은 손실을 보전하기 위하여 공정 환율과 암달러 시세의 차이를 더 크게 만든다.

수출자금 유입이 감소되면서 정부수지가 악화된다. 정부는 정부지출을 증대시키기 위하여 통화량을 남발한다. 통화량 남발은 인플레이션을 증대시켜 민간의 실질적인 조세 부담을 줄인다. 즉 정부는 상대적으로 가난해진다.

인플레이션이 증대되면 실질금리가 떨어지고 국내 은행에 저축하기보다는 이자율이 상대적으로 높은 외국은행에 예금하고자 하는 유혹이 커진다. 제3그룹은 자금유입을 유도하기 위하여 금리를 인상시킨다. 그러나 인플레이션 급상승으로 국내외 실질금리 차이가 더 커지게 되고 국내자금이 유출된다. 국내예금은 상대적으로 줄어들고 해외예금이 증대하게 되며 제3그룹의 이익도 감소한다.

이상 각 그룹들이 각자의 이익만 추구한다면 외환시장의 불균형, 높은 정부 부채와 인플레이션, 국내외 이자율 차이 등이 발생한다. 독재 정권이 나타나서 각 그룹 이익에 반대하는 정책으로 낮은 공정 환율, 낮은 인플레이션, 적정한 이자율정책을 선택한다고 가정할 수도 있다. 이 경우 3개 그룹이 각자 이익을 추구하는 경우보다는 경제상황이 호전될 수 있다. 이러한 점에서 볼 때 시장을 자유롭게 놔두는 정부보다 국가의 계획경제를 주도하는 독재정권이 좋을 수도 있다. 그러나 반드시 독재정권이 민주적인 정권보다 좋다는 것은 아니다. 독재정권은 각 이익단체들과 야합하는 경향이 높고, 이 때 국가의 상황은 더 악화되기 때문이다.

경제개발은 독재 또는 민주주의 정권에서 모두 가능하다. 경제개발에 있어서 중요한 것은 정부 체제의 성격이 아니라, 리더십이 이익단체를 대변하는 것인가 혹은 국가 전체의 이익을 대변하는 리더십인가 하는 것이다. 일부 이익단체를 대변하는 아마추어 리더십은 아프리카의 가나공화국과 같이 '황금알을 낳는 거위'인 국가산업을 몰락시킬 수도 있다.

한국은 독재체제에서 경제발전을 하였다. 정부는 이익단체의 사리사욕을 철저히 배제하였고, 기업인들의 해외 부동산투자까지 엄격한 경제윤리를 요구하였다. 앞으로 서술하겠지만 포항제철소는 대일청구권자금으로 지어진 제철소다. 당시 많은 이익단체들이 창업자 박태준에게 공사대금에서 일부 협찬금을 요구하게 되었는데, 박정희 대통령이 중간에 나서서 '종이 마패'를 주면서 일체의 협찬행위를 방지하였다고 한다. 한국 정부의 리더십은 개발도상국들이 흔히 겪는 공유자원의 비극을 사전에 방지하도록 노력한 것이다.

3. 개발도상국 정부의 기업가 정신

산업을 일으켜서 경제발전을 도모하고자 하는 개발도상국의 지도자는 끊임없이 난관에 부딪치게 된다. 초기 개발자금의 확보, 전략 산업의 선정과 투자 등 해결해야 하는 과제들이 산재되어 있다. 이 과정에서 정부의 기업가 정신이 필요하다.

국내 자본이 충분하여 축적된 자본으로 경제개발을 시도하는 개발도상국은 그리 흔치 않다. 부족한 개발자금을 충당하기 위해서 해외 차관이나 자국 내 축적된 자본을 활용할 수 있다. 자국 내 자본을 활용하는 것은 기존의 경제활동을 위축시킨다.

제2차 세계대전 이후 많은 개발도상국들은 산업화를 위해 농업 등 1차 산업에 과세를 하면서 개발자금을 확보하였다. 개발 부담으로 1차 산업의 생산은 위축되고 확보된 개발자금은 단기에는 국제경쟁력 확보가 힘든 제조업 투자를 하게 된다. 그런 상태에서 운(運) 없이 1차 산업의 교역조건이 나빠지면 국제수지가 악화되고 경상수지 적자가 누적되면서 외환위기로 나타나게 된다.

산업화 자금을 확보하기 위하여 세금 부과 대신 해외직접투자나 해외 차관에 의지하게 된다. 이 분야에 대해서는 제12장에서 설명하겠지만, 해외직접투자는 높은 로열티와 경영권을 요구하는 단점이 있다. 해외 차관은 이자 지급 때문에 경제적으로 추가부담이 있으며, 국내경제 여건이 취약하면 해외 금융기관들이 차관 제공을 거부하기도 한다.

개발도상국 지도자는 개발자금 확보를 위해 전 세계 정치 및 경제 흐름을 보면서 비용탐색(cost discovery)을 한다. 다음 10장에서 설명하겠지만, 한국은 베트남 파병과 중동인력 진출로 인하여 개발자금을 확보할 수 있었다. 경제개발 자금이 확보되면 정부는 경제발전에 필요한 인프라에 투자를 하고 민간에게 신산업의 육성과 개척을 맡긴다. 여기에서 정부의 고민이 생긴다. 어떤 산업을 집중적으로 육성할 것이지, 누구에게 그 임무를 부여할 것인지 방향을 설정해야 한다.

신산업 육성에는 다음 세 가지 전략이 있다. 모두 배타적인 것이 아닌 상호의존적 개념이다.

첫째, 학습효과(learning by doing)가 큰 산업을 선정하여 전략적으로 발전시킨다. 개발도상국들은 경제발전을 위하여 모든 산업을 육성할 수 없기 때문에 선택과 집중을 통하여 산업별 선도 산업을 선정하여 집중 육성해야 한다. 부족한 부품이나 기술은 해외 시장에서 수입하면 된다. 발전초기 단계에서는 정부의 정책적 지원이 필수적이다. 정부는 비용과 편익(cost and benefit)을 계산하면서 개별적인 산업의 개발 지원보다는 각 산업별 주도산업을 집중 육성하는 것이 더 중요하다(Murphy, Shleifer & Vishny, 1989).

둘째, 민간 창업자가 탐색과정에서 선택한 산업을 육성·발전시킨다. 창업자가 기업가 정신으로 구축한 산업이 경제적 성공을 거둔다면 그 산업이 국가의 대표적인 산업이 될 수도 있다. 그리고 대표적 산업에서 생산된 제품이 세계시장에서 큰 히트를 하면 그 개발도상국은 큰 부를 축적시킬 수 있다.

셋째, 전통산업과 신산업 사이에 발생할 수 있는 부작용을 코디네이션을 통하여 최소화한다. 코디네이션(coordination)이란 두 종류 이상의 것을 통합하고 조화시키는 것을 의미한다. 전통적인 산업은 비교적 투자가 안정적인데 반해, 신산업 투자는 투자위험과 수익의 불확실성이 따른다. 제도, 기술, 인적 자원 등이 충분히 확보하지 않은 상태에서 섣불리 신산업에 투자하면 적절한 수익률을 보장받을 수 없다. 전통산업으로 경제발전을 이끌면서 인프라 투사와 중간새 생산 산입구조가 확립될 때 신산입투자를 실시하는 깃이 투자의 불확실성을 줄이게 된다.

개발도상국은 이상 제시한 산업발전 전략을 동시에 실시할 수도 있고 순차적으로 실시할 수도 있다. 이는 정부 리더십에 달려있다. 그럼 정부가 선도 산업을 설정하였다면 어떤 식으로 창업가를 지원하는 것이 합리적인가? 세 가지 방안이 있다.

첫째, 정부가 가장 신뢰하는 사람이나 기업에게 자금을 지원하여 창업의 기회를 제공하는 것이다. 한국의 경우, 포항제철의 창업자 박태준이 대표적인 성공 사례이다. 그러나 창업자의 도덕적 해이를 방지하지 못하면 엄청난 기회비용을 치러야 한다.

둘째, 정부가 계획을 수립하여 저력 있는 기업가에게 사업을 제안하는 것이다. 제안 받은 기업가가 성공하면 큰 부와 명예가 주어지고, 실패하면 개인적으로 큰 손해를 입게 된다. 한국의 경우 자동차와 조선산업을 일으킨 창업자 정주영을 좋은 예로 들 수 있다.

셋째, 민간에 의해서 창업하는 것이다. 정부는 간접적으로 지원하고 창업자가 모든 투자와 기술개발을 추진하여 경쟁력을 확보하는 방법이다. 삼성전자의 창업자 이병철이 성공사례이다.

개발초기 한국은 경제발전에 집중하는 능력을 갖춘 정부와 기업가들이 신산업 창업을 준비를 하고 있었다. 정부의 기업가 정신에 대한 사례는 다음 제10장에서 다룬다. 민간 창업자의 기업가 정신에 대한 사례는 제II부에서 산업별로 자세히 서술한다.[8]

---

8) 일반 기업가(벤처 사업가 또는 자영업자 포함)들의 기업가 정신은 본 저서에서는 다루지 않는다. 2010년 봄 학기 미국 Harvard대학교 경영대학원에서는 일반 기업가들의 기업가 정신에 대한 강의(Theoretical and Empirical Perspectives on Entrepreneurship)가 개설되었다. 강의는 크게 4단계로 구분되었다. 첫째, 기업가 정신의 발생(The Source of Entrepreneurship) 둘째, 기업가 정신과 산업의 진화(Entrepreneurship and Firm Dynamics), 셋째, 기업가 정신과 금융(Entrepreneurship Finance), 넷째, 기업가 정신의 실질효과(The Real Effects of Entrepreneurship) 등이다. 이 강의에는 개발도상국의 창업자들의 기업가 정신에 대해서 심도 있게 강의가 이루어지지 않았다. 그 이유는 창업자의 기업가 정신이 선진국과 개발도상국에서 서로 다르게 나타나기 때문이라고 판단된다.

제10장_ 베트남 전쟁과 중동 건설 진출

경제발전의 성공여부는 올바른 정책의 선택에 달려있다. 올바른 정책을 선택하지 못하면 경제성장을 이룰 수 없다. 올바른 것을 선택하는 재능이란 동일한 정책 내에서도 주어진 조건과 시기에 적절한 최선의 실행방안(pareto optimum)을 찾아내는 지혜를 말한다. 기업가 정신이 발휘되는 영역은 비즈니스에만 한정된 것은 아니다. 경제개발을 위해서는 정부도 각종 새로운 사업의 비용탐색(cost discovery) 및 불확실한 결과에 도전하는 기업가 정신이 필요하다.

1. 긍정적인 사고의 중요성

긍정적 사고는 창조적 사고와 사기진작의 원동력이다. 예컨대 자기가 타고난 국가의 운명이 나쁘다고 지식인과 지도자들을 탓하고 비난한다고 국가의 운명이 개선되지 않는다. 그런 국민은 일생을 불평하다가 가난의 늪에서 헤어나지 못할 뿐이다. 긍정적인 사고를 갖는 국민은 국가의 불행을 인정하고 그로부터 국가를 발전시키기 위해 발전적으로 행동하려는 의지를 갖추게 된다.

전쟁의 흔적이 사회 곳곳에 무겁게 드리워있던 1960대 초반 한국은 빈곤을 탈출하고 국가운명을 회복하자는 자각과 공동체 의식이 나타나고 있었다. 이런 공동체 의식이란 1960년대 모두가 경제적으로 고통 받고 있을 때 우리를 어렵게 한 원인이 다른 나라나 외부에 있는 것이 아니라 우리 스스로에 그 원인이 있으므로 내부로부터 경제발전의 실마리를 찾아나가야 한다는 의식을 의미한다. 당시 유행한 영화나 음악이 이것을 간접적으로 표현하고 있었다.9)

2. 정부의 경제개발 집념

정부는 1962년부터 시작된 경제개발5개년계획을 통하여 경제개발에 강한 집념을 보였다. 제1차 경제5개년계획(1962~1966)의 목표성장률은 평균 7.1%이었다. 평균 7%의 성장률을 지속적으로 유지하면 10년 후에는 국내생산량의 2배를 기대할 수 있는 높은 성장률이다. 당시 야심찬 경제개발 계획은 추진과 함께 바로 난관이 부닥치게 되었다. 국내시장의 협소성, 산업 간의 구조적 연관부족과 자금조달의 실패로 제1차 경제5개년계획을 실시한 3년 후 목표를 5.0%로 하향 조정하였다.

당초의 목표를 축소할 수밖에 없었던 제일 큰 이유는 자금 조달 실패였다. 당시 계획에 따르면 총 투자액 규모는 24억 7,300만 달러로 국내자본 17억 8,900만 달러(72.4%), 외자 6억 8,370만 달러(27.6%)였다(외자 도입실적은 <표 10-1> 참조). 정부는 국내자본을 확보하기 위해서 1961년에 일반은행을 국유화하고 1962년 6월에 통화개혁을 실시하였다. 이러한 조치는 인플레이션을 발생시키고, 유통기구의 혼란을 야기했다.

국내자본 확보에 실패한 정부는 외자를 유치하기 위하여 노력하였다. 그러나 차관은 계획대로 도입되지 않았다. 1962년도 계획은 5,000만 달러였으

9) 1960년대 초 개봉된 '고려장', '잘살아 보세' 등의 영화에서 당시의 빈곤과 악습을 타파하려는 노력을 찾을 수가 있다.

나, 실제 도입액은 목표액의 12%인 600만 달러에 불과하였다. 1963년에는 차관 계획의 절반 정도가 도입되었다. 이는 '7.1%의 성장률과 그에 상응하는 투자수준이 한국경제의 능력에 비춰볼 때 지나치게 의욕적인 목표'라고 생각한 미국정부가 차관공여를 거절함에 따라 차관도입 실적도 저조하게 나타난 것이다. 차관이 계획대로 도입되지 않은 것은 경제개발 계획의 실패를 의미하는 것이었다(강광하 외 2인, 2008, pp.165).

〈표 10-1〉 투자 소요 외자액과 차관 도입 실적

(단위: 백만 달러)

	1962	1963	1964	1965	1966	합계
외자액 계획(a)	93.3	160.4	171.5	120.8	137.7	683.7
차관 계획(b)	50.0	88.7	112.2	78.1	97.0	426.0
차관비중 (b/a)(%)	53.6	55.3	65.4	64.7	70.4	62.3
차관 도입 실적(c)	6	43.2	11.6	5.7	72.8	139.3
c/b(%)	12.0	48.7	10.3	7.3	75.1	32.7

출처: 김광히 외 2인(2008)와 佐野孝治(1002)의 표를 재구성함.

당시 정부는 외환을 벌어들이는 활동을 가장 중요한 일로 판단하고 노동력에 기반을 둔 수출주도형 경공업제품의 수출을 촉진시켰다. 정부는 수출용 원자재 및 중간재의 수입에 대해 조세 혜택을 부여하고 원화의 공정환율을 1964년 5월엔 달러 당 130원에서 256.5원으로 인상(평가절하)하는 등 조세·외환·금융지원을 강화하였다. 한편 해외시장 개척을 위해 1964년 대한무역진흥공사(KOTRA)를 설립하였다.

이러한 상황에서 정부는 정책적으로 큰 변화를 시도하였다. 1964년에 제1차 경제개발5개년계획을 수정하면서 '수출제일주의'를 국가지상 목표로 설정했다(오원철, 1995, 강광하 외 2인, 2008). 이는 수출이 국가 자원배분에서 최우선적으로 배정된다는 것을 의미한다. 또한 정부의 수출정책 방향 설정, 제도 확충 그리고 목표달성을 위한 공조체제를 구축하는 회의가 도입되었는데, 이것이 1965년 2월 처음 도입된 수출진흥확대회의이다.[10)]

수출진흥을 위한 정책과 제도가 정비되고 있었지만, 해외 자본의 부족으로 자본재 및 중간재의 수입이 제한되면서 정부의 수출지원 정책은 효력을 발휘하지 못하였다. 수출 규모도 작았고, 경제발전에 필요한 해외차관 유치도 실패하였다. 기존의 구식 기계설비로 상품을 생산하여 수출하다보니 자연히 수출이 지연되면서 무역수지가 악화되었다. 베트남 파병이 본격적으로 이루어지기 전인 1964년도의 수출액은 1억 2,000만 달러, 수입액은 3억 6,500만 달러였다. 누적된 만성적인 무역수지적자와 해외원조가 감소하면서 외환보유고가 급격하게 하락하였다. 1962년 2월의 외환보유고는 2억 1,400만 달러였으나 같은 해 8월에는 1억 7,900만 달러로 줄어들었고, 이런 감소세는 1965년 말까지 계속 이어졌다.

외화부족 사태를 해결하기 위한 정부의 비용탐색(cost discoveries)이 동시에 시작되었다. 정부는 미국으로부터 경제발전 자금지원을 받는데 실패하였지만, 독일은 한국을 포함한 후진국에 장기개발차관(1억 5,000만 마르크)을 제공하고 있었다. 한국은 광부와 간호사를 독일에 파견을 하였지만, 이러한 노력에 불구하고 1965년 말 외환보유고는 1억 3,800만 달러로 당시 무역수지 적자액인 2억 8,800만 달러에도 훨씬 미치지 못하고 있었다. 당시 외환위기설까지 나돌았다. 이런 상황에서 정부는 경제개발계획의 지속적인 실행과 성공을 위해 보다 적극적인 돌파구를 마련할 필요가 있었다. 한국군의 베트남 파병은 이미 정부의 비용탐색 과정에서 추진되고 있었다.

3. 베트남 파병과 경제개발

한국은 1964년 9월 11일의 베트남 1차 파병을 시작으로 휴전협정이 조인된 1973년까지 국군을 파병하였다. 베트남 파병문제는 여전히 논란의 대상이다. 파병 당시 국내외의 정치상황도 복잡하였을 뿐 아니라, 군대 파견으로 얻은

---

10) 1965년 1월 상공부는 대통령 연두순시 업무보고 석상에서 수출진흥위원회 회의를 박정희 대통령이 직접 주재해 줄 것을 건의하였다.

엄청난 경제적 이익 못지않게 많은 사상자와 피해자가 발생했다는 사실 때문에 우리 사회에서 베트남 파병에 관한 일치된 여론을 기대하기 힘들다. 이러한 이유에서 한국경제의 중요한 전환점이 된 베트남 파병에 대한 경제적 효과 분석도 활발하지 않다.

한국경제가 도약에 성공하는 시점은 베트남 파병이 본격적으로 이루어지고 정부의 수출주도형 경제정책이 채택되었던 1965년부터 이었다. <표 10-2>에 따르면 1960년대부터 베트남 파병 이전까지의 평균 실질 GDP성장률은 5.6%이고 베트남 파병기간 중의 평균 실질 GDP성장률은 10.0%이다. 동기간 투자율도 12.4%에서 22.2%로 증가하였으며, 공업제품 수출 비중도 1962년 27.7%에서 1979년 88.9%도 비약적으로 증가하였다.

〈표 10-2〉 베트남 파병 전후의 경제 상황 비교

	1960-1964	1965-1972	차이
실질GDP 증가율(%)	5.6	10.0	4.4
국내총투자율(%)	12.4	22.2	9.8
수출입의 대 GNI(%)	20.4	38.2	17.8
공업제품 수출/총수출(%)	27.7(1962)	88.9(1972)	61.2

출처: 한국은행

한국군 베트남 파병 배경에는 다양한 주장이 있을 수 있다. 그러한 논쟁은 여기서는 다루지 않지만 한국정부는 대한민국 최초로 1964년에 국군을 베트남에 파병했다. 한편 국가 경제 부흥을 목표로 하던 정부의 순발력은 창업 기업가만큼이나 빠르고 대범하였다. 미국으로부터 경제적 원조와 군인에 따른 급여 - 일병 하루 수당 1달러에서 대령 6.5달러(Baldwin, 1975. pp.10) - 그리고 사망에 따른 보상금을 합의하고 파병에 동의하였다. 한국 정부의 파병기간 8년 8개월 동안 <표 10-3>에 정리하였듯이 연인원 35만 명을 파견하였다. 일병의 1년 수당은 365달러로 당시 1인당 국민소득(104달러)보다 높았다.

〈표 10-3〉 베트남 파병과 인력수출 추이

(단위: 명)

	장병(A)	장병(B)	기술자
1965	140	2,128	-
1965	20,541	18,904	93
1966	45,605	23,865	10,204
1967	48,839	2,963	12,274
1968	49,869	-	15,003
1969	49,755	12	-
1970	48,512	-	9,879
1971	45,663	-	-
1972	37,438	-	8,609
합계	346,362	47,872	56,062

출처: 장병(A):국방부 http://www.imhc.mil.kr/imhcroot/upload/resource/V14.pdf, 장병(B): 공식 파병병사 배정 인원, 이 인원이 순환 배치되면 파병인원은 35만 명에 근접하게 된다(Baldwain, 1975), 기술자: 각 년도 말 현재의 수치(佐野孝治, 1992)

한국군 베트남 파병은 한국경제의 중요한 전환점이 되었다. 베트남 파병으로 인한 경제적 효과를 다음과 같이 정리한다.

1) 베트남 파병 특수

미국이 베트남전에 막대한 군사비용을 지출하면서 한국은 베트남 특수를 얻게 되었다. 베트남 특수의 항목에 대한 명확한 구분은 없지만, 선행 연구들은 한국이 베트남 파병으로 얻은 간접 및 직접적인 경제적 이익을 다음과 같이 추정하였다. 朴根好(1993, pp.19)는 베트남 특수를 베트남에 대한 수출, 한국군에 대한 군납 그리고 무역외수입(용역 및 건설군납, 군인 및 기술자송금, 특별보상지원, 보험금) 등으로 정의하고, 1965년부터 1972년까지 한국이 받은 베트남 특수 총액을 10억 2,200만 달러로 추정하였다(<표 10-4>에서 특수 총액(A)로 표시). 佐野孝治(1992, pp.213)는 한국이 베트남에 파병한 동기간에 한국에 주둔한 미군에 대한 군납을 포함하여 파월장병 및 기술자 송금액을 추정한 베트남 특수 총액을 약 17억 달러로 추정하였다(특수 총액(B)로 표시). Baldwin(1975)는 베트남 건설과 용역, 파월기술자 송금, 군납 등 상업적으로 한국정부가 취득한 금액을 5억 3,700만 달러로 추정하였다(특수 총액(C)로 표시). 또한 국방부 자료에 의하면 국군장병이 해외근무 수당으로 벌어들인 수입은 총 2억 3,500만 달러였다. 이 중 82.8%에 달하는 1억 9,500만 달러가 국내로 송금되었다.

<표 10-4>에 따르면 국내총생산(GDP)에서 베트남 특수가 차지하는 비중은 특수의 정의에 따라 최고 5.29% (1967년 GDP 비율 (B)), 최저 0.65%(1965년 GDP 비율 (A))수준이었다. 파병기간 동안 특수 총액의 비중은 변동하였지만 8년간 꾸준히 한국경제에 긍정적인 영향을 미쳤다. 또한 한국군에 대한 지출과 파월장병 및 기술자의 송금, 외국으로부터 받은 운임 보험료 등이 급증하면서 무역외수지가 급증하여 1969년도에 최대 규모 약 2억 달러를 기록하였다. 그리고 외국의 무상원조와 기부금과 구호물자 등이 지속적으로 도입되어 이전거래도 안정적으로 흑자를 기록하였다.

무역외수지와 이전거래의 증가는 당시 경상수지 적자를 감소시키는데 기여하였고 이로 인해 외환보유고도 증가하였다. 베트남 파병기간 동안 외환보유고는 지속적으로 늘어나면서 1965년 1억 3,800만 달러에서 1972년에는 약 7억 달러 수순으로 증가하였다.

〈표 10-4〉 베트남 전쟁특수와 한국의 경제성장

(단위: 백만 달러)

	1965	1966	1967	1968	1969	1970	1971	1972	합계
특수총액(A)	19.5	61.1	151.3	168.6	200.4	204.6	133.3	83.2	1,022.0
특수총액(B)	75.2	124.3	226.1	254.3	296.3	261.1	228.8	227.5	1,693.6
특수총액(C)	-	31.5	89.0	113.4	104.2	97.0	71.3	31.2	537.6
파월장병 해외근무수당	3.1	19.8	33.9	36.6	36.9	36.1	35.7	29.5	235.6
GNP 비율 (D=A/G)	0.65	1.66	3.54	3.23	3.02	2.56	1.42	0.79	-
GNP 비율 (E=B/G)	2.50	3.39	5.29	4.87	4.47	3.27	2.44	2.15	-
무역적자	-240.3	-429.5	-574.2	-835.7	-991.7	-922.0	-1,045.9	-573.9	
무역외 수지	46	107	157	169	197	119	28	33	-
이전거래	203	220	225	226	246	180	171	170	-
GNP(G)	3,006	3,671	4,274	5,226	6,625	7,986	9,367	10,573	-
외환보유고	138	236	347	388	550	584	535	694	-

출처: 특수총액(A):朴根好, 1993, 특수총액 (B): 佐野孝治, 1992, 특수총액(C): Baldwain, 1975, 파월장병 해외근무수당: http://www.imhc.mil.kr(국방부), 경제기획원, 『한국경제지표』, 1986.

2) 해외자본 유입

베트남 파병과 함께 차관, 직접투자 및 은행차관들이 도입되기 시작하였다. <표 10-5>에 따르면 해외자본 도입액은 베트남 파병 이듬해인 1965년 약 1억 8,000만 달러에서 계속 증가해서 1972년에는 8억 2,000만 달러를 기록하였다. 이들 자금의 누적 총액은 약 40억 달러에 달했으며 그중 미국으로부터 받은 공공차관 및 상업차관 총액은 11억 6,000만 달러로 차관총액의 42%를 차지하였다.

<표 10-5>에 따르면 1965년도 공공차관 도입 실적은 570만 달러로 미국으로부터 제공받은 차관규모는 230만 달러였다. 이것이 1966년에는 7,280만 달러로 늘어났고 그 중 미국으로부터 5,340만 달러의 공공차관을 제공 받았다. 미국으로부터 제공받은 공공차관 규모는 1년 사이 무려 20배 이상 증가하였다.

정부는 베트남 파병과 동시에 일본과 국교를 정상화 하였다. 한일국교정상화회담을 통해 일본으로부터 무상자금 3억 달러와 유상자금(재정차관) 2억 달러를 10년에 걸쳐 제공받기로 하였다. 한편 국내금융기관에 의하여 은행차관이 도입이 시작한 시점은 1968년도 한국외환은행과 한국산업은행이 주도하였다. 동 기간 중에 이들 은행들이 도입한 은행차관은 차관협정규모가 2,500~5,000만 달러의 소규모였을 뿐만 아니라 만기도 5~7년의 단기 차관이 대종을 이루었으며 금리조건은 스프레드가 거의 1.0%를 초과하는 불리한 조건이었다.

경상수지 적자의 보전 등 한국경제에 상당한 역할을 수행하였던 미국으로부터의 무상원조 규모는 1965년부터 1972년 기간 중 약 5억 7,800만 달러, 청구권무상자금 1억 8,400만 달러 등 총 7억 6,000만 달러에 이른다. 특히 무상원조는 경제가 발전됨에 따라 1963년부터 장기차관 형식으로 그 도입방식이 바뀌었으며 1971년 사실상 종료되는 등 그 역할과 비중이 크게 떨어졌다.

〈표 10-5〉 해외자본 도입실적

(단위: 100만 달러)(도착기준)

	1963	1964	1965	1966	1967	1968	1969	1970	1971	1972	1965-72
무상원조(A)	216.5	149.3	131.4	103.3	97.0	105.8	107.2	82.6	51.3	5.1	577.9
AID	119.7	88.3	71.9	65.3	52.6	49.9	32.4	20.9	17.6	5.1	265.8
PL480	96.8	61.0	59.5	38.0	44.4	55.9	74.8	61.7	33.7	-	312.1
청구권자금(B)	-	-	-	84.6	62.1	45.8	35.1	26.0	37.2	64.7	309.7
(무상자금)	-	-	-	39.9	34.7	28.0	24.1	26.0	29.2	29.8	183.7
(유상자금)				44.7	27.4	17.8	11.1	8.9	8.0	34.9	135
공공차관	43.2	11.6	5.7	72.8	105.2	70.2	138.9	115.3	303.4	324.4	1065.7
(미국)	27.2	5.4	2.3	53.4	71.7	41.9	104.7	86.4	140.1	187.3	645.9
(일본)	-	-	-	13.8	24.4	16.6	21.1	13.1	101.9	63.5	237.8
상업차관	23.6	11.9	36.1	109.9	123.9	268.4	408.9	378.6	345.2	326.4	1729
(미국)	10.1	7.2	14.5	13.2	19.0	90.7	158.6	146.6	98.9	65.7	516.5
(일본)	-	-	-	61.1	45.9	87.6	88.3	85.6	62.9	101.9	445.7
직접투자	5.5	0.5	6.3	14.5	9.7	19.2	12.7	66.1	42.9	78.8	231
(미국)	5.4	0.3	6.1	13.4	8.8	10.8	6.0	46.8	18.4	21.9	121.4
(일본)	-	-	-	1.0	0.5	2.1	4.8	12.9	20.7	53.4	93.3
소계 (C)	72.3	24.0	48.1	197.2	238.8	357.8	560.5	560.0	691.5	729.6	3025.7
은행차관(D)						40	30	25	90	20	165
A+B+C+D	288.8	173.3	179.5	385.1	397.9	549.4	732.8	693.6	870.0	819.4	4,078.3

출처: 한국은행 경제통계연보 각 년 호, 경제기획원 청구권자금백서 1976년 376항, 전국경제인연합회 한국경제연감 각 년호

3) 해외 기업진출

베트남 파병 기간 동안 군인뿐만 아니라 기업인 진출도 붐을 이루었다. 우리 기업인이 대규모로 해외에 나가 활동을 한 것은 이 시점이 역사상 처음이었다. 1965년부터 1972년까지 베트남에 취업한 사람은 56,000명 수준이다(앞

의 <표 10-3> 참조).

베트남 특수와 수출 확대는 재벌 형성의 기초가 되었다. 당시 베트남에 진출한 한진상사, 현대건설, 대림산업이 베트남에서 자본축적의 기회를 잡았다. 일례로 한진상사는 66년 이후 베트남의 미군 군수물자 하역 및 수송을 독점하면서 연간 2,500만 달러의 이익을 냈다. 한진상사는 베트남에서 축적한 자금으로 독점기업인 대한항공(KAL)을 흡수하였다.

1950년대 설립한 현대건설은 베트남 항만공사에 참여하여 큰 부를 축적하면서 한국 건설업계 1위로 도약하였다. 현대건설이 축적한 자본은 1967년 현대자동차 등을 설립하는데 기여하였다. 대우는 1960년대 정부의 수출진흥정책에 걸맞은 수출마케팅전략을 전개하여 신흥기업으로는 유일하게 대기업집단에 합류하였다. 삼성, 쌍용, 선경 등도 수출산업으로 성장하였다. 특히 건설업의 해외진출은 이후 괌, 타일랜드, 오키나와 등으로 확대되었고, 1970년대 중동으로 진출하면서 이후 한국경제 성장의 원동력이 되었다.

4) 수출

베트남 파병을 계기로 한국은 미국, 일본, 베트남 등의 수출시장을 확보할 수 있었다. 한국의 수출은 전투 병력을 파견하기 시작한 1965년을 기점으로 급증하였다. 1965년도의 수출증가율은 전년도에 비해 47.0% 증가였으며 특히 대미 수출증가율은 73.5%를 기록하였다. 당시 대미 수출이 급격히 증가한 것은 미국이 베트남 파병 요구에 응했던 한국에게만 독점적으로 부여한 우호적인 수출조건, 즉 보답의 결과라는 주장도 있지만(정성진, 2000), 그 규모를 파악하기는 쉽지 않다.

월남전쟁이 종결된 1973년까지 대미 수출의 증가 추세는 멈추지 않았다. <표 10-6>에 따르면 대미 수출은 1964년 약 3,600만 달러에서 1972년 7억6,000만 달러로 21배 증가했다. 일본과는 달리 산업기반이 극히 취약했던 한국경제의 상황을 고려할 때, 베트남 파병으로 로 인한 급격한 대미수출 증가는 한국경제 발전에 크게 기여하였다(<그림 10-1> 참조). 한국의 수출은 1965년 1

억 7,500만 달러에서 1972년 16억 2,400만 달러로 베트남 파병기간 동안 연평균 37.5% 증가하였다.

수출의 양적 확대뿐 아니라 수출상품의 내용에 있어서도 많은 변화가 있었다. 1960년대 초 주요 수출상품은 비식용원료(생사, 텅스텐, 철강석) 및 원료가공 제품(의류, 합판, 가발 등)으로 전형적인 개발도상국의 노동집약적 상품이 수출되고 있었다. 특히 섬유업은 우리나라 수출을 주도한 업종으로 수출품목 중 30% 이상의 가장 높은 비중을 점하였다.

(단위: %)

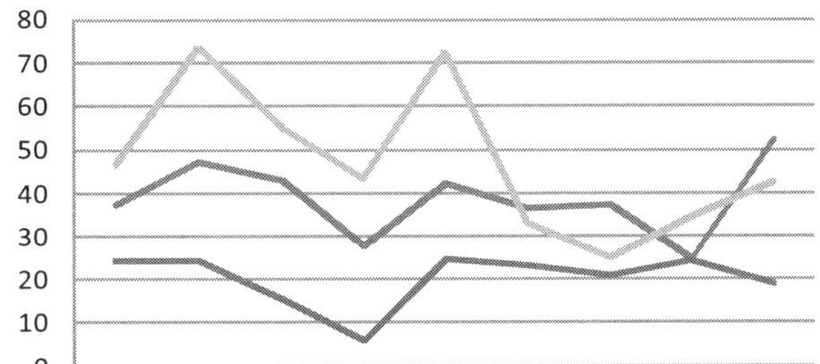

	1964	1965	1966	1967	1968	1969	1970	1971	1972
한국의 수출증가율	37.2	47.1	43	27.9	42.2	36.7	37.4	24.8	52.1
일본의 수출증가율	24.4	24.3	15.7	6.1	24.6	23	21	24.2	19
대미국 수출증가율(한국)	46.4	73.5	55.3	43.5	72.5	33.2	25.2	34.6	42.7

〈그림 10-1〉 한국, 일본 대 미국 수출액 증가율 추이

베트남 특수와 경제성장은 한국의 수입능력을 증대시키는데 기여하였다. 정부는 소비재 수입을 억제하고 공업화를 위하여 자본재수입을 집중적으로 증대시켰다. <표 10-6>에 따르면 베트남 파병기간 동안 수입액 중 원자재 및 자본재가 차지하는 비중이 80% 수준을 유지하고 있다. 수출 촉진 노력과 함께 급증한 공산품의 수출은 크게 증가하여 그 비중이 1962년 27.7% (앞의 <표 10-2> 참조)에서 1972년 88.9%까지 확대되었다. 1973년 중화학공업육성계획을 발표하기 이전부터 정부는 꾸준히 수출주도형 공업을 육성하고 있었다.

〈표 10-6〉 수출입 추이(1962~1972)

(단위: 백만 달러, %)

	1964	1965	1966	1967	1968	1969	1970	1971	1972
수출 (증가율)	119 (37.2)	175 (47.0)	250 (42.9)	320 (27.9)	455 (42.2)	623 (36.7)	835 (34.2)	1068 (27.8)	1624.1 (52.1)
공산품* (기계류) (비중)	66 (2.2) (55.2)	108 (5.5) (61.4)	155 (9.6) (61.8)	216 (14.2) (67.5)	340 (24.5) (74.7)	484 (53.2) (77.8)	695 (61.5) (83.2)	929 (87.4) (87.0)	1,445 (171.9) (88.9)
수입 (증가율)	404 (-27.8)	463 (14.6)	716 (54.6)	996 (39.1)	1,463 (46.8)	1,824 (24.7)	1,984 (8.8)	2,394 (20.7)	2,522 (5.3)
원자재 (비중)	236 (58.4)	280 (60.3)	391 (54.6)	473 (47.5)	585 (40.0)	716 (39.2)	850 (42.9)	1,028 (42.9)	1,120 (44.4)
자본재 (비중)	85 (21.0)	102 (22.1)	224 (31.3)	382 (38.3)	622 (42.5)	711 (39.0)	688 (34.7)	807 (33.7)	880 (34.9)
대미국 수출	35.6 (46.4)	61.7 (73.5)	95.8 (55.3)	137.4 (43.5)	237.0 (72.5)	315.7 (33.2)	395.2 (25.2)	531.8 (34.6)	759.0 (42.7)

출처: 재무부 · 한국산업은행, 「한국외자도입 30년사」, 1993. *: 공산품은 화학제품, 원료가공제품(합판, 직물, 가발, 의류 등), 기계류(전자제품 포함) 등을 포함함.

베트남 특수와 경제원조는 한국의 수입능력을 증대시키는데 기여하였다. 한국정부는 소비재 수입을 억제하고 공업화를 위하여 자본재수입을 집중적으로 증대시키게 되었다. <표 10-6>과 같이 베트남 파병기간 동안 수입액 중 원자재 및 자본재가 차지하는 비중이 80% 수준을 유지하고 있다. 수출 촉진 노력과 함께 공산품의 수출은 크게 증가하여 그 비중이 1962년 27.7%에서 1972년 88.9%까지 확대되었다. 당시 특이한 사항은 60년 초반에는 수출 품목에서 거의 찾아볼 수 없던 전자제품과 철강제품의 수출이 이후 빠르게 증가하여 1972년에는 전체 수출의 12%까지 확대되었다. 1973년 중화학공업육성계획을 발표하기 이전부터 정부는 꾸준히 중화학공업을 육성하고 있었다.

5) 군사원조

한국은 베트남 파병과 함께 미국으로부터 대규모의 군사원조를 받았다. 1966년 이동원 외무장관과 브라운 미국 대사가 교환한 이른바 '브라운 각서'

에 의해 미국이 한국군의 현대화를 위해 군사원조를 제공하였다. 베트남 파병으로 M1 소총을 포함한 재래식 병기와 군용장비에서 M16 소총 등으로 병기와 군용장비의 근대화와 개량이 이루어지기도 하였다. 미국이 1966년부터 1972년까지 제공한 군사원조 총액수는 31억 5,800만 달러로 추정된다(<표 10-7 참조>). 이 추정치는 <표 10-3>에서 보고한 베트남 특수 총액(B)의 2배가 되는 규모이다. 결국 미국의 군사원조는 한국의 국방비 지출을 감소시키면서 이에 따른 재정적 여유를 경제성장을 위한 기간산업에 투입할 수 있었다.

〈표 10-7〉 미국의 군사원조

(단위: 10억 원)

년도	1966	1967	1968	1969	1970	1971	1972
세출총액(a)	140.9	180.9	262.1	370.5	441.3	546.3	701.1
국방비(b)	40.5	49.6	64.7	84.5	102.3	142.2	181.5
군사원조(c)	61.9	118.7	184.7	126.3	117.6	223.1	181.1
(군사원조:백만 달러)	228.1	432.2	656.3	418.9	371.5	597.9	454
(환율:won/$)	271.3	274.6	281.5	301.5	316.7	373.2	398.9
b/a(%)	28.7	27.4	24.7	22.8	23.2	26.0	25.9
c/a(%)	43.9	65.6	70.5	34.1	26.6	40.8	25.8

출처: 경제기획원, 『한국경제지표』, 1986, 군사원조(c)는 Baldwin(1975) 자료를 당시 환율로 계산한 것임. ※Baldwin (1975)은 주한 미국대사관과 미국 국무성에서 제공한 자료를 정리하였다고 기술함.

6) 투자와 기술수입 확대

1950년대 한국은 미국으로부터 소위 『PL 480호』에 의한 무상원조 형식에 의한 잉여농산물을 원조를 받았다. 1955~1960년까지 잉여농산물의 구성을 보면 소맥이 36%, 대맥 17% 쌀 17%, 원면 11% 순으로 양곡원조가 중심이었다(자료: 국가기록원). 미국의 잉여농산물 원조는 심각한 식량사정을 완화시키는데 일정한 역할을 하였다. 저렴한 잉여농산물이 대량으로 도입되어 곡물가격이 크게 하락하였다. 그로 인해 농가경제가 큰 타격을 입었지만, 농산물가격이 낮아지고, 저임금 구조를 유지할 수 있게 되었다. 이러한 구조가 결국 인플레이션을 안정시키는데 기여하였다. 1969~1973년 연 평균 도매물가 상승률과 소비자물가 상승률은 각각 9.1%와 11.3% 등 상대적으로 인플레이션이 안정되었다. 당시 통화증가율은 동기간 평균 33.1%로 증가한 상태였다. 제조업의 시간당 임금 수준은 1971년 한국 0.2달러, 일본 1.23달러, 미국 3.57달러 수준이었다(자료: ILO, 1985). 고도성장으로 고용도 확대되어 취업자 수가 1965년 820만 명에서 1975년에는 1,200만 명으로 증가하면서 실업률도 1965년 7.4%에서 1971년 4.5%로 감소하였다.

베트남 특수, 경제원조, 수출확대 등으로 수입 능력이 증대되면서 자본재 및 중간재 수입과 시설투자가 증가하였다. 1962년 투자율은 12.8%였지만 베트남 파병시기인 1967년부터 72년까지 평균 투자율은 22.2%를 기록하였다. 투자율 증대는 미국과 일본으로부터 기술도입과 기계설비 도입의 증가를 반영한 것이다. <표 10-8>은 기간산업인 기계류 수입의 규모를 나타낸다. 총 수입총액에서 차지하는 기계류 수입은 평균 30% 이상으로, 정부는 집중적으로 기계류의 수입을 추진하였으며, 이러한 노력으로 생산성이 크게 향상되어 경제성장의 원동력이 되었다.

〈표 10-8〉 한국의 기계류 수입

(단위: 백만달러, 통관실적)

	1963	1964	1965	1966	1967	1968	1969	1970	1971	1972
수입총액(A) (증가율)	560.3 (32.8)	404.4 (-27.8)	463.4 (14.6)	716.4 (54.6)	996.2 (39.1)	1462.9 (46.8)	1823.6 (21.0)	1984.0 (8.8)	2394.3 (20.7)	2522.0 (5.3)
기계류(B)	115.6	404.4	463.4	716.4	996.2	1462.9	1823.6	1984.0	2394.3	2522.0
일반기계	61.9	38.2	35.7	95.6	141.2	283.0	307.0	305.9	350.7	360.2
전기기계	22.3	19.7	12.6	26.1	47.7	95.9	113.7	132.9	171.7	232.3
운송기계	31.3	11.6	25.2	50.0	121.4	154.3	172.5	150.8	167.5	178.2
(B)/(A) %	20.6	17.2	15.9	24.0	31.1	36.4	32.5	29.7	28.8	30.6

출처: 관세청, 무역통계연보, 각년호

<표 10-9>은 기술 도입 건수를 나타낸다. 1962~1965년 기술도입건수는 미국을 중심으로 총 15건으로 극히 부진하였다. 베트남 파병기간 중인 1966~1972년에는 총 356건이 도입되었으며, 전기, 전자, 기계 등과 관련한 기

술을 중심으로 250건이 일본에서 도입되었다. 그리고 미국으로부터는 전체 기술 도입건수의 21.1%인 75건, 기타 국가에서 8.7%인 31건의 기술이 도입되었다. 산업별로는 일본으로부터 기술도입이 활발하였던 전기·전자, 기계업종에서 각각 77건과 75건의 기술이 도입되었으며, 정유공장의 건설 등과 관련하여 미국, 서독, 프랑스, 영국 등에서 정유, 화학 관련 기술이 76건 도입되었다. 그밖에 금속, 제약, 통신, 요업 등에서 상대적으로 많은 기술이 도입되었다.

〈표 10-9〉 기술 도입 건수

		1962~1965		1966~1972	
		건수	비중	건수	비중
국별	일본	-	-	250	70.2
	미국	10	66.7	75	21.1
	기타	5	33.3	31	8.7
산업별	전기·전자	1	6.7	77	21.6
	정유·화학	4	26.7	76	21.3
	기계	-	-	75	21.1
	금속	1	6.7	29	8.1
	제약	1	6.7	23	6.4
	요업·시멘트	-	-	12	3.3
	통신	1	6.7	17	4.8
	기타	7	46.5	47	13.4
	합계	15	100.0	356	100.0

출처: 재무부·한국산업은행, 『한국외자도입 30년사』

미국은 1966년 한국군의 베트남 파병과 함께 한국과학기술소(현재의 한국과학기술원 즉 KIST)의 설립을 지원했다. 당시 한국은 미국의 MIT(매사추세츠 工業大學) 규모의 연구소 설립을 희망했다. 한국의 기술수준으로는 운영과 관리가 어렵다는 이유로 당초 희망했던 MIT 규모의 연구소를 세우지는 못했지만 이 연구소를 통해 선진 과학기술을 도입할 수 있었다. 이 종합연구소의 설립에는 약 26억 원이 투입되었는데, 그 비용의 대부분은 미국으로부터 지원받은 것이었다. 미국의 지원으로 세워진 이 연구소는 우리나라 중화공업발전에 큰 역할을 하였다(권영배, 1996).[11]

11) 한국일보(2009.11.15)는 다음과 같은 내용의 기사를 싣고 있다. "1965년 박 대통령은 린든

7) 미국, 일본, 한국 그리고 베트남 전쟁

전쟁을 하면 이웃나라들이 경제적 혜택을 본다고 한다. 그 사례는 일본에서 쉽게 찾아 볼 수 있다. 일본은 1949년 외환보유고가 2억 3,800만 달러였던 것이 한국전쟁을 겪으면서 1952년 11억 2,200만 달러로 증가하였다(정성진, 2000, pp.123). 한국도 베트남 파병 해인 1965년 외환보유고가 1억 3,800만 달러에서 베트남 전쟁이 끝난 1972년도 외환보유고는 약 7억 달러로 급팽창하였다(<표 10-4> 참조).

베트남 전쟁이 진행되면 세계 경제상황도 많이 변화하였다. 그리고 미국경제는 경기침체, 일본은 경기호황, 그리고 한국은 경제도약을 하게 되었다. 미국은 1966년까지 6%의 높은 경제성장률을 유지하였으나 1967년 이후 성장률이 2% 수준으로 크게 둔화되었다. 반면 일본은 10%를 훨씬 초과하는 경제성장률을 유지하였다. 미국의 경상수지는 크게 축소되어 1971년부터 큰 규모의 경상수지 적자를 기록하게 되었다. 일본의 경우 1965년 흑자기조로 전환한 후 대규모 경상수지 흑자를 기록하였다. 베트남 전쟁동안 한국, 일본과 미국의 경제동향을 정리한 것이 <표 10-10>이다.

〈표 10-10〉 한국, 미국과 일본의 경제 동향

(단위: 백만 달러)

		1965	1966	1967	1968	1969	1970	1971	1972
성장률	미국	6.0	6.0	2.7	4.6	2.8	-0.2	3.4	5.7
	일본	11.3	10.6	10.8	12.7	12.3	9.9	4.7	9.0
	한국	5.8	12.7	6.6	11.3	13.8	7.6	8.8	5.7
경상수지	미국	5,410	3,030	3,590	590	420	2,320	-1,450	-5,780
	일본	920	1,250	-180	1,030	2,120	2,000	5,810	6,670
	한국	9.1	-103.4	-191.9	-440.3	-548.6	-622.5	-847.5	-371.2

출처: 경제기획원, 『한국경제지표』, 1986

존슨 당시 미 대통령으로부터 1,000만 달러를 원조받자 한국의 과학기술개발을 총괄하는 국책종합연구기관 설립에 착수했다. 미국의 한국군 베트남전 파병 요청을 받아들인 대가로 얻어낸 '피와 맞바꾼 돈'이었다."

8) 베트남 파병 효과 정리

베트남전 종전 50년, 우리의 기억과 관심 속에서 멀어진 전쟁이만 베트남 파병은 한국경제의 중요한 전환점이 되었다. 베트남 파병을 계기로 베트남 특수, 경제원조 및 차관, 그리고 수출확대 등으로 수입 능력이 증대되면서 정부는 자본재 및 중간재 수입과 시설투자를 확대하였다. 또한 미국과 일본으로부터 기술 수입도 증가하였다. 베트남 파병기간 중에 집중적으로 이루어진 수출주도형 공업화 정책으로 자본과 노동의 한계생산성을 크게 향상시켰다.

앞서 소개하였지만 학자들은 국가 간의 경제성장률 차이의 원인을 제도적 차이라고 판단한다(Rodrik, Subramanian, & Trebbi, 2004). 제도는 그 사회의 생산적인 활동을 촉진하고 나라 전체의 에너지를 생산성이 뛰어난 곳으로 집중시킬 수 있도록 유인할 수 있기 때문이다. 현실적으로 볼 때 제도를 완비하고 경제정책을 추진하는 개발도상국은 없다. 한국경제는 당시 완전하지는 않지만 정책과 제도를 갖추는 시기에 베트남 파병을 맞이하게 되었다. 제도와 정책 그리고 수출시장이 창출되면서 베트남 파병은 직접 또는 간접적으로 기술습득, 공업개발 자금 확보, 국제 경영 및 무역활동의 경험 습득 등 엄청난 효과를 얻는 계기가 되었다.

60년대 초 경제개발에 대한 집념과 의지로 고무되어 있었던 한국정부는 베트남 파병기간 중에 벌어들인 돈과 축적된 기술을 가지고 한국경제발전의 근간이 되었던 경부고속도로, 댐, 발전소, 포항제철공장, 울산의 현대조선소 등을 건설하였다. 그러나 베트남 파병이 한국경제의 활로를 트고 군을 현대화하는데 기여하였다는 긍정적인 평가와 함께 국군의 목숨을 담보로 우리와 관련 없는 미국의 전쟁에 참가한 사건에 불과하다는 비판도 있다(http://ko.wikipedia.org).

사람이 독립된 인격체로서 남의 도움 없이 스스로 먹고 살아가야 하는 것처럼, 국가도 자립을 위해서는 비즈니스 기질인 기업가 정신이 있어야 하고 때에 따라서는 거래의 묘(妙)를 발휘할 줄도 알아야 한다. 당시 정부는 국제정치의 현실을 이해하고 이데올로기보다는 실리를 선택한 것이다. 이러한 도전이 훗날 국가 경제발전에 커다란 도움이 되었다는 것을 아무도 부인하지는 못할 것이다.

4. 중동진출과 기업가들의 약진

베트남전쟁이 끝나던 1973년 한국의 주종 수출상품은 경공업 제품으로 가발, 스웨터, 와이셔츠 등이었다. 정부는 경공업 발전으로는 조국의 선진화가 불가능하다고 판단하고 선진국들이 생산하는 중화학공업 패턴으로 경제구조를 바꾸고 있었다. 정부는 1973년 1월 12일 대통령 연두기자 회견에서 중화학공업화 선언과 국민과학화 선언 아래 추진되던 중화학공업건설, 방위산업육성 정책 등을 발표하였다.

그러나 곧 뜻하지 않는 시련이 시작되었다. 제1차 석유파동이 발생하였다. 제1차 석유파동은 1973년 10월에 시작해 75년 중반에 끝났다. 국내 원유 수요의 전량을 수입에 의존하는 한국은 원유가격 상승으로 1973년 원유수입액이 3억 5,000만 달러였는데 1년이 지난 1974년에는 11억 80만 달러로 급증했다. 석유파동은 국제상품 값의 폭등, 국내 물가파동 등을 유발한다. 그리고 무역적자가 심화되면 국가경제가 파탄에 이르게 된다. 자연히 경상수지 적자도 1973년 3억 800만 달러에서 1974년 20억 2,300만 달러로 늘어났다. 당시 자본거래를 보면 1973년 2억 9,000만 달러를 외국서 빌려왔는데 1974년에는 20억 달러로 늘려야 했다.

갑작스러운 석유파동으로 한국경제는 위기에 처했으나; 정부는 신속하게 베트남에서 숙달된 기술자와 장비를 중동지역으로 이전시켰다. 당시 중동 산유 국가들은 석유달러로 의욕적인 경제건설을 꿈꾸던 시점이었다. 정부는 기업가 정신을 다시 한 번 발휘하여 석유위기와 정면 승부하기 위해서 중동진출을 시도하였으며, 이를 통해 한국경제와 한국인의 새로운 활동공간을 창조할 수 있었다.

중동진출의 성과는 곧 가시화되었다. 1965년부터 9년간 중동건설 수주 총액은 2천4백만 달러였다. 석유파동 이후 우리나라 건설 회사들이 중동에 대거 진출하면서 수주 총액이 1974년 8,900만 달러에서 매년 폭발적으로 늘어나, 1981년에는 126억 달러로 늘어났다(<표 10-11>참조). 중동 진출 절정기인 1978년도에는 약 80억 달러를 수주하였으며 해외건설 외화가득액은[12] 17억 달러로서 당시 GNP의 3.7%이었다. 중동 진출한 한국 건설 노동자와 관련업체 종사자들도 1978년에는 14만 2,000명에 이르렀다. 베트남에 이은 두 번째 거대한 해외진출이었다.

〈표 10-11〉 해외건설 외화수입과 GNP(단위: 백만 달러)

	1976	1977	1978	1979	1980	1981
GNP	27,423	35,168	47,350	60,066	56,266	63,342
해외건설 가득액	344	992	1,730	1,638	1,825	2,102
비중	1.3	2.8	3.7	2.7	3.2	3.3
중동 해외수주 실적	2,429	3,387	7,982	5,958	7,819	12,670

출처: 대한상공회의소, 1984.

중동 건설 공사 중에 가장 규모가 크고 주목받는 업적은 현대건설이 수주한 20세기 최대의 대역사(大役事)라고 불리는 사우디아라비아 주베일 산업항 공사이다. 당시 우리나라 국가 예산의 30%에 달하는 9억 3,000만 달러 규모의 공사로 한국 역사상, 그리고 세계 최대 규모의 공사였다. 외국 언론에서도 '20세기 최대의 역사(役事)'라는 표현을 쓸 정도였다. 현대건설은 발주 사실을 뒤늦게 알고 수주에 참가하였다. 재정보증·기술능력 등을 문제 삼으며 나선 경쟁국들의 방해를 딛고 현대건설이 수주에 성공하였다.

현대건설이 세계가 주목한 이 공사를 성공리에 마무리하면서 당시 외화부족에 시달리던 정부에게 큰 도움을 주게 되었다. 뿐만 아니라 주베일 공사과정에서 필요한 자재를 울산 현대조선소 철구사업부에서 직접 제작하여 충

12) 외화가득액이란 수출로 벌어들인 돈 중에서 수출 상품의 생산을 위해 투입된 수입원자재 비용을 뺀 잔액을 말한다.

당함에 따라 당시 석유파동으로 대형유조선 수주가 끊긴 현대조선소를 회생시키는 계기가 되었다.

거친 모래 바람이 불어대는 열악한 근로조건의 중동 건설현장은 선진국 근로자들에게는 매력적인 곳이 아니었다. 당시 서방을 비롯한 다른 나라들에 잘 알려져 있지 않던 중동 국가들은 문화적으로도 생소해 외국인이 오래 머물며 생활하기가 쉽지 않은 곳이었다. 그러나 우리에겐 맨주먹정신으로 무장된 수많은 베트남 파병 용사들과 근로자들이 있었다.

중동 건설의 성공은 국가의 부를 증대시키면서 다시 한 번 경제위기를 벗어나는데 크게 기여하였다. 기술력이 부족하거나 근로조건이 워낙 까다로워 다른 나라 근로자들은 감히 엄두도 내지 못하는 열사(熱砂)의 땅에서 우리 근로자들은 땀을 흘렸고, 그 모진 노력이 귀중한 외화가 되었다. 우리나라 국운은 이미 베트남과 중동에서부터 시작되고 있었다.

5. 정부의 기업가 정신

정부는 국민에게 '조국근대화'의 비전을 제시하면서 경제정책의 목표와 전략을 수립하였다. 구체적으로 경제성장율, 1인당 국민소득, 수출목표를 제시하였다. 예를 들면 수출 목표 1억 달러(1964), 10억 달러(1970), 100억 달러(1980, 1977년에 조기 목표 달성)가 제시되었다.

경제개발 계획은 단순 명료하였다. 제1차 경제개발5개년계획(1962~1966)은 경제개발을 위한 사회 간접 자본과 기간설비 확충이었다. 제2차 경제개발5개년계획(1967~1971)은 식량 자급자족과 공업화 추진에 초점을 맞추고 제3차 경제개발5개년계획(1972~1976)은 경제자립과 중화학공장 건설이었다.

경제정책 계획도 적중하였다. 정부는 제1차 경제개발 5개년 경제성장률의 목표치를 7.1%로 설정했다. 세계은행의 경제학자들은 이 목표치가 잠재성장률보다 너무 높다고 판단하였다. 그러나 한국경제는 목표치보다 높은 8.5%의 경제성장률을 기록하였다. 일부 경제학자들은 1962년부터 1976년 사이 인도의 경제성장률이 한국의 경제성장률을 상회할 것으로 예측하였다. 이러한 예측도 빗나갔다. 이 기간 동안 한국의 경제성장률은 인도보다 3배 높은 경제성장률을 기록하였다(Easterly, 2001, pp. 206). 1973년 정부에서 제시했던 '80년 1인당 국민소득 1천 달러, 수출 1백억 달러 달성' 이란 목표도 3년 앞당겨 1977년에 달성했다.

경제개발 계획의 목표를 5년 단위로 나누었다는 것은 경제개발 목표와 현실과의 연결 사다리를 만들어 이를 실행하겠다는 의지를 보여준다. 연결 사다리라는 것은 다소 요원해 보이는 궁극적인 장기 목표를 몇 개의 순차적인 단기 목표로 세분하여, 한 기간의 목표 달성이 다음 기간의 목표 달성하기 위한 과정으로 삼는 것이다. 궁극적인 목표를 세분화함으로써 종합적인 목표의 실현가능성과 달성여부를 쉽게 판단할 수 있도록 제도화하는 것이다.

제도의 확립을 추진하기 위해 기획, 예산기능을 담당하는 경제기획원을 만들고, 전문적인 경제학자들로 하여금 경제기획원 조직을 운영하도록 재량권을 주었다. 그리고 경제개발 계획의 추진과정을 분석 평가하고 정부, 민간이 함께 참여하는 월례수출확대회의 등을 주재하면서 목표 관리를 하였다.

박정희 대통령은 수출진흥확대회의를 직접 주재하였다. 이 회의는 정부의 수출정책 방향 설정, 제도 확충 그리고 목표달성을 위한 공조체제를 구축하는 중요한 회의였다. 1979년 서거 때까지 15년 동안 단지 5차례를 제외하고는 매월 수출확대회의에 직접 참석하였다.[13] 회의가 거듭될수록 각계각층의 전문가들이 수출확대회의에 참여하니 정부로서는 적극적으로 수출활동에 협력할 수밖에 없었다. 또한 회의 자체가 전문가 회의가 되면서 박정희 대통령은 어떤 실무 담당자보다도 수출과 경제 상황에 조예가 깊어질 수밖에 없었다(오원철, 2006, 강광하 외 2인, 2008).

13) 강광하 외 2인(2008, pp.188)에 따르면 '수출진흥확대회의가 개최된 1965년부터 1979년까지 박 대통령은 1967년 4월, 5월, 10월의 회의 3차례와 1972년 4월, 1976년 4월회의 등 2차례를 합해 총 5차례를 제외하고 매월 열리는 확대회의에 꼭 참석하였다. 1972년 4월 회의에 불참한 이유는 병원 진료 때문이었지만(대통령 비서실, 의전일지), 다른 4차례의 회의에 불참한 이유에 대해서는 현재 파악하지 못했다. 대통령이 회의에 불참한 경우 국무총리가 회의를 주재하였다. 여하튼 이와 같이 대통령이 거의 빠지지 않고 확대회의에 참석하였다.'

절대 권력을 지닌 지도자가 직접 기업가와 접촉, 수출활동을 주도하면서 관료들도 수출업자들에게 갖가지 혜택을 부여하기 시작했다. 일반대출 이자율이 25%였던 68년의 당시 수출 기업인에 대한 이자율은 6%였다. 수출용 원자재 수입에는 세금을 전액 면제했다. 또 수출소득에 대해서는 80%까지 소득세를 감면해 주었다. 그 당시 엄격히 규제하던 해외여행도 수출업자에게는 예외였다.

정부는 수출업자에 대해서는 기본적으로 자유무역을 허락하였고 국내 소비를 위한 소비재의 수입은 제한하였다. 생산에 참여하지 않고 투기로 이익을 추구하는 기업가들을 허락하지 않았으며, 수출확대에 공헌한 사람에게는 애국자적 활동이라며 칭송하였다. 수출의 날을 제정하고 수출 공로자에게는 훈장을 수여하는 포상정책까지 동원되었다. 국가의 자원을 총동원해 수출활동에 집중시키는 인센티브시스템이 구축되었다.

6. 북한과 남한의 경제정책 비교

북한도 남한과 같이 경제개발 계획을 추진하였다. 북한은 1961년부터 '인민경제발전 7개년계획(1961~1967)을 발표하면서 7개년 계획이 완성되면 북한의 공업생산 수준은 일본 수준을 상회할 것으로 예상했다. 이 계획은 소련과 중공과의 관계 악화로 원조나 지원을 받지 못하면서 난관에 봉착했다. 한편 이 기간 중, 남한은 베트남전에 따른 경제 특수 및 미국의 지원으로 경제가 급속히 발전하고 있었다. 경제계획에 실패한 북한은 게릴라침투, 박정희 대통령 암살기도 등의 방법으로 남한의 사회적 불안을 조성하였다.

북한은 1960년대 경제개발계획이 차질을 빚게 되자 소극적인 정책인 '자립갱생', '공업의 주체성' 등을 강조하게 되었다. 북한의 내부지향적 경제 정책은 북한경제의 고립을 초래하였고, 결국 쇠퇴의 길을 걷는 계기가 되었다.

개발도상국은 자국의 힘만으로 기술자립을 이루기 힘들며, 해외의 우수한 기술을 습득하여 자국의 기술로 만드는 작업이 필요하다. 이러한 이유로 경제발전을 위해서도 수출주도형 경제정책이 중요한 것이다. 당시 북한은 자력갱생의 환상에 젖어 있었다. 예를 들어 석유가 아닌 석탄으로 섬유를 만드는 '비날론' 공장을 만들어서 생산된 섬유를 '주체섬유'라고 하면서 주체사상을 선전하였다. 북한의 '비날론'은 무연탄에서 얻은 카바이드를 원료로 만든 합성섬유의 일종으로, 북한에서만 생산된다는 뜻에서 '주체섬유'로 부르기도 한다. 비날론으로 만든 섬유제품의 질이 석유를 원료로 만든 비닐에 비해서 색이나 품질에 떨어지는 것은 당연하다.

고립적인 북한의 경제정책은 경공업제품 생산부진으로 나타나고, 결국은 대외 전략 수출상품의 부재로 이어지게 되었다. 북한은 경제성장의 핵심이 정부, 기업, 그리고 근로자의 끊임없는 코디네이션과 노력에 있다는 것을 이해하지 못한 것이다.

남북한 경제정책 성과를 비교함에 있어서 강조하고 싶은 것은 경제발전의 파트너 선택이 매우 중요하다는 것이다. 대외 파트너를 선택하는 일은 전적으로 국민과 정부에 의해 이루어진다. 남한은 미국과 일본에서, 북한은 중국과 소련에서 각각 자본과 기술을 수입하였다. 경제적으로 세계 최강이던 미국이나 일본과는 달리, 중국과 소련은 자국의 경제자립도 이루지 못한 채 어려움을 겪고 있었다. 그 와중에 중국과 소련이 북한을 지원한다는 것은 사실상 불가능한 일이었다.

지도자의 리더십도 중요하다. 박정희 대통령은 1960년대부터 시행된 월례 수출진흥회의에 참석하면서 이미 수출에 대해서는 전문가가 되었으며 자신이 수립한 수출주도형 경제정책에도 자신감을 갖고 있었다. 그는 1970년 8월 15일 북한의 김일성에게 '어떤 체제가 좋은지 선의의 경쟁을 하자'고 제안했다(오원철, 2006, pp.113). 북한의 6개년계획(1971~1976)의 목표 연도는 1976년이었으며 남한의 제3차 5개년계획의 목표 연도도 1976년이다. 당시 남한은 중동을 진출하면서 10% 이상의 높은 경제성장률을 기록하였다. 반면 북한 경제는 지속적으로 침체되고 있었다.

<그림 10-2>는 남한과 북한의 제도의 차이를 수량화한 것이다. 그림의 종축의 'executive constraint'는 제도의 질을 나타낸 것으로 0에서 7까지의 척도

로 되어 있으며, 그 수치가 높을수록 국가체제가 더 민주적인 것을 의미한다. 1960년부터 1980년까지 남한은 2.15에서 6으로 상승하였지만, 북한은 2.15에서 1.6으로 하락하였다(Glaeser et al., 2004). 1980년대까지 남한은 정치제도의 많은 변화를 경험하면서 민주적으로 개선되었지만, 북한은 지속적으로 악화되고 있음을 나타내고 있다.

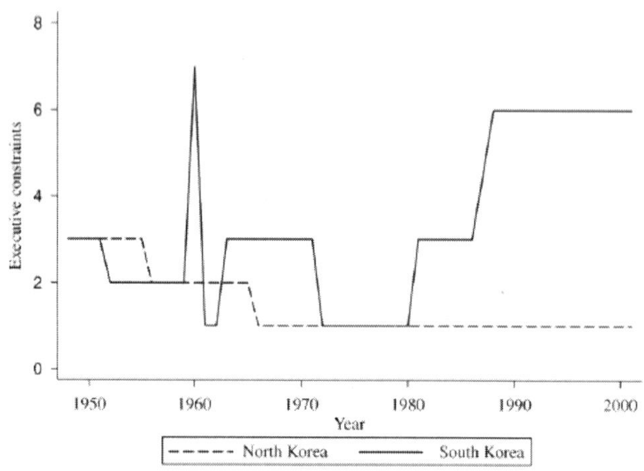

출처: Glaeser et al., 2004

〈그림 10-2〉 남북한 제도 비교

제11장_ 개발도상국 창업자의 특징

민간 창업자의 기업가 정신은 선진국과 개발도상국에서 다른 형태로 나타난다. 선진국에서는 개인이나 기업이 개발한 새로운 기술은 일정기간 지적소유권 또는 특허권으로 보호되며, 신기술은 생산의 확대와 이윤추구에 활용된다. 일정 시간이 지나면 개발된 신기술은 다른 기업에 전파된다. 이러한 외부효과를 통해 미국 경제학자 슘페터의 기업가 정신이 경제발전에 실현되는 것이다. 선진국에서는 창업자에게 일정기간 독점권을 부여하여 부의 창출을 제도적으로 보장하고 있기 때문에 기업가 정신이 지속적으로 발휘될 수 있다. 그러나 법과 제도적 보장이 미흡한 개발도상국에서는 기업가 정신이 지속적으로 발현되는 것이 쉽지 않다. 본 장에서는 개발도상국 기업가 정신의 특성에 대하여 서술한다.

1. 개발도상국의 창업가

선진국의 기업가와 다르게 개발도상국의 기업가는 다른 의미의 기술혁신을 해야 한다. 선진국에서 개발한 새로운 기술을 도입하는 개발도상국의 창업가는 주어진 경제여건을 감안하여 비용탐색(cost discovery)을 해야 한다. 선발주자로서 투자위험성이 항상 존재하지만 기술 도입에 성공하면 그에 따른 전시효과(demonstration effect)도 누릴 수 있다.

개발도상국의 창업가는 비용탐색 기간 중에 다음 세 가지를 검토하게 된다. 첫째, 자국의 경제 상황을 보고 어떤 산업이 유리한지 다양한 검토를 하게 된다. 기업가의 본능적 감각으로 자국의 유리한 조건을 파악하고 자국 경제 상황에 맞는 사업을 구상한다.

둘째, 도입되는 선진기술의 어려움을 파악하고 자국 내에서 그 기술을 충분히 이해하고, 습득하여 새로운 기술로 발전시킬 수 있을 것인지 파악한다.[14] 또한 선진기술을 습득한 후 국내산업의 효율적인 자원의 배분을 위해서 기업화하는 것이 유리한지 사업에 대한 장래 비전도 계획하게 된다.

셋째로 자신이 세우는 기업의 성공과 실패의 확률을 면밀히 계산한다. 자신이 습득한 기술이 국내 경쟁기업에게 쉽게 복사될 것인지 또한 자신이 세운 기업이 성공할 때 어느 정도 이익을 얻을 수 있을 것인지 등도 검토한다.

창업 기업가들이 극복해야 하는 장애도 선진국과 개발도상국에서 다르다. 법과 제도가 잘 구축된 선진국에서는 기업의 시장진입이 비교적 자유롭다. 새로운 기술을 개발한 기업가는 법과 제도의 보호를 받으면서 일정 기간 동안 이윤을 창출할 수 있는 기회를 갖는다. 그리고 차츰 새로운 경쟁자가 시장에 진입하면서 대체재가 개발되는 등 창업자의 독점이윤은 곧 사라지게 된다.

지적 소유권 등의 제도가 확립되어 있지 않은 개발도상국에서는 짧은 시간에 국내외 다른 경쟁기업가들에게 복사되어 개발이익이 사라지게 된다. 최근 이러한 현상은 인터넷과 교통 통신의 발달로 더욱 심각하게 발생하고 있다. 이미 한국에서 개발된 신제품이 특허비용을 지불하여 사용되거나 불법으로 사용함으로써 빠른 시간에 기술전파가 이루어진다. 또한 개발도상국

14) 일반적으로 개발도상국은 산업간 기술수준의 차이로 자원이 비효율적으로 운영되고 있다. Hsieh and Klenow(2007)에 따르면 미국의 생산성과 중국과 인도의 생산성 차이는 각각 49%와 35%이다. 중국과 인도의 자원 관리가 미국보다 비효율적으로 운영되고 있다는 것을 의미한다.

들에서는 개발된 기술을 완전히 획득하기 전까지는 기술력의 차이를 상대적으로 싼 임금에 기반을 둔 저렴한 생산가격으로 보완하기도 한다. 이 경우 기업가 정신의 효과는 쉽게 사라지게 되어 창업 기업가들에게 불이익이 생길 여지가 많다. 따라서 개발도상국가의 정부는 창업 기업가를 선정하고, 보호하는 것이 중요하다. 모든 기업이 시장에 진입할 수 있게 하는 자유방임주의(laissez-faire)는 결국 창업기업가의 출현을 억제하기 때문에 기업가 정신이 지속적으로 발현되기 힘들다.

기업가 정신이 발현되기 어려운 상황도 있다. 사회여건이 성숙되지 않아 새로운 사업을 시도하기 힘든 경우이다. 인적 자원도 부족하고, 능력 있는 기업가들도 없으며, 정부도 부패하고, 재산권 보호를 위한 제도도 수립되어 있지 않은 경우이다. 또한 새로운 사업의 기회비용을 탐색하는 창업자는 자신이 느끼는 수익률이 사회적 수익률에 비해 훨씬 낮다는 것을 판단할 경우, 창업자는 새로운 사업에 투자하기 보다는 국내 전통산업에 투자하게 된다. 이러한 여건 하에서는 기업가 정신이 발휘되지 않기 때문에 경제가 향상되기를 기대하기 어렵다.

창업자가 개발한 기술을 일정기간 보호할 수 있는 제도적 장치가 부족한 개발도상국에서는 새로운 기술이 쉽게 모방되기 때문에 정부가 시장에 개입하여 일정기간 창업자들을 보호해야 한다. 그렇지만 특정 기업을 보호하는 시책은 정보에 대한 균등한 접근의 기회를 가로막음으로써 다른 기업의 사업의지를 위축시키고 도덕적 해이를 조장하는 부작용을 수반하게 된다. 따라서 정부가 채찍(구조조정)과 당근(지원정책) 정책을 적절히 병행하면서 기업가에게 부의 축적 기회를 허용하고, 명예를 부여한다면 기업가들로부터 기업가 정신에 기초한 사업의지를 유발해 낼 수 있다.

각종 산업들이 발전된 선진국에서, 기업가들은 연구개발을 통하여 기술혁신과 새 상품을 출시하곤 한다. 그러나 개발도상국에게는 전통산업과 새로운 산업 간의 공조가 힘들기 때문에 창업자가 직접 비용탐색(cost discovery)에 참여하면서 자국 현실에 적합한 산업을 선택하게 된다. 비용탐색은 창업자의 주관적인 판단과 체험에 의해 이루어지기 때문에 어떤 산업이 선정되는

지는 예측이 불가능하다. 그리고 한국의 사례와 같이 창업자가 선정한 산업이 성공하여 국가의 중추적인 산업이 될 수도 있다.

정부는 기업 활동을 독려하기 위해 부패를 근절하고 지적 소유권을 제도화할 수도 있다. 그러나 제도적인 확충보다는 창업자에게 일정기간 특혜를 주는 것이 더 효과적이다. 또한 금융제도가 정착되지 않은 개발도상국에서는 투자자금 부족으로 인해 창업자의 사업의지가 위축될 수도 있다. 금융 산업의 발전을 경험하지 않은 개발도상국에서는 금융시장의 개방화와 활성화를 시도해도 역선택과 도적적 해이(모럴헤저드) 발생을 억제할 제도적 장치가 부족하기 때문에 자금 분배의 왜곡이 나타나게 된다. 따라서 개발도상국에게는 차선책으로 금융기관을 일정기간 통제하면서 투자자금을 공급하거나, 기업가에게 투자자금의 해외유치를 제한된 범위 내에서 인정하는 제도를 시행할 수도 있다. 사업의지를 독려하기 위해서는 자금을 확보해 주는 것도 중요하지만, 창업자에게 이윤동기를 부여하는 것이 더 효과적이다.

미국에서 활동하고 있는 기업가들에 대한 사례 연구에서도 기업가의 생산의욕을 감퇴시키는 요인으로 투자금융 제한보다 지적 소유권 보호 등의 제도 미확립이 더 큰 요인으로 작용하고 있음을 밝혔다(Johnson, McMillan & Woodruff, 2002).

2. 정부와 창업가

기업 활동을 적극 보호하는 체제 하에서는 기업가 정신이 살아나고 반면 기업가의 이윤추구를 경시하는 체제에서는 기업가 정신이 위축된다. 따라서 기업가 정신을 활성화시키기 위해서는 정부 역할이 매우 중요하다. 기업가들이 처음 산업을 시작할 때 많은 시행착오를 겪게 되고, 그 과정에서 많은 비용과 노력과 위험이 따르게 된다. 반면, 후발 주자는 선행자가 거쳤던 생산과정과 기술을 답습하면 되므로 시행착오를 겪을 필요가 없고, 그에 따른 비용도 발생하지 않는다. 따라서 이 사실을 아는 사람들은 선구자를 기다릴

뿐 새로운 산업의 시작을 꺼리게 된다. 이처럼 불확실성과 탐색비용 때문에 기업가들이 새로운 시장을 개척하거나 산업의 시작을 망설일 때 정부의 개입이 필요하다.

창업자에 대한 개발도상국 정부의 지원은 두 가지 방법이 있다. 실적 또는 수출이 증대된 기업에게만 수출보조금을 주는 제도와 사전에 정부가 사업을 보장해주는 방법이다.

수출실적이 있는 기업들에게만 보조금을 지원하는 제도는 1960~1970년대에 한국과 대만에 의해 실시되었으며 이 제도의 장점은 시장에서 살아남는 기업과 실적이 저조한 기업의 구분이 가능하다는 것이다. 정부로부터 지원을 받은 기업은 세계시장에서 유수의 기업들과 경쟁해야하고 그 과정에서 각종 시련을 이겨내야 한다.

한편 정부가 사전에 사업을 보장해주는 제도는 정부가 위험성이 높은 사업을 지원하고 보조하는 방법이다. 지원받은 기업이 사업에 성공하면 지원금을 회수하고, 실패하면 파산시키는 것이다. 이 제도는 다른 기업의 진입을 막고 경쟁을 제한하기 때문에 시장의 지열한 경생과 시련을 겪어내면서 기업 스스로 자생의 능력을 갖추게 하자는 한국과 대만 정부의 정책의지와는 다소 거리가 있으며, 남미국가들에서 실시되었다.

정부에서 지원하는 사업이 모두 성공한다는 보장은 없다. 또한 개발도상국에서는 정보의 비대칭성으로 역선택이나 도덕적 해이가 흔히 발생한다. 따라서 남미국가들이 펼친 정책보다는 한국과 대만이 실시한 '당근과 채찍' 정책이 더 효율적이다. '당근'은 창업자의 효율성을 확보하기 위해서는 사전에 새로운 투자를 적극 지원하는 것이고, '채찍'은 사후적으로 비효율적인 기업을 정리하는 것이다. 그리고 후발주자에게는 정책지원이 제한된다.

제12장_ 국제무역이론과 기업가 정신

최근 개발도상국들이 추진하는 산업정책이 기존의 국제무역이론과 배치되는 사례가 늘고 있다. 무역이론에 따르면 비교우위를 가진 상품 생산을 특화하여 자유무역을 할 때 참여국가가 무역이익을 본다는 전통적인 비교우위설(comparative theory)이 있다. 노동력이 풍부한 국가는 노동집약적 상품을 특화하고, 자본이 풍부한 국가는 자본집약적 상품을 특화 생산하여 교역한다면 상대국 모두에게 경제적 이익이 발생한다는 것이다. 현실은 반드시 그렇지 않다. 최근 정보통신과 교통이 발달하면서 개발도상국들이 자국의 부존자원 조건과 상관없는 상품을 생산하여 수출하는 사례가 늘고 있다.

개발도상국들이 생산하여 성공한 수출상품을 몇 가지 소개한다. 이들 상품은 개발도상국이 겪는 부존자원의 제약을 넘어서 전문화(specialization)와 세계화를 이룬 것이 특징이다. 이러한 사례 뒷면에는 비교우위설로 설명 못하는 기업가 정신에 근거한 창업자의 도전과 집념이 있다. 그리고 생산된 상품이 국제시장에서 히트를 치면 국가의 부를 축적하고 또한 자국내 주요한 산업으로 발전하기도 한다.

무역 등 대외 거래가 경제 성장에 지대한 영향을 미친다는 것은 두말할 필요조차 없다. 국내 저축 부족으로 자본 축적이 이루어지지 않던 나라가 외자를 도입하여 자본을 축적하게 되면 경제는 성장한다. 외자 도입과 함께 기술 도입이 이루어질 때 그 나라는 생산성이 향상되고 이것이 다시 잠재 생산능력을 증대시킨다.

경제개발 초기 자금이 부족한 개발도상국들은 외국인직접투자(Foreign Direct Investment: FDI)에 의지하곤 한다. 국제무역 이론에서도 외국인 직접투자를 통하여 우수한 기술과 자본이 유입되면서 경제성장이 시작된다고 주장한다. 그러나 경제개발 초기단계에서 한국의 기업들이 외국인 직접투자를 구축(驅逐)시킨 사례가 있다. 한국 주요 기업들은 외국인직접투자에 의지하지 않고 세계적인 기업으로 성장하였다. 이는 한국 기업가들이 발휘한 강력한 기업가 정신이 국제무역이론에서 주장하는 외국인투자의 긍정적인 효과를 압도한 것으로 판단된다.

1. 해외 창업 사례들

인도는 농업국가로서 노동력이 풍부하다. 그럼에도 노동집약적 산업이 아닌 지식산업인 정보통신산업이 1980년대부터 발달하여 인도 경제에 중요한 역할을 하고 있다. Infosys & Wipo의 창업자인 Narayana Murthy는 미국과 인도 간의 시간적 차이를 이용하여 실험삼아 시도한 소프트웨어 IT사업에 성공하였다. 이 회사의 기술이 지역의 다른 기업에게 전수되고 소프트웨어 관련 산업이 전문화되면서 인도의 중요한 수출자원이 되고 있다. 2018년 인도 IT산업의 GDP 기여도는 7.9%이며, 전 세계 IT 아웃소싱 시장의 약 55%를 차지하고 있다. 2019년도에는 1,370억 달러의 소프트웨어를 외국에 수출하였다. 미국에 비해 5~6배 저렴한 인건비와 영어를 할 수 있는 우수한 기술 인재 풀 보유 등을 이유로 인도는 세계 IT 아웃소싱 강자의 자리를 지속 이어갈 전망이다(KOTRA, 2019). 인도의 소프트웨어 산업의 성장은 산업발전 초기에 정부의 정책적 지원이 없고, 숙련 노동력이 공급되지 않은 상태에서 이룬 경제적 성과이다.

콜롬비아는 미국인 기업가 Thomas Kehler가 화훼산업(flower industry)을 일으켜 Floramerica를 설립하여 세계적인 기업으로 성장시켰다. 이후 콜롬비아에서는 Floramerica로부터 노하우를 전수받아 1990년까지 250개의 수출업자가 생겨났다. 2016년 미국시장에서 콜롬비아 화훼 수출 점유율은 77.9%를 차지하였으며, 콜롬비아 화훼 총 수출은 13억 1,200만 달러로 전 세계 꽃 수출 국가 중에서 2위를 차지하고 있다(Kotra, 2019).

칠레의 연어 양식사업(salmon farming industry)은 정부의 비영리 벤처사업(Fundacion Chile)으로 시작되었다. 칠레는 지리적으로 연어가 회귀하지 않는다. 정부의 벤처사업에 많은 민간 기업들이 연어 양식에 참여하면서 칠레는 세계 2위의 연어 생산국이 되었다. 연어 양식업의 선구자인 노르웨이와 칠레 간 기후와 지리적 환경의 유사성이 성공의 요인이었다. 칠레는 2016년 전 세계에서 소비되는 연어의 23.6%를 키우고 있다. 생산량의 2/3은 수출되는데 주요 수출지는 미국과 일본, 브라질이다(http://www.ilemonde.com, 2016).

이외에도 앞서 소개한 방글라데시 'Desh'회사의 성공으로 섬유산업이 국가 주요 국가산업이 된 사례가 있다.

이처럼 불확실성에 도전하는 개발도상국의 창업가는 비용탐색 기간을 거쳐 새로운 산업에 도전하기 때문에 어떤 산업이 채택되는지 예측할 수 없다. 창업가가 비용탐색을 통해 선정하고, 생산 및 수출하는 재화의 범위는 통상적인 경제의 기초적인 여건(fundamental)에 의한 것이 아니기 때문에 비교우위설로 설명할 수 있는 근거가 없어진다.

2. 외국인직접투자(FDI)와 한국 경제

일반적으로 자본과 기술이 부족한 개발도상국들의 창업자들은 새로운 사업을 시작하면서 차관이나 외국인직접투자를 유치한다. 외국의 자본유입은 고용창출과 국내총생산 증대로 이어지고 첨단기술 도입은 외부경제효과를 통하여 생산성을 향상시킨다. 이러한 이유로 많은 개발도상국 국가들이 경쟁적으로 FDI를 유치하고 있다. 그러나 한국에서는 1970년대에 이미 FDI보다 경영권을 요구하지 않는 상업차관이 더 유리하다는 인식이 있었다.

한국경제는 1970년대 중화학공업육성정책을 시행하면서 산업자본 확보수단으로 FDI보다는 차관을 더 선호하였다. 당시 정부는 자립경제를 위하여 FDI를 장려하되 50%로 제한한다는 원칙을 세웠고 이를 일관성 있게 유지하였다. 1973년 제1차 석유 파동을 겪으면서 정부의 적극적인 투자자유화 조치에도 불구하고 선진국의 투자부진, 국내의 정치 불안에 따른 투자유인의 부족으로 총 외자도입액 중 7%에도 미치지 못하는 부진한 실적을 보였다. 당시 해외합작투자에 대한 소극성과 경영권 문제에 대한 갈등 그리고 직접투자의 로열티를 포함한 FDI수익률(그해의 이익송금액/평균잔존투자액), 즉 한국이 지불해야하는 비용이 외채이자율 비용을 오히려 상회하여 비용면에서도 외국인직접투자보다 일정한 이자율과 원금만 지불하는 차관이 더 유리하였다.

1970년대 FDI 유치실적을 보면 제2차 경제개발5개년계획이 실시된 1967~1971년도 순 외국인 자본 유입의 3.7%가 FDI였다. 같은 시점에 멕시코는 36.6%, 브라질은 33.8%, 태국은 26.1%였다. 제3차 경제개발5개년계획 기간(1972~1976)에는 중화학공업육성정책으로 외국자본의 유입이 급증하였지만 유입 지본중의 7.9%가 FDI이었다. 당시 멕시코는 16%, 브라질은 22.9%, 태국은 28% 수준이었다. 1962년부터 1985년까지 FDI는 26.5억 달러가 신고 되었지만 실제 투자된 액수는 19억 달러며, 같은 기간에 싱가포르는 70억 달러, 대만은 80억 달러, 멕시코는 170억 달러, 브라질은 240억 달러를 기록하였다(Hart-Landsberg, 1993, p. 86). 당시 FDI 부진으로 제조업의 총자본 형성에서의 외국인투자가 차지하는 비중도 1973년 17.0%에서 1979년 2.8%로 대폭 낮아졌다(재무부·한국산업은행, 1993). 1980년대에도 정부가 FDI를 적극 장려하였음에도 불구하고 도입 조건이 불리한 상업차관 도입이 크게 증가하여 국가적으로도 많은 외채가 누적되었다.

1977년 외국인 투자를 투자국별로 보면 일본에서 미국과 유럽의 비중으로 변화가 있었다. 일본이 주요기술을 한국에 적극적으로 주지 않으려고 해서 대안으로 미국과 유럽의 기술을 적극 유치하였다. 이러한 선택 하에서 미국

자본들은 어부지리로 1970년대 후반 12.0~23.8%의 높은 수익률을 확보해 갔다(Koo, 1985, p. 193). 또한 한국에 대한 FDI의 수익률이 이렇게 높아진 이유는 한국이 급속한 공업화에 따른 기술도입이 필요함에 따라 해외자본들이 직접투자에 막대한 이익을 요구하였기 때문이다(박영구, 2012).

중화학공업육성 정책에 따른 누적된 외채는 한국경제에게 큰 부담으로 작용하게 되었다. 그러나 1980년대 중반부터 발생한 3저 효과(저유가, 저환율, 저국제금리)에 힘입어 1986년 최초로 경상수지 흑자를 기록하였다. 저유가는 무역수지를 개선시키고, 저환율(원화가치 하락)은 우리나라 수출상품의 가격경쟁력을 향상시켰으며, 국제금리 하락은 외채부담을 경감시키는 효과가 있었다. 3저 효과로 인해 수년간 경상수지 흑자가 지속되면서 노태우 정부는 '수정된 제6차 경제개발5개년(1987~1991)'을 통하여 70년대 중화학정책으로 인해 누적된 대외부채를 모두 정리하고 제6차 경제개발5계년계획이 끝나는 1991년도에는 당초 외채규모 목표(135억 달러)를 수정하여 순 채권국가가 되려고 시도하였다(Cho, 1995). 이후 외채에 대한 부담은 사라지게 되었고, 우리의 주력산업들이 세계적인 기업으로 발전하면서 외국인직접투자의 매력이 사라지게 되었다.

경제개발초기의 소득분배상태에 따라 경제개발 형태가 자영업 중심 또는 제조업 중심으로 발전하는지가 결정된다고 한다(Banerjee & Newman, 1993). 그러나 한국은 개발 초기부터 빠른 시일에 제조업 중심의 산업화에 성공하였다. 이는 정부와 왕성한 기업가 정신을 발휘한 창업자들의 역할이 컸다. 외국인직접투자와 관련하여 한국의 창업자들과 다른 개발도상국을 비교한 두 가지 특징을 제시할 수 있다. 첫째, 다음 제II부에서 자세히 서술하겠지만, 창업자들은 FDI의 유입에 의지하지 않고 기업가 정신으로 자립형 경제성장을 이룩하였다. 단기적으로 보면 오히려 더 힘든 역경을 선택한 셈이었지만 장기적으로는 외국자본의 통제와 간섭을 벗어나 무한한 발전의 가능성을 확보하였다. 둘째, FDI도움 없이 창업자의 기업가 정신으로 구축된 산업(자동차, 조선, 철강, 반도체산업) 등이 한국경제의 생산구조를 근본적으로 변화시키고 주도된 산업으로 성공하면서 국가경제를 이끄는 핵심적인 산업이 되었다. 이러한 큰 성과는 창업자의 기업가 정신으로 구축된 산업은 그 국가의 생산구조를 근본적으로 변화시킬 수 있다는 것을 시사한다. 새로운 상품(예를 들면 선박, 자동차, 핸드폰 등)이 국내는 물론 세계적으로도 경쟁력을 갖게 된다면 그 국가는 큰 부를 축적하게 되는 행운을 갖는다.(Hausmann, Hwang & Rodrik, 2007).

제 II 부

한국의 민간 기업가 정신

시장경제에서 기업가는 부(富)를 창출하고 일자리를 만드는 중추적인 역할을 한다. 국가 주요 산업의 창업자가 되는 것은 기업인에게는 큰 영예이다. 게다가 창업을 통해 국가에게 경제적인 부를 축적시켰다면 그 영예는 곱절이 된다. 창업자는 기회를 찾아서 자신의 명예를 모험하는 사람이다. 그는 수천 명 몫의 용기를 갖고 있다. 산업 창업자가 성공하여 거대한 영예를 안고 떠나면 후배 기업인들은 창업자가 남긴 업적을 확대 적용할 뿐이다. 창업가가 많은 국가의 경제는 지속적으로 성장하게 된다.

개발도상국에서 산업을 일으키는 일은 쉬운 일이 아니다. 산업발전을 지탱할 수 있는 제도, 기술, 자본, 인력 등이 원활하게 공급될 때 드디어 산업의 경쟁력이 지속된다. 1960년대 초 한국이 30~40년 후에 자동차, 조선, 철강, 전자제품을 생산하여 수출할 것이라고 예측한 외국의 경제학자는 없었다. 60~70년대 저력 있는 기업가들이 등장하면서 이들 상품의 수출이 현실화되기 시작하였다. 활발한 기업가 정신은 경제 활성화의 바로미터이며 사회 발전의 엔진이다.

제II부에서는 철강, 조선, 자동차, 반도체산업의 창업자들의 기업가 정신에 초점을 맞춰 서술한다. 물론 기술되지 않은 창업가들의 숨은 노력과 도전이 있으리라. 그리고 급속한 산업화와 그 부작용에 대하여 부정적인 시각도 적지 않을 것이다. 그러나 정부의 의지, 노동자들의 땀, 그리고 창업자들의 집념과 열정으로 일으킨 산업들의 저력이 모여져 우리나라 경제가 세계 10위권으로 진입하였다는 것은 누구도 부인하지 못할 것이다.

제14장_ 철강산업

한국 산업의 태동은 철강산업으로부터 시작되었다. 기초 소재인 철강제품을 값싸게 공급하면 자연히 다른 산업의 생산을 유발시키는 등 산업간 연관효과가 크다. 더구나 불가능할 것만 같았던 종합제철소 건립이 성공적으로 이루어짐에 따라 기업은 물론 국민들에게 자신감을 심어 주었다. 그동안 투자를 미루고 있었던 석유화학, 조선, 자동차산업 등 제반 중화학공업 분야에 과감한 투자가 이루어지게 되었다. 포항제철소의 성공적인 건설은 이들 산업들에게 철강 소재를 제공함으로써 국제경쟁력을 배후에서 지원하는 역할을 하였다.

우리나라 철강산업은 황무지에서 시작하여 40년 만에 세계적인 산업으로 발전하였다. 1973년까지 한국은 제선능력도 갖추지 못하고 있었다. 제선이란 '고로', 즉 용광로에 철광석을 집어넣은 다음 코크스를 태워서 산소를 제거한 후 주물이 가능한 선철(銑鐵)을 만드는 과정으로, 철강제품을 생산하는 데 기본적인 과정이라고 할 수 있다.

우리나라 철강산업의 발전은 정부가 수립한 기본적 계획을 포항제철이 충실히 수행해내면서 이룩한 것이다. 그리고 창업가의 기업가 정신이 없었다면 단시일 내에 철강 강국을 실현하지 못하였을 것이다.

우리나라 철강산업의 성공사례를 소개함에 있어서 창업자인 박태준의 기업가 정신과 집념을 빼고서는 설명이 불가능하다. 본 장에서는 우리나라 철강산업의 역사를 정리하고 어떻게 한 기업인이 우리나라를 세계 철강 강대국으로 이끌었는지에 대해 서술하고자 한다.

1. 한국 철강산업의 역사

포항제철소가 세워지기 전까지 과거 정부들은 기간산업인 철강산업 발전에 대한 노력을 지속적으로 기울여 왔다. 1956년 이승만 정권은 철강개발 5개년계획을 입안하여 국제협력기금(ICA)과 접촉하고, ICA자금 300만 달러로 묵호에 연산 5만 톤 규모의 선철공장을 1962년까지 완공하기로 하였다. 그리고 1958년에는 ICA자금 3,000만 달러와 내자 48억 원을 들여 1965년까지 연산 선철 20만 톤 규모의 일관제철소[15]를 강원도 양양에 건설할 계획을 세웠다. 일관제철소란 일관된 제철과정을 모두 갖추고 있는 제철소를 말한다.

이러한 계획은 실현되지 못하였다. 소규모 건설계획이었지만 외국투자기관은 한국에서의 제철산업의 성공 가능성이 희박하다고 보아 차관공여를 거절했기 때문이다. 하물며 대형 종합제철소 건설은 당시로서는 요원한 꿈에 불과한 것이었다. 이후 4.19혁명, 5.16군사혁명을 거치면서 두 차례 정권이 바뀌었지만 종합제철소 건립 안은 그대로 유지돼 다음 정권으로 계승되고 있

15) 철강을 만드는 공정은 크게 제선 · 제강 · 압연의 세 공정으로 나누어진다. 제선이란 원료인 철광석과 유연탄 등을 커다란 가마(고로라고 부름)에 넣어 액체 상태의 쇳물을 뽑아내는 공정을 말한다. 제강은 이렇게 만들어진 쇳물에서 각종불순물을 제거하는 작업이며, 압연이란 쇳물을 슬라브(커다란 쇠판) 형태로 뽑아낸 후 여기에 높은 압력을 가하는 과정이다. 압연에는 열간 압연과 냉간압연이 있는데 열간압연을 통해 만들어진 철강반제품을 핫코일이라 부른다. 일관제철소란 이 같은 일관된 제철과정을 모두 갖추고 있는 제철소를 말한다. 국내에서는 포항종합제철과 당진의 현대제철이 일관제철소이다. 나머지 철강업체들은 고로가 없이 전기로(고철을 녹이는 가마)를 갖고 있거나 아예 가마는 없이 핫코일을 원료로 최종 완제품만을 생산한다. 인천제철이 대표적인 전기로업체이며 연합철강과 같은 업체는 핫코일을 원료로 냉연강판 등 철강완제품을 생산한다(출처: http://k.daum.net)

었다.

60년대 초 박정희 대통령은 종합제철소 건설을 제1차 경제개발 5개년계획의 핵심사업의 하나로 확정하였다. 연산 선철 20만 톤, 강괴 22만 톤 규모의 종합제철소를 외자 3,200만 달러와 내자 2,300만 달러를 들여 1962년부터 1966년까지 울산공단 안에 건설한다는 계획이었다. 외자는 외자유치위원회가 차관을 들여오고 내자는 부정축재자처리법에 의해 환수한 국고를 바탕으로 주식공모를 통해 유치하기로 하였다. 다각적인 노력의 결과 미국의 철강업계 관계자들과의 합의가 이루어져 연산 35만 톤 규모의 제철소를 건립하기로 하였으나 건설자금 중 외자 8천만 달러의 75%를 담당하기로 한 국제개발처(Agency for International Development, AID)가 한국의 제철소 건설을 회의적으로 전망함에 따라 계획이 난관에 봉착하게 되었다.

철강산업 발전을 위한 자원이 부족하고 원료수입을 감당할 수도 없으며, 일본의 제철소와는 도저히 경쟁상대가 되지 못하므로 한국은 철을 생산하는 것보다는 수입하는 것이 경제성이 높다는 것이다. 결국 제철소 건설 계획은 제2차 경제개발5개년계획(1967~1971)으로 넘어가게 되었다.

2. 정부와 창업가의 기업가 정신

1) 비용탐색(Cost Discovery)

제2차 세계대전이 끝나고 많은 개발도상국들은 자립경제 달성을 위하여 종합제철소 건설을 시도하였다. 인도, 터키, 멕시코, 브라질은 연산 100만 톤 규모의 종합제철 건설에 착수하였으나 기술 및 경영면에서의 애로와 규모의 경제를 실현하지 못해 결국 적자경영에서 벗어나지 못하고 부실화되고 있었다. 당시 세계은행 총재 유진 블랙은 세계은행과 국제통화기금의 연차총회 석상에서 "개발도상국에는 세 가지 신화가 있다. 첫째는 고속도로의 건설이고, 둘째는 종합제철의 건설이며, 셋째는 국가원수의 기념비 건립이다…"라고 운운했다. 그러면서 개발도상국의 경제개발에 있어 고속도로와 종합제철의 비경제성과 기념비 건립과 같은 낭비요인을 지적하고 세계은행으로서는 이러한 사업에 지원을 하지 않겠다는 견해를 암묵적으로 표현하였다.

외자조달 실패로 인해 여러 차례 무산된 바 있는 종합제철소 건설 사업은 1965년 5월 박정희 대통령이 미국의 제철소 건설 전문회사인 Koppers사의 Foy 회장을 만나 한국의 제철소 건설을 위한 국제차관단 구성을 논의하면서 재개되었다. 이에 따라 종합제철의 건설은 울산석유화학공업단지의 건설과 더불어 제2차 경제개발5개년계획(1967~1971) 중 중화학공업부문 계획의 2대 핵심 사업이었다. 제철산업은 경제기획원이 주관하고 있었다.

한국의 제철소 건설에 창업자 박태준이 등장한 것은 1965년 무렵이었다. 박태준은 한일회담과 관련하여 일본에 특사로 나가 있는 동안 국내 현안 중의 하나였던 철강산업 육성과 관련하여 당시 급속히 성장 · 발전하고 있던 일본의 제철소에 주의를 기울였다. 그는 포항제철 창립 이전부터 철강산업에 깊은 관심을 갖고 선진 철강업체의 관리기법과 기술혁신을 탐색하였다. 더 나아가 기술훈련의 중요성과 설비도입 등 제철소의 기술능력 발전이 경쟁력 확보에 중요하다는 것을 인식하였다. 창업자 박태준은 탐색과정에서 종합제철소는 용광로, 소결로, 전로, 압연기, 전력, 항만시설 등 수많은 공장과 부대시설로 구성되기 때문에 소규모로는 성공하기 어렵고 규모의 경제의 실현이 무엇보다 중요한 과제가 된다는 점을 명확하게 파악하고 있었다. 이러한 탐색 결과는 포항제철소 건설에 충분히 반영되면서 포항제철소가 세계적인 제철소로 발전하는데 결정적인 요인이 되었다.

정부의 숙원사업이라고 할 수 있는 종합제철(혹은 일관제철)의 건설을 위하여 제2차 5개년 계획의 1차년도인 1967년 3월에 미국, 영국, 서독, 이탈리아, 프랑스의 5개국 8개 회사로 구성된 대한국제철강협회(KISA: Korea International Steel Associate)라는 대한 국제제철차관단이 구성되었으며(프랑스는 나중에 참여), 미국의 Koppers사가 간사가 되어 1967년 10월 한국정부와 KISA는 연산 60만 톤 규모의 종합제철 건설에 대한 기본협약을 체결하였다. 당시 경제여건으로는 미래 철강 수요를 정확히 예측할 수 없었다. 그리고 한국의 60만 톤 계획은 당시 국제규모의 1/5 수준으로 국제경쟁력이 없는 소규모 제철소 규모였다. 이는 1960년대 제철소 건설을 추진할 당시 정부의 목표는 세계 1위의 제철소가 아니라 한국 제조업의 발전이었다는 것을 의미한다.

제철소 건설이 순조롭게 진행되어가자 정부는 1967년 11월 종합제철의 실수요자로 대한중석을 지정하였다. 그리고 1968년 4월 1일 서울 명동의 유네스코회관에서 박태준 사장을 비롯한 39명의 창립요원이 참석한 가운데 포항종합제철주식회사의 창립총회가 열렸다. 자본금으로는 4억 원이 불입되었으며, 정부가 75%, 대한중석이 25%를 부담하였다. 창립총회에서 박태준은 건전한 창업의 기반을 흔드는 고질적인 폐습을 과감하게 타파하고 공정한 인사관리와 엄격한 예산회계를 요청하였다. 그리고 인화단결과 상호협조, 적극적인 기술훈련, 건설관리의 합리화, 경제적 투자체제의 확립을 4가지 운영목표로 제시했다.

2) 포항제철소 설립

포항종합제철주식회사는 이미 설립되었지만 제철소 핵심 공사는 아직 이루어지지 않고 있었다. 우리 정부와 종합제철 건설에 대한 기본협약을 체결한 KISA는 한국의 제철소 건설에 부정적 입장을 갖고 있었다. 그리고 세계은행(IBRD), 미국 수출입은행(EXIM), 참여국의 공공차관 교섭도 지지부진하였다.

우리 정부는 KISA에 매달려 차관획득을 위해 백방으로 노력했으나 KISA 회원국들과 참여 기업들 간의 이해 상충, 적극성 결여 등으로 전혀 진척이 없었다. 제철소 부지조성공사가 마무리 단계에 접어들던 1969년 4월 파리에서 개최된 제3차 IECOK(International Economic Consultive Organization for Korea)총회에서 IBRD는 한국의 제철소 건설계획에 대해 회의를 표명하고 다른 회원국들도 이에 동조함으로써 다시 한 번 실패로 돌아갔다.

국가적 차원에서 줄기차게 시도되었던 종합제철소 건설 사업이 결정적인 고비에서 선진국들의 차관제공 거부로 좌절되던 사례가 포항제철의 경우에도 되풀이 되었다. 박태준은 종합제철소 건설의 책임자로서 어쨌든 부딪혀

보자는 심정으로 미국을 방문하여 KISA의 주요멤버인 Koppers사의 Foy 사장을 만나 설득하였으나 이 노력 또한 무위로 돌아갔다. 당시 Foy 사장은 건설자금을 지원할 수 없다는 입장을 굽히지 않았다. 그 이유는 IBRD가 미국의 수출입은행에게 한국의 종합제철소 사업은 경제적 타당성이 없다는 보고를 했기 때문이었다.

IBRD의 부정적 평가와 KISA의 차관거절로 인해 제철소의 건설이 또다시 무산될 위기에서 박태준은 농업용으로 남아있던 대일청구권 자금을 제철소 건설에 전용할 것을 발의하고 일본 지인들의 도움을 통하여 일본의 철강업계를 움직여 일본정부의 승낙을 얻어냈다.

일본의 입장에서 볼 때 한국의 철강산업에 대한 지원은 첫째, 일본 철강산업의 수요창출을 의미하므로 결과적으로는 일본 경제에 도움이 된다고 판단하였으며 둘째, 한국의 국가 안보가 일본의 국가 안보에 중요하다는 당시 닉슨-사토 공식 발표(1969)에 따른 것이다.

한국일보는 1969년 8월 27일 상오 진행된 한일각료회의에서 "종합제철 건립을 위한 협력에 대해 원칙적인 합의를 보았다"라는 내용의 기사를 싣고 있었다(1969. 8. 28.). 기사에 따르면 한국 정부는 일본 측에 종합제철 사업과 관련해 "기술적 타당성 인정과 이에 대한 협조용의의 확약", 즉 기술협력을 최우선 사업으로 강력하게 요구하고 있었다. 그리고 양국은 공동성명서를 발표하는데 일본 측에서는 "(한국 측 입장에 대해) 깊은 이해를 표명하고… 실제적이고 구체적인 조정을 위해 조사단을 파견할" 뜻을 전하고 있었다. 그 후 8개월 정도가 지난 1970년 4월 1일 포항제철공장이 마침내 기공됐다. 연산 103만 톤 규모의 이 공장은 대일청구권자금 7,370만 달러와 일본수출입은행(Japan Export-Import Bank) 차관 5,000만 달러 등 1억 2,370만 달러의 외자에 230억 원의 내자를 합해 600여억 원을 투입한다는 계획이었는데 실제로 일본 자본이 더 많은 부분을 차지하고 있었다(한국일보, 1970. 4. 2).

정부는 공장건설에 필요한 항만, 부두, 도로 등 기반시설 구축비용을 부담하는 동시에 철강공업육성법을 제정하여 조세 및 관세감면, 특별상각, 공공요금의 할인 등을 통하여 제철소를 지원하기로 하였다. 우여곡절 속에 건설을 시작한지 3년 3개월 만에 완공된 포항제철소는 1973년 7월 3일 준공식을 가졌으며 조강 생산능력이 연간 103만2천 톤의 명실상부한 국내 최대 공장이었다. 당시 조선일보는 1973년 7월 3일자 신문에서 포항종합제철소 준공으로 "연간 5,400만 달러의 외화절약이 가능해졌으며, 건설업, 광산업 등 제철연관 산업의 발전이 예상된다."고 쓰고 있다. 제철소 건설 직후 국내외 경기가 좋아지면서 포항제철의 수익도 기하급수적으로 늘었다. 포항제철이 1972년 공장 가동 첫해부터 1,200만 달러의 흑자를 냈으며, 당시 포철의 최대 고객은 현대조선소였다. 현대조선소도 1973년부터 대형 유조선을 건립하기 시작하였다.

3) 창업가의 기업가 정신

포항제철은 10년이라는 우여곡절 끝에 설립되었다. 1964년 본격 설립을 준비했지만 건설자금이 없어 5년여를 허송세월하다가 1969년 대일청구권자금이 투입됐다. 대일청구권자금으로 투입된 포항제철은 적자 최소화를 위해 철야공사를 하면서 수출도 병행하는 '올라운드 플레이'를 할 수밖에 없었다. 박태준의 각오는 대단했다. 그는 다음과 같은 연설을 하였다(황태경, 2003, pp.406).

> '포항종합제철 창립2주년이 되는 날 부지공사를 마무리하고 제철공장 건설을 위한 종합 착공식을 거행한다.'는 것과 '만일 성공하지 못할 경우 전부 우향우를 해야 한다'는 것이었다. '우향우'를 하면 영일만 바다였다. 기한 내에 성공하지 못하면 자신을 포함해 모두 바다에 빠져 죽어야 한다는 뜻이었다…. 박태준의 심경이 얼마나 절박했는지, 당시 건설에 참여했던 이들의 증언에 의하면 이 공사가 실패할 경우 박태준은 자결하고 말 것이라는 느낌을 받았다고 한다.

포항제철이 성공할 수 있었던 가장 큰 요인은 창업자의 기업가 정신이라는 것을 부인할 수 없다. 철강산업에 도전한 박태준은 한국에서의 일관제철소 건설은 불가능하다는 국제적인 평가를 뒤로 하고 불과 20여년 만에 세계 굴지의 철강회사를 이룩하였다.

재능이 있으며, 근면하고 노력하는 사람은 훌륭한 기업가가 될 수 있다. 박태준은 제철소 건설 임무를 부여받은 후 좋아하던 골프, 술, 휴가를 그만두고 일에 몰두하였으며, 일하는 시간의 대부분을 건설현장에서 점검하고 조언하며 설비공급업자들과 협의하며 보냈다.

공기지연은 기업의 자금 부담을 가중시키고 궁극적으로는 기업의 채산성을 약화시키는 문제였기 때문에 박태준은 공기지연을 비상사태로 간주하고 전력을 다하여 조기완공을 위해 노력하였다. 1970년, 가장 먼저 착공한 열연공장 건설이 지연되자 박태준은 '열연 비상사태'를 선포하고 행정·사무직을 포함한 모든 임직원을 24시간 공사현장에 투입, 공기(工期)를 예정보다 오히려 한 달 앞당겨 준공했다.

1977년 3기 설비가 공기 지연으로 고전할 때는 발전 송풍설비 구조물 공사에서 부실시공 흔적이 발견되자 "당장 허물고 다시 지으라."며 80% 가까이 공정이 진척된 구조물을 다이너마이트로 폭파시켜 직원들에게 책임의식과 완벽주의를 표방하는 '포스코 정신'을 부각시켰다.

제철소 건설과정은 다음 장에 설명하는 울산조선소 건설과정과 유사하다. 당시 현대조선소는 유조선 건조와 동시에 조선소를 건립하는 전략으로 시간과 비용을 절약하였다. 포항제철소도 건설 초기부터 적자를 최소화하기 위하여 제철소를 제선(쇳물작업) - 제강(철강제작 과정) - 압연(가공작업)의 일반적인 순서와 달리 압연 - 제강 - 제선의 역순으로 건설했다. 압연공장을 먼저 세워 외국에서 반제품을 수입, 압연 가공해 완제품으로 팔아 적자를 메우자는 역발상이었다. 이러한 전략이 적중하여 포항제철이 완공되기 1년 전인 72년 7월 첫 압연작업으로 62t의 중후판을 생산하여 판매할 수 있었다. 중후판은 선박·교량·각종 산업기계 등에 널리 사용되는 강판이다.

박태준과 전 직원의 노력의 결과는 계획대비 54일이나 단축된 73년 6월 8일 역사적인 고로 화입식에서 나타난다. 조기완공으로 인해 포항제철은 지급이자 및 원료 재고비용을 절감했고 제품판매로 조기에 운영에 필요한 자금을 확보할 수 있었다. 이러한 조기완공을 위한 노력은 이후의 건설과정의 전통으로 자리 잡아 포항제철이 저비용 구조를 구축하는 데 큰 힘이 되었다.

당시 한국은 대규모 강철 제조 기술에 관한 지식이 전혀 없었다. 제철소 운영에 관한 기술은 일본에 의지하고 있었다.[16] 일본의 기술과 장비를 통하여 제선, 제강, 압연, 이 세 과정이 종합적으로 이루어지는 공장이 완공되어 핫코일, 열연박판 등 국내에서 생산하기 힘들었던 철강제품 대다수를 생산할 수 있었다.

포항제철은 운도 좋았다. 종합제철이 완공되던 해인 1973년에 발생한 제2차 석유파동으로 철강재 값이 폭등하여 첫해부터 흑자가 났다. 이후 포항제철은 지금껏 한 해도 빠짐없이 흑자 전통을 이어오고 있다.

세계은행은 1968년 『한국경제보고서』에서 한국인이 철강회사를 일으킬 능력이 없다는 견해를 공식적으로 밝혔다. 이 부분의 철강부문 담당자는 영국인 자페였다(송병락, 2006, pp.203). 그가 '한국의 제철소 건설은 엄청난 외환비용에 비추어 경제성이 의심된다. 그보다는 노동기술 집약적인 기계공업을 먼저 하는 것이 좋다.'라는 보고서를 올렸기 때문이었다. 이후 포철의 성공에 대하여 그의 실수를 인정하면서 다음과 같이 말하고 있다.

> In short, I am astonished. The success of POSCO offers many lessons to the world steel industry. I do not believe that my decision at that time was wrong. Rather, Korea made a miracle. At that time it was impossible to build a steel mill like POSCO given the poor condition of the Korean economy. That is why my final report said the construction of the mill would not be a good investment. I believe my recommendation was correct. I only missed one major point: that chairman Park and his workers could make the impossible possible.

---

16) 포항제철은 일본제철과 일본강관주식회사(NKK)로 구성된 일본 그룹과 세밀한 협력을 하고 있었는데, 최초의 프로젝트는 용광로와 LD(Linz-Donawitz)전로를 조절하는 철강 제조시스템을 포함하고 있었다. 용광로와 내용적은 1천660㎥으로 최초의 생산 능력은 94만9천 톤이었고, 2기의 LD전로는 103만2천 톤의 제강능력을 갖고 있었다. 거기에 더해 내용적 330㎥, 생산능력 15만 톤의 주철, 선철용광로와 철괴, 후판공장, 봉강공장, 강판공장, 열압연공장 등도 포함하고 있었다(출처: http://www.sciencetimes.co.kr).

그때 내 보고서가 틀렸다고는 보지 않습니다. 지금 다시 보고서를 쓰라고 해도 똑같은 보고서를 쓸 것입니다. 하지만 내가 모르고 지나친 것이 하나 있습니다. 그것은 바로 박태준 회장과 직원들입니다. 그들은 불가능을 가능으로 만들었습니다.

4) 위기극복과 신화창조

미국 동부 보스턴시의 지하철 공사는 1896년부터 시작되었고 1912년에는 하버드대학교까지 지하철이 연장되었다. 반면 한국 서울의 지하철은 1974년에 개통되었다. 한국 지하철보다 70년이나 오랜 역사를 가진 미국의 지하철의 기술 수준을 현재 수준에서 비교한다면 한국의 지하철이 훨씬 더 효율적이다.

지하철의 예와 같이 개발도상국이 산업화가 지연되면서 이후 선진국의 기술과 자본을 활용할 수 있다면 산업의 경쟁력을 단기간에 획득할 수 있다는 장점이 있다. 그러나 최신식 설비와 자본이 있다고 당장 선진국 수준의 경쟁력을 확보하는 것은 아니다. 기존 산업 간의 기술력 차이, 기술자 양성과 산업 인력의 재교육, 각종 제도의 확립 등 해결해야 할 문제들이 산재되어 있다.

포항제철은 초기에 일본 철강업계의 선례를 모방함으로써 조업기술을 획득했다. 그리고 기술학습을 통해 점차적으로 조업기술에 대한 의존을 탈피할 수 있었는데, 여기에는 20년에 걸친 8번의 설비 확장을 통해 반복적으로 조업기술을 연마할 수 있는 기회(learning by doing)가 있었다는 점이 중요한 조건으로 작용하였다. 이러한 모방학습과 반복학습을 바탕으로 적극적인 기술개량을 추진함으로써 포항제철은 조업에 대한 노하우뿐만 아니라 그 원리를 이해하게 되어 기술혁신의 폭과 깊이를 더욱 심화시킬 수 있었다.

포항제철이 비교적 짧은 시간에 세계 초일류의 철강업체로 성장할 수 있었던 데에는 무엇보다도 야심찬 목표를 세우고 선진기업을 적극적으로 벤치마킹하는 가운데 경영진, 기술인력, 작업공이 일치단결하여 정해진 목표를 달성하고자 최선을 다했다는 점이다(Amsden, 1989). 특히, 기술능력 발전과 관련해서 이러한 일반적인 요인 이외에 최신설비의 도입, 조업기술 조기 확보, 기술인력 양성 및 활용, 최고경영진의 리더십과 같은 기업 내적인 요인과 정부의 철강산업 육성정책과 같은 기업 외적인 요인이 매우 중요하게 작용하였다. 그리고 공기단축과 효율적인 설비구매, 유리한 조건의 차관 도입, 후방 방식의 건설방식 채택 등을 통하여 비용 절감을 실현한 것이 주요한 성공요인 중의 하나이다. 철강산업의 발전은 정부, 기업, 근로자 간의 코디네이션으로써 가능하게 되었다.

울산의 현대조선소 확장을 주장한 정주영과 마찬가지로 박태준도 세계 철강시장에서 공급이 수요를 초과할 것이라는 경고에도 불구하고 국내시장의 지속적인 성장세에 맞추어 포항제철의 설비능력을 확장하였다. 이들의 예견은 적중하였다. 철강수요가 급격히 늘어나면서 불과 10년 만인 1981년에 용광로 4기 준공 및 설비증설을 하고 1981년에는 전라남도 광양에서 제2 종합제철소를 건설하였다. 1985년에 광양 1기를 착공하여 1987년에 완공하였고, 지속적인 설비 확장을 통하여 마침내 1992년 광양 4기를 완공함으로써 연산 2,080만 톤의 조강능력을 갖춘 세계적인 철강회사가 되었다. 1973년 포항제철소의 조강 생산능력은 연간 103만2천 톤이었다. 이는 20년 만에 약 20배의 시설확장을 달성한 것으로 개발도상국가에서는 유례를 찾아볼 수 없는 눈부신 약진인 것이다. 또한 포항제철은 시설을 확장할 때마다 가장 최신의 설비와 공법을 적기에 도입하고 제품의 다양화 및 독자적인 제품 개발을 추진했다. 이것은 브라질이나 인도와 같은 개발도상국의 제철소 건설과 크게 다른 점이라 할 수 있다.

철강산업은 대규모 장치산업의 특징을 지니고 있어 관련 중요 기술이 대부분 설비에 체화되어 있으며, 철강산업의 주도권은 핵심 생산설비를 도입하는 시기와 내용에 따라 결정되어 왔다. 포항제철은 2002년 3월, 회사명을 포항종합제철주식회사에서 주식회사 포스코(POSCO)로 변경하였고 세계적 현지화(Glocalization)를 추진하고 있다. 2009년 베트남에 연산 120만톤의 냉연공장을 준공했으며, 2015년 인도 마하라슈트라에 연산 180만톤 생산하는 냉연공장을 준공하여 냉연강판(CR: Cold Rolled Steel Sheets)을 자동차 생산 공장 등에 공급하고 있다. 2016년에는 태국에 동남아 첫 자동차 강판공장을 준공했으며, 태국 라용주(州) 아마타시티 산업단지에서 연산 45만톤 규모의 용융아연도금강판공장(CGL: Continious Galvanizing Line) 준공식을 가졌다. 태국은 연간 200만대 규모의 자동차를 생산하고, 동남아 자동차 생산능력의 50% 이상을 점유하고 있는 동남아 최대 자동차 생산국이다. 또한 원자재인 철광석의 안정적인 수급을 위해 해외 철광석 광산 개발에도 투자하고 있다. 2010년 호주 서북부 필바라 지역에 위치한 로이힐(Roy Hill) 광산 개발에 12.5% 투자하여 매년 철광원자재 소요량의 26%에 해당하는 1,500만톤의 철광석을 안정적으로 공급받고 있다(출처: 강석구 박사 자료, 2021).

5) 박정희와 박태준

박태준은 포항제철소를 건설하면서 대일청구권 자금의 전용, 제2종합제철 사업의 획득, 설비 및 원료 구입 국가의 확보, 건설공기의 단축 등 포항제철이 중요한 위기를 맞이할 때마다 이를 기회로 전환시키는 탁월한 능력을 보여주었다. 박태준의 인사관리방식도 특이하였다.

포항제철의 기술 인력의 양성방법은 독특했다. 포항제철은 관련 기술을 조기에 습득하기 위하여 장기간에 걸쳐 대규모의 인력을 외국의 선진업체에 파견하여 기술연수를 받게 하였으며, 연수를 받은 인력에게는 사내훈련을 담당하게 함으로써 기술교육의 효과를 극대화하였다. 특히, 포항제철은 초기부터 대학을 졸업한 엔지니어들을 반장으로 고용하는 정책을 구사했는데, 그들은 기술연수를 통한 경험을 효율적으로 현장에 적용했을 뿐만 아니라 창의적이고 능동적인 제안을 통하여 설비합리화 및 기술개량에 크게 기여하였다. 또한 포항제철은 오랜 현장근무를 통하여 해당분야의 기술이 달인의 경지에 도달한 사람에게 과감한 인센티브를 부여하는 기성(技聖)제도를 실시함으로써 현장인력의 적극적인 기술학습을 유인하고 있다.

설립 초기부터 지연, 학연 등을 통한 인사 청탁을 배제하고 능력과 실적을 기준으로 하는 내부 승진을 제도화함으로써 종업원들이 회사에 헌신 몰입하는 조직문화를 창출하였다. 장기적인 안목으로 사원주택과 교육시설을 우선적으로 건설하고, 기술인력을 철저히 교육하였으며, 충분한 기반시설을 확보하고, RIST와 POSTECH을 설립하여 엄격한 품질관리로 부실공사를 원천적으로 배제하였다.

박정희 대통령의 절대적인 신임이 초기 제철소 공사에 큰 도움이 되었다. 엄청난 이권이 걸린 대규모 건설사업의 추진과정에서 나타날 수 있는 부정부패와 비효율을 막기 위하여 박태준은 포항제철의 형태를 상법상의 주식회사로 할 것을 고집하였고 실현할 수 있었다. 포항제철소 운영은 민간 기업으로 자율성과 독립성을 유지하면서 재원 마련은 정부가 대부분 지분을 인수하는 방식이었다. 그 무렵 여러 업체가 설비·원료 구매에 개입할 의도로 유언비어와 역(逆)정보를 퍼뜨리기도 하고 정치권 역시 설비 구매 때 리베이트를 요구하였다. 박정희 대통령은 이후 '종이 마패'로 불리게 된 이 메모에 친필 사인을 해 외부 압력을 막아주는 등 정치적, 행정적 지원을 아끼지 않았다.

박정희 대통령은 자신의 의지로 한국의 철강 공업 발전을 위하여 최적의 기업가를 선택하였는데, 그 기업가가 한국의 제철산업을 성공적으로 창입하게 된 것이다. 박정희 대통령의 현명한 선택이었다. 다음은 아프리카 가나공화국의 알루미늄 제련소에 관한 이야기를 소개한다. 가나공화국의 알루미늄 제련소 개발 프로젝트의 실패를 분석하면서 다시 한 번 포항제철소의 가치를 살펴보고자 한다.

사례 7: 가나공화국의 알루미늄 공장 건설의 실패

1957년 영국으로부터 독립된 가나의 초대 대통령인 Nkrumah는 기간산업 육성을 통하여 진정한 독립국가를 구상하였다. 그는 Volta강의 Akosombo댐 건설을 통하여 전기 공급, 수자원 및 토지 관개시설 계획을 추진하였다. 해안도시에 있는 대규모의 알루미늄 제련소에 전력을 공급하여 자국의 보크사이트 광산에서 채굴된 양질의 원석을 제련하여 알루미늄 생산 클러스터를 세운다는 대규모 프로젝트였다.[17)]

당시는 세계는 냉전시대였다. 서방국가들과 소련은 경쟁적으로 아프리카에서의 정치적 영향력을 확대시키는 노력을 시도하고 있었다. 소련은 이집트에 아스완댐을 건설하였고, 서방국가들은 가나공화국에 국제적인 지원을 약속하였다. 특히 가나공화국 경제에 대해서는 많은 경제학자(Atthur Lewis, Nicholas Kaldor, Dudley Seers, Albert Hirshcman, Tony Killick 등)가 경제개발 자문을 하였으며, 전망도 밝게 보고 있었다. 이러한 우호적인 분위기는 달리, 앞에서 소개하였듯이, IBRD, KASA 등은 한국 제철소 설립계획이 부적결하다고 판정하고 있었다.

가나 정부와 세계은행, 미국, 영국 등이 공동 투자한 이 댐은 지상으로부터 134m의 높이에 670m의 너비로 건설되었으며, 최대 저수량은 799만1,000㎥이다. 댐이 건설될 Volta호는 148억㎥의 저수용량을 가진, 세계에서 가장 큰 인공호수 중의 하나이다. 길이 400㎞, 넓이 8,502㎢로 가나 영토의 3.6%를 차지한다. 호수의 남단에서 북단까지는 약 400km이며, 댐의 조성은 내륙의 농업, 담수어 어장과 수운(水運) 등 하류 평야의 관개도 가능하게 하며, 이 호수의 조성으로 인해 740개 마을, 1만 5,000가구가 침수되고 7만 8,000명의 주민이 재정착하게 되었다. Volta호 사업은 가나공화국 의회에서 Volta River Authority(VRA)로 승인되었으며 VRA의 기본구조는 Nkrumah 대통령을 이사장으로, 6명의 이사를 두었다. VRA는 댐의 공사와 관리, 송전, 수자원보호, 통신 등을 관리하게 되었으며, 수자원, 어업, 운송, 통신 개발 등 폭넓은 권한을 가졌다.

1967년 세계은행의 경제학자 Andrew Kamarck는 'Volta호 탐사계획'으로 가나공화국 경제가 매년 7% 이상의 경제성장이 가능하다고 예측하였다(World Bank, 2005, pp.274). 세계은행과 가나 정부에서 동원된 총 공사 비용은 2억5,800만 달러이다. 참고로 포항제철은 1억 2,370만 달러의 외자에 230억 원의 내자가 동원되었다. 당시 환율을 1달러당 400원으로 계산하면 총 투입액은 포항제철소에 투입된 자금은 1억 8,000만 달러로 가나공화국 프로젝트의 70% 규

17) 보크사이트 광석에서 알루미늄을 제련하기 위해서는 전력소비량이 엄청나기 때문에 세계적인 몇 개 회사만이 알루미늄을 제련하고 있다. 한국에서는 값비싼 전기료 때문에 알루미늄 제련소는 없고 가공 공장만 있는 실정이다.

모이다.

'Volta호 탐사계획'은 실패하였다. 지금도 'Volta호 탐사계획'의 핵심 분야인 발전소와 알루미늄 제련소가 운영되고 있지만, 보크사이트로부터 알루미늄의 원료인 알루미나를 정련[18]하는 정련소(refinery)를 세우지 못하였다. 즉 원재료를 가공하지 못하는 기형적인 제련소인 것이다. 가나 정부의 내부지향 경제정책과 국유화에 대한 두려움으로 외국 투자자들이 정련소 투자를 기피하였기 때문이다. 결국 보크사이트 광산은 개발되지 못했고, 철도도 건설되지 못했으며 어업산업은 관리부족과 장비시설 부족으로 실패하였다. 관개시설이 제대로 갖추어지지 못하였고, 새로 정착한 이주민들은 각종 열대전염병으로 고통을 당하였다. 가나 역사상 가장 성공적인 투자프로젝트가 실패하였다는 것은 가나 정부에게는 재앙이지만, 더 비극적인 사실은 50년이 지난 현재 가나 국민의 소득은 1950년대 수준과 같이 가난하다는 것이다. 모든 것이 엉망이 되었던 것이다.[19]

3. 한국 철강산업의 위상

한국 산업발전의 특징은 60년대 합판, 섬유 등 자본이 적게 드는 노동집약적 산업이 먼저 개척되면서 인력과 자본을 축적한 뒤 70년대 자동차, 조선, 전자 등 중화학 산업으로 옮겨갔다는 점이다. 이 과정에서 가장 중요한 산업은 철강산업이었다.

1973년 포항종합제철의 제1기 설비가 준공되어 철강이 안정적으로 공급되면서 산업화가 급속도로 진행되었다. 현재 국내 철강 산업은 전후방 효과 1위('17년, 산업연구원), 수출 6위('18년 340억 달러, 무역협회), 고용 9위('18년 18만명, 통

18) 보크사이트를 알루미나로 바꾸는 과정을 정련이라고 하고, 알루미나는 제련이라고 알려진 전해 환원 공정을 통해 알루미늄이 된다.

19) 가나공화국의 1983년 국민소득은 1971년의 2/3로 떨어지고, 당시 가뭄으로 Volta강의 수자원이 부족해서 Akosombo댐에서 전력을 생산하지 못함에 따라서 Volta알루미늄 공장에 1년간 전기를 제공하지 못하였다.

계청)를 차지하고 있는 만큼 국내외로 매우 주요한 산업이라고 할 수 있다.

2019년 세계철강협회가 발표한 전 세계 조강 생산량은 18억6,990만톤으로 전년대비 3.4% 증가했다. 조강(crude steel)이란 제강로(製鋼爐)에서 제조된 그대로의 가공되지 않은 강철을 의미한다. 국가별로는 중국의 조강생산량은 9억 9,630만톤으로 전 세계 시장 점유율을 53.3%를 기록했다. 국가별 상위 6개국은 중국, 인도, 일본, 미국, 러시아, 한국 순이다. 제철소별 조강 생산량 순위도 발표하였는데, <표 14-1>에 따르면 1위는 룩셈부르크의 아르셀로미탈, 2위는 중국의 바이오산 강철이다. 포스코는 세계 5위로서 2019년 생산량 4,312만 톤이며 현대제철은 세계 15위 수준으로 2,156만 톤을 생산했다.

〈표 14-1〉 제철소별 조강생산 순위

(단위: 백만 톤)

Top Steel-producing companies 2019 million tonnes

	Steelmaker Group	Country	2018	2019	Year-on-year
1	ArcelorMittal	Luxembourg	96.42	97.31	+0.9%
2	China Baowu Group	China	67.43	95.47	+41.6%
3	Nippon Steel	Japan	49.22	51.68	+5.0%
4	Hebei Group	China	46.80	46.56	-0.5%
5	POSCO	S. Korea	42.86	43.12	+0.6%
6	Shagang	China	40.66	41.10	+1.1%
7	Anshan Iron and Steel	China	37.36	39.20	+4.9%
8	Jianlong Group	China	27.88	31.18	+11.8%
9	Tata Steel	India	27.27	30.15	+10.6%
10	Shougang Iron & Steel	China	27.34	29.34	+7.3%
11	Shandong Group	China	23.21	27.58	+18.8%
12	JFE Steel	Japan	29.15	27.35	-6.2%
13	Hunan Valin Iron & Steel	China	23.01	24.31	+5.6%
14	Nucor	USA	25.49	23.09	-9.4%
15	Hyundai Steel	S. Korea	21.88	21.56	-1.5%
16	IMDRO	Iran	16.79	16.79	+0.0%
17	JSW Steel	India	16.83	16.26	-3.4%
18	Steel Authority of India	India	15.93	16.18	+1.6%
19	Benxi Iron & Steel	China	15.90	16.18	+1.8%

출처: steelprice@steelprice .co.kr

제15장_ 조선산업

지구상 바다의 총면적은 3억 6,200만㎢이며 이는 전체 지구 표면적의 71%에 해당한다. 세계는 바다를 지배하는 나라에 의해 지배되어 왔다. 16~17세기에는 스페인이 바다를 지배했고, 18~19세기에는 영국이 造船 强國으로 명성을 날렸으며, 1950년대부터는 일본이, 그리고 21세기는 한국이 일본을 제치고 조선시장 점유율 세계 1위를 기록하고 있다.

조선공업은 중화학공업의 종합산업으로 선도적 역할을 담당한다. 기계 · 금속 · 전기 · 건축 · 화학 등 약 50여개 업종과 연관되어 있기 때문에 조선공업을 발전시킴으로써 이들 산업의 고도화를 이룰 수 있다. 조선공업은 다른 산업과의 긴밀한 연관성 때문에 산업의 클러스터화가 필요한 산업이다. 그리고 여러 연관 산업 중에서 선박관련 부품과 선박기관을 생산하고 선체를 조립하는데 막대한 양의 철강재가 소요되기 때문에 철강재의 공급과 가격 안정화가 조선공업 발전에 매우 중요하다.

조선산업은 신축성과 불확실성이 내재되어 있는 산업이다. 조선산업의 경쟁력은 국가의 무역정책과 산업의 기술혁신 등에 의해 종합적으로 결정된다. 세계경제 환경의 구조적 변화에 대응하는 무역정책과 조선소 내의 생산방식 및 기술여건 등이 조선산업의 생산성을 결정한다는 것을 의미한다.

우리나라 조선산업은 앞에서 설명한 철강산업과 마찬가지로 말 그대로 황무지에서 시작하여 단기간에 세계 1위 위치에 우뚝 선 것이다. 이는 정부의 적극적인 지원과 함께 창업자를 포함한 우수한 인적 자원의 역할이 컸다. 우리나라 조선산업의 성공은 민간 경쟁력이 국가 경쟁력이 될 수 있음을 보여주는 좋은 사례이다. 조선산업의 발전은 정부가 조선공업 발전의 기틀을 마련하고 민간 기업들이 적극 참여하여 이룩한 것이다. 세계적 변화에 대한 우리 민간 기업들의 뛰어난 적응력과 유연성이 없었더라면 단시일 내 조선강국을 이루지 못했을 것이다. 우리나라 조선산업은 한 기업인의 집념으로 이룩되었다. 본 장에서는 창업자 정주영이 어떻게 우리나라를 세계 1위의 조선강국으로 이끌었는지에 대해 서술하고자 한다.

1. 70년대 세계 조선업계의 동향

근대적 의미의 조선산업은 산업혁명으로 증기선을 발명한 해양국가 영국에서 시작되었다. 이후 미국과 독일이 조선 강국으로 활동하였고, 1950년대에는 새로운 블록 선박건조 공법적용과 더불어 조선소 설계와 운영에 혁신을 일으켰던 일본이 새로운 조선 강국으로 등장하였다.

일본 조선소들은 진수 전의 선각 블록 공사와 의장 공사를 동시에 진행하는 의장법을 개발하여 대량 건조를 통한 효율성을 확보하게 되었다. 기술혁신을 달성한 일본의 조선산업은 1956년에 수에즈(Suez)운하가 봉쇄되고 VLCC(대형 유조선) 수요가 증가함에 따라 최대의 호황을 누렸다. 당시 100,000 DWT[20]에서 150,000 DWT 규모의 VLCC을 건조할 수 있는 국가는 일본과 영국뿐이었다. 일본은 17개의 조선소, 영국은 8개 조선소에서 VLCC를 건조할 수 있었다. 1960년대 기술혁신을 달성한 일본의 탱커가격은 영국보다 15~20% 저렴하였으며 서독과 스웨덴보다 50% 정도 저렴하였다. 결국 수에즈

20) Deadweight Tonnage(DWT): 선박이 적재할 수 있는 화물의 중량을 의미하는 재화중량톤수.

운하 사건으로 일본 조선업계가 19세기 세계 최대 조선왕국인 영국을 제치고 조선 강국으로 우뚝 서게 되었다. 이러한 격변기에 한국, 중국 등의 국가들이 틈새시장을 노리고 세계의 조선 시장에 진입하고 있었다.

조선산업에서 신조선 발주는 세계경제의 동향과 해운산업 선주들의 투기적 수요에 의해 민감하게 이루어진다. 영국과 일본의 사례에서도 이러한 사실을 입증하고 있다. 영국은 1904년부터 1910년까지 해외무역량이 증가하면 선박 건조량이 증가하는 양의 관계였지만 1910년 이후 1917년까지는 마이너스 관계에 있었다(Todd, 1985, pp.218).

Suez운하가 봉쇄되고 세계 무역량이 급증하면서 1970년 초반 일본 조선소들은 선주들로부터 엄청난 VLCC, ULCC(초대형유조선)의 주문을 받게 되었다. 일본의 조선업계는 1971년도 394만 GRT[21])를 수주하였는데 이는 1970년의 3배 규모이다. 그러나 1973년 제1차 석유파동을 계기로 선주들의 투기적 수요는 급격히 감소되었다.

이와 같이 조선산업은 경제 외적인 변수에 따라 호황과 불황이 반복하는 구조적인 특징을 지니고 있다. 특히 선주들의 투기적 수요는 신조선 발주의 예측을 어렵게 한다. <그림 15-1>은 1970년대 세계 선박 수주 주문량과 건조량을 보여준다.

창업자 정주영이 울산에 현대조선소를 건설할 당시인 1972년도는 조선산업의 최대 호황기였다. 그러나 전 세계 선주들의 주문은 제1차 석유파동을 겪으면서 세계 조선업계에 불황이 다가왔다. 수주량은 1972년 7,360만 GRT에서 1981년 1,190만 GRT로 급격히 감소하였으며 선주에게 인도된 건조량은 1972년 3억 410만 GRT에서 1981년에 1억 680만 GRT로 40% 이상 감소하였다.

---

21) GRT는 선박의 크기를 표시하는 단위로서 용적을 나타낸다.

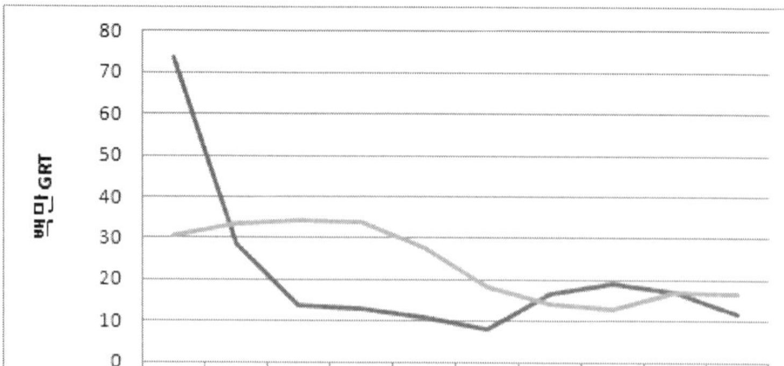

년도	1973	1974	1975	1976	1977	1978	1979	1980	1981
주문	73.6	28.37	13.79	12.94	11.09	8.03	16.84	18.97	17.23	11.9
완성	30.41	33.54	34.2	33.92	27.53	18.19	14.29	13.1	16.93	16.8

출처: Todd (1985)

〈그림 15-1〉 1970년대 세계 선박 수주 주문량과 완성

2. 창업가의 기업가 정신

1) 창업자의 비용탐색(Cost Discovery)

60년대 해외 건설업으로 수많은 시련과 도전을 극복한 창업자 정주영은 새로운 사업으로 조선소 건립을 구상하였다. 정주영의 사전 조선소 탐색은 1960년대 말부터 시작되었다. 당시 정주영의 회고(정주영, 1985, pp.213)는 다음과 같다.

> 나는 틈틈이 세계 각국의 조선소를 돌아다녔어요. 1966년도에는 일본의 요코하마조선소, 가와사키조선소, 고베조선소를 시찰하였습니다. 그리고 1971년 크리스마스 사흘 전에, 북해 연안에 있는 노르웨이의 한 조선소를 모터보트를 타고 견학을 했습니다. 그곳에서 거대한 VLCC(대형 유조선)를 만들고 있는 모습을 보고 나는 큰 감명을 받았습니다. 몹시 춥고 바람이 세차게 불어대는 속에서 밤일을 하면서 블록을 조립하고 있는 모습은 장엄하

기까지 했습니다. 거기서 나는 우리보다 훨씬 잘사는 사람들도 이렇게 열심히 일하는데 우리도 한시 바삐 일을 시작해서 그들을 따라가야겠다. 그리고 우리 한국인은 부지런하기 때문에 반드시 해낼 수 있다는 생각으로 가슴이 설레었습니다.

창업자에게는 시장진입의 타이밍이 중요하다. 1960년대 후반에는 세계무역이 늘어남에 따라 선박 수주량도 계속적으로 증가하여 지속적인 호황을 누리고 있었다. 앞에서 서술하였듯이, 일본에서 새로운 블록 선박건조 공법의 개발에 따라 신조선 수주량이 폭발적으로 늘어났다. 이러한 상황에서 저렴한 노동력을 보유한 우리나라도 선진국 기존 회사와 제휴해 기술과 경험을 보완하면 신예 조선사가 될 가능성이 컸다. 1971년 제조업의 시간당 임금은 한국이 0.2달러, 일본 1.23달러, 미국은 3.57달러 수준이었다(자료 ILO, 1985).[22)]

마침 1960년대 말 세계 해운시장은 중동전쟁과 수에즈운하가 봉쇄되면서 VLCC의 수요가 급증하였으며, 이것은 곧 우리나라 조선산업 발전의 신호탄이 된 것이다. 창업자 정주영은 1969년 초 현대건설 내에 조선산업 추진 팀을 발족시켜 조선산업에 대한 본격적인 준비를 시작했다. 창업자 정주영이 생각한 배의 원리는 간단했다. 선박이라는 것이 철판으로 큰 덩치의 탱크를 만들어 바다에 띄우고 동력에 의한 추진력으로 달리는 것에 불과하다는 생각이었다.

1960년대 후반 국내 조선공업은 연안용 목선이나 소형 강선을 제작하는

---

22) 조선산업은 제철이나 석유화학공업과 같이 막대한 설비자금이 필요하지만, 고도의 기술과 생산 공정 자동화도 필요로 한다. 조선산업은 구조적으로 완전자동화가 불가능하다. 선박이나 해양장비는 규모가 크고, 용도에 따라 다양한 기능과 형태가 요구되므로 건조공정이 복잡·다양하여 자동화 제작에 한계가 있을 수밖에 없으며, 주문생산이므로 대량생산이 불가능하다. 또한, 세계가 단일시장이므로 국제경쟁력의 확보가 매우 중요하며, 바다라는 특수 환경에서 사용되고 종류에 따라 건조비용이 수천억 원에 이를 뿐만 아니라 고도의 안전성과 신뢰성, 정밀성이 필수적으로 요구되는 특징을 지닌다. 당시 한국은 세계 조선시장의 절반을 장악하고 있던 일본보다 노임이 1/4밖에 안 되는 풍부한 노동력을 활용할 수 있는 유리한 여건을 갖고 있었다(현대중공업사, 1992).

정도로써 현대가 구상하는 대단위 조선소와는 거리가 멀었다. 1969년 당시 국내조선 능력은 최대 12,000GT(등록 총톤수)에 불과했다.

현대는 외국의 선진 조선업체들과의 합작으로 대형 조선소를 설립하기로 방침을 세우고 일본의 미쓰비시사, 이스라엘의 팬 마리타임사 및 노르웨이의 아커그룹 등과 조선소 합작 설립을 추진했으나 이들 회사가 조선소의 운영권을 요구해오자 합작 투자를 포기하고, 장기 저리의 차관을 도입하여 독자적으로 조선소를 건설하기로 방침을 바꾸었다.

당시 일본은 우리나라 해운업 현실에 비추어 5만 톤급 선박의 건조능력만 갖추면 충분할 것이라고 주장했다. 그러나 창업자는 50만 톤 규모의 조선소를 구상하고 있었다. 만약 일본의 주장을 그대로 수용했더라면 국내 조선산업은 일본의 그늘에서 벗어나지 못했을 것이다.

현대는 부지선정 작업에 착수하고 판매 및 기술제휴 회사를 물색하는 한편, 조선사업 전반에 대한 마스터 플랜을 작성하는 등 조선소 건설 사업을 구체화시켜 나갔다. 조선소 건설은 기계설비보다 토목건축의 비중이 컸다. 주력 사업이 건설업이었던 현대건설이 조선소 건설에 참여하여 20년간 축적해온 건설의 노하우를 활용한다면 조선소 건설에서 큰 비중을 차지하는 항만, 드라이도크, 안벽공사를 선진국의 절반 비용으로 할 수 있고 국제경쟁력도 확보할 수 있다는 판단이었다. 문제는 시간과 자금이었다. 창업자 정주영은 외국 차관을 얻고 작업 물량을 미리 확보해 조선소 건설과 선박건조에 드는 비용을 충당한다면 국제 경쟁력의 우위를 확보할 수 있다고 판단하였다. 선박 건조와 조선소 건설을 동시에 진행하는 전략으로, 건설업 경험이 전혀 없는 기업으로서는 상상도 할 수 없는 발상이었다.

2) 울산 현대조선소 설립

1970년 당시 우리나라는 외화가 부족했던 상황이라 조선소를 지으려면 외국에서 돈을 빌려야 하는데, 대형 선박을 만들어 본 경험이 없는 가난한 나라에 배를 주문하거나, 막대한 건설 자금(당시 추정액 8,000만 달러)을 빌려주는 나라는 없었다.

현대조선소는 1971년 9월에 영국의 A&P Appledore 및 Scott Lithgow조선소와 기술 및 판매협조 계약을 체결하는 한편, 1971년 10월에는 영국의 버클레이은행을 간사은행으로 하는 차관컨소시엄을 구성해 차관 계약을 체결했다. 창업자 정주영이 거북선이 그려져 있는 당시의 500원짜리 지폐를 사용한 일화나, 차관 지급 보증국인 영국의 수출신용보증국(ECGD: Export Credit Guarantee Department)의 승인을 받기 위해 조선소 건설부지로 예정된 울산 미포만의 잡초 우거진 백사장 사진 한 장과 5만분의 1의 지도 한 장, 그리고 Scott Lithgow에서 만든 26만 톤짜리 유조선 도면 한 장을 들고 세계를 누빈 일화는 유명하다. 1972년 3월 23일에 창업 자금 6,300만 달러 중 4,300만 달러 외자조달에 성공하여, 국내 최대 공사인 현대조선소를 기공하였다(정주영, 1991).

현대는 1972년 4월 10일에 그리스의 Livanos사로부터 26만 DWT급의 초대형 유조선 2척을 수주하여 1973년 3월 조선소 건설과 병행하여 초대형 유조선 1, 2호선 건조에 착수했다. 당시 국내의 선박 건조 경험으로는 대한조선공사가 건조한 1만 7,000 DWT급이 최대였던 만큼 수십만 DWT의 대형 선박을 건조한다는 것은 상상하기도 어려웠다. 그러나 현대는 이들 선박을 성공적으로 건조하여 1974년 6월 28일 조선소 1차 준공과 함께 이들 선박에 대한 명명식(1호선 애틀랜틱 배론호, 2호선 애틀랜틱 배로니스호)을 가졌다.

당시 선진국의 경우 울산조선소만한 규모의 조선소를 건설하려면 공장 건설에만 3년이 걸렸다. 또한 그렇게 조선소를 짓고 나서 선박을 건조하는 것이 통례이고 상식이었다. 당시 조선소를 다 짓고 배를 만들려 했다면 그 막대한 투자비용을 감당할 길이 없었을 것이며, 현대는 조선소를 짓다가 파산했을지도 모른다.

60년대 세계경제는 IMF-GATT체제의 자유무역 기조 하에서 전 세계의 무역량이 증가하고 있었다. 세계무역량이 지속적으로 증가하여 1973년도 및 1974년도는 유례없이 각각 전년도에 비해 38.8%, 47.2%씩 증가하였다. 이에 따라 세계 조선시장의 호황을 직감한 현대 조선소는 척 당 최대 건조능력 15만~25만 DWT급 규모의 조선소를 건설하려던 당초 계획을 대폭 수정하여 50

만 DWT급 이상의 VLCC을 건조할 수 있는 초대형 조선소를 건설하기로 결정했다. 현대는 1차 공사 70만 톤급 드라이도크 2기를 진행하면서 다시 확장공사를 시작해 1975년 5월 제3도크를 완공함으로써 척당 최대 건조능력 100만 DWT, 연간 건조능력 376만 DWT의 단일 조선소로서는 세계 최대 규모의 조선소가 되었다. 이러한 확장공사는 50년이 지난 현재 현대중공업의 경쟁력을 유지하는데 결정적인 원인이 되고 있다.

3) 위기극복과 신화창조

해외 차관을 성공적으로 유치한 뒤 조선소를 설립하는 작업에 현대그룹내의 풍부한 자원을 동원하였다. 창업자 정주영은 세계 일류 기술자와 최고의 기술자를 선호하는 글로벌 마인드를 갖고 있었다. 그는 현대조선소 초대사장으로 외국인인 스코(J W Schou)를 영입하였다. 그는 덴마크 사람이다. 덴마크가 원래 농업국가지만 우리하고 비슷한 환경에서 '오덴세 조선소'를 만들어 세계적으로 명성을 얻고 있었다. 그는 그 조선소의 기술이사로 있었다. 현대조선소가 그를 채용하면서 유럽의 최신기술을 우리나라에도 적용할 수 있었다. 그리고 현대건설과 현대자동차 등 그룹회사의 유사계통 경력자를 현대조선소에 투입하였다. 대한조선공사의 우수한 기술 인력을 확보하는 동시에 신규 투자 프로젝트의 집행 경험이 있는 인사를 현대그룹에서 영입하였다. 특히 현대건설은 작업일정 방법을, 현대자동차는 재고 처리방법과 직원교육 기술을, 현대시멘트는 제어시스템의 기술을 현대조선소 직원과 근로자들에게 전수하였다. 현대조선소 도크 건설기술과 모델은 영국에서, 생산 노하우는 일본의 가와사키중공업에서 전수 받았다.

현대조선소 사업투자비용은 제1차 확장공사 당시 약 520억 원에 달했다. 그 이전까지 건국 이래 최대의 역사라 불리던 경부고속도로의 총건설비 430억 원보다도 1.2배가 많은 액수였다. 동시에 현대건설의 총자산 135억 원의 3.8배였으니 말 그대로 사운을 건 공사였다. 공사는 창업자 정주영이 직접 총괄하였다. 창업자 정주영은 서울에 꼭 참석해야 할 회의가 있을 경우를 제외하고는 공사기간 내내 울산에 머물며 공사를 지휘하였다.

현대조선소는 조선 선진국에서도 유례가 없는 짧은 시간 안에 VLCC 두 척을 성공적으로 건조하고 조선소 도크 건설이란 두 개의 숙제를 한꺼번에 해결하는 진기한 기록을 남겼다. 이것이 세계 해운업계에 알려지자 일감은 늘어났다. 그것도 잠시일 뿐이었다. 앞날에 조선소 건설에 이은 또 한 차례의 사운을 건 대도전이 기다리고 있었다.

전 세계에 불어 닥친 제1차 석유파동과 함께 세계 선박 수주량이 급격히 감소하였다. 1974년 2척의 VLCC 수주를 받았지만 다시 VLCC 수주가 재개된 것은 그로부터 12년 뒤인 1986년의 일이다. 조선소 설립 후 현대조선소가 겪은 시련은 누구도 예측하지 못하였다. 포항제철이 설립 이후 초기 10여 년간 국내 수요만을 담당했던 사실을 감안할 때, 전적으로 해외수출을 목표로 1973년에 건립한 현대조선소가 겪었던 시련과 여건은 무척이나 혹독한 것이었다.

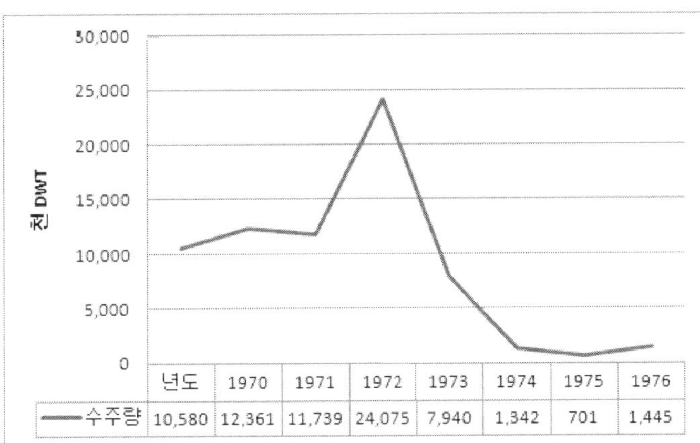

출처: Todd(1985)

〈그림 15-2〉 탱커선 신 수주량 1970~1977

<그림 15-2>는 전 세계 탱커선 수주량의 추이를 보여준다. 수주량이 1972년을 정점으로 1975년에는 1972년도의 3% 수준으로 급격히 하락하였다. 당시 한국의 탱커선 수주량은 1974년 1억 9,690만 DWT를 정점으로 1983년에는 700만 DWT로 급격하게 감소하였다.

전 세계 선박 수주 감소로 현대조선소 및 국내 조선업계들은 구조조정을 해야 했다. 한국의 조선업계들은 생산방식의 표준화와 제품생산 공정혁신(process development)을 통하여 가격 경쟁력을 향상시키면서 기존 조선에서 수익성이 좋은 선박으로 생산체제를 전환하였다. 한국은 짧은 기간 내에 선박의 다변화를 추구하였다. <표 15-1>과 같이 1983년 일본은 전 세계 수주량의 40.4%를 차지하였다. 컨테이너선의 비중이 전 세계 수주량의 22.5%, 탱커 24.1%, 벌크선박이 50.2%로 벌크선박 비중이 다른 종류의 선박보다 2배 이상을 차지하였다. 한국은 일본에 비해 수주 선박의 종류에 있어 훨씬 더 다양하였다. 한국은 전 세계 수주량의 13.3%를 차지하였는데, 컨테이너 선박은 전 세계 수주량의 11.7%, 탱커선박은 12.7%, 벌크선박은 13.8%을 차지하고 있었다. 벌크선박은 표준화된 선박으로 다른 선박에 비해 디자인과 설계가 단순하다. 일본이 벌크선박으로 세계시장의 50%를 차지했다는 것은 선박의 표준화를 이루어 선박 제조비용을 절감했다는 것을 의미하지만, 한편으로는 선박설계와 디자인의 개발을 소홀히 하였다는 것을 의미한다.

선박의 설계는 선주의 요구에 따라 다양하며, 고부가 가치의 선박은 고도의 설계기술을 필요로 한다. 결국 표준화된 선박에 치중한 일본은 1980년대 초부터 선박 전문 설계사의 인원이 대폭 감소하면서 조선기술의 경쟁력을 잃게 되었다.

〈표 15-1〉 1983년 주문된 선 종류(세계 수주량의 %)

	컨테이너선	탱커선	벌크선	총
일본	22.5	24.1	50.2	40.4
한국	11.7	12.7	13.8	13.3
영국	1.1	1.8	2.1	1.9

출처: Todd (1985)

선진 조선국들은 70년대 불어 닥친 불황의 여파로 조선소를 통합하거나 폐업했다. 그러나 한국은 불황 속에서도 공정의 혁신과 선박의 다변화를 통하여 조선산업을 꾸준히 성장시키고 있었다. 이때 소위 일본에서 산코(三光)

붐이라고도 부르는 조선업계의 작은 호황이 있었다. 70년대 후반부터 제1차 석유파동의 여파에서 벗어난 세계 해운업계는 그 사이 유휴 선복량이 대폭 줄어들고 또 국제해상협의기구가 유조선의 기름 유출방지시설 및 환경오염 방지시설을 의무화함에 따라 80년대 들어 신조선 발주량을 늘리기 시작했다. 그러나 1979년의 석유파동의 여파로 1983년 당시 세계 해운경기는 불황 상태였다. 당연히 신조선 발주도 줄어들 것으로 예상되었으나 예상은 빗나갔다. 일본 최대 해운회사인 산코기센(三光汽船)이 예상되는 조선불황을 선대 개편의 호기로 보고 일거에 100척 이상의 선박을 발주한 것이 도화선이 되어 세계 각국의 해운회사들이 신조선 발주에 나선 것이다. 이것을 산코(三光) 붐이라고 부른다. 선주들은 일본 조선소에 발주하려 했지만 이미 산코(三光) 물량으로 일본의 도크가 차 있는 상태에서 주문이 한국으로 몰리고 그 결과 1983년 한국의 신조선 수주량은 전년 대비 3배 이상 늘어났다. 이러한 조선 미니붐에 힘입어 현대조선소가 1983년에 66척, 207만 5,000GT의 선박을 신규 수주하면서 전 세계 수주량의 10.6%를 차지하였다. 이것이 계기가 되어 현대조선소가 세계 제1의 조선업체로 부상하게 되었다.

4) 주베일 산업항 공사

1970년대 초 현대건설이 현대조선소와 현대자동차 공장을 지으면서 엄청난 투자를 한 탓에 자금 사정이 나빠졌다. 무엇보다 석유파동 이후의 VLCC 주문 감소와 국내외 경기 위축으로 현대는 위기를 맞이하게 되었다. 창업자 정주영은 앞으로 다가오는 시련에 대한 준비하고 있었다. 정주영은 해외 건설시장을 탐색하던 중 달러를 벌기 위해 중동으로 가야 한다고 판단했다. 달러가 세계 최대의 석유시장인 중동으로 몰리고 있기 때문이었다. 주위의 반대도 거셌지만 정주영은 중동시장 진출에 자신을 갖고 있었다. 다시 한 번 그는 모험을 하였고, 그의 예상은 적중했다. 중동시장 진출 이후 1975년에 바레인의 아랍수리조선소를, 12월에는 사우디 해군기지 해상공사에 착공하였으며, 1976년 7월에 있었던 사우디 주베일 공사에 입찰에서 성공하였던 것이다.

세계 최대 초대형 심해 공사인 사우디 주베일 산업항(Jubail Harbor Port)공사는 공사 규모는 차치하고 육상과 해상에 걸쳐 토목 부문의 거의 모든 공정과 건축, 전기, 설비 부문을 총망라한 종합공사였다는 것으로도 특기할 만하다. 주베일 산업항 공사는 50만 톤급 유조선 네 척을 동시에 접안시킬 수 있는 해상 터미널 공사였다. 정박시설을 위한 철 구조물 하나만 해도 가로 18m, 세로 20m, 높이 36m로 무게 550톤이며 제작비는 당시 5억여 원이었고, 웬만한 10층 빌딩과 규모가 같았다. 주베일 산업항공사에는 이 철 구조물이 89개가 필요했다.

현대의 '공기 단축'을 포함한 치밀한 사업계획서는 20세기 최대의 공사인 사우디아라비아의 주베일 산업항 공사에서도 그 효과를 발휘하였다. 1976년 입찰결과 발표장에서 사우디아라비아의 관리는 "현대건설의 사업계획서는 완벽하다. 특히 44개월의 공사 기간을 조건 없이 8개월 단축시키겠다는 제의에 감명을 받았다(정주영, 1991)"고 고백했다. 주베일 산업항 공사는 결국 현대로 낙찰되었다. 영국 버클리은행을 감동시킨 '공기 단축' 사업계획서가 6년 뒤 다시 한 번 적중한 것이다.

'20세기 최대 역사'로 평가되는 주베일 산업항 공사는 9억 3,000만 달러 규모이다. 1976년 환율로 4,600억 원 정도로 그 해 우리나라 예산의 50%에 해당하는 액수였다. 1976년에 우리나라 한 해 수출액이 77억 달러였고, 1975년 한국의 해외건설 수출액이 8억3,000만 달러였던 점을 감안할 때 이 공사의 규모는 엄청났다. 현대중공업사(1992, pp.159)에 따르면 당시 GNP 증가액에 대한 기여도는 1976년 4.5%에서 1979년에는 11.0%로 증가하였다.

최초의 해외 대형 해양 공사인데다, 우리나라에서는 전혀 시공 경험이 없었던 해상 초대형 유조선 정박시설 공사였다. 공기 단축을 위해서는 신속한 수송체계가 필수적이었다. 정주영의 구상은 이 공사에서 소요되는 철구조물 전부를 울산 현대조선소에서 제작해서 해상으로 운반한다는 것이었다. 현대중공업 이춘림 회장의 회고는 다음과 같다.

정주영 회장은 귀중한 오일 달러를 단 1달러라도 절약하려고 노력하였다.

만일 철구조물들을 사우디 현지에서 제조한다면 아까운 달러가 해외에서 새는 것이다. 정주영 회장의 의지에 많은 경영진들은 찜찜한 얼굴이었지만 우물쭈물할 여유가 없었다. 결국 필요한 철 구조물 뿐 만 아니라 시멘트 블록까지도 현대조선소 철구사업부에서 제작하여 모두 89개를 바지 선에 싣고 터그보트(Tug-boat)로 울산 조선소에서 자그마치 1만2천km 되는 현장까지 끌고 갔다. 보통 사람들 같으면 상상도 못할 일이었다.

주베일 공사는 기술 축적 면에서도 많은 기여를 했다. 전 세계 극소수의 독점분야였던 해상구조물의 시공 기술도 주베일 공사를 통하여 현대조선소가 습득할 수 있었다. 2006년도 현대중공업에서는 당시 세계에서 제일 비싼 부유식 해상설비(FPSO)[23) 제1호선을 완공해서 미국의 엑슨 모빌에 인도하였다.

주베일 공사로 인하여 풍부한 자금이 공급되고 기술이 축적되면서 현대중공업을 중심으로 세계적인 조선산업 클러스터가 울산에 형성되었다. 현대중공업은 조선사업본부, 해양사업본부, 플랜트사업본부, 엔진사업본부, 전기전자시스템사업본부, 건설장비사업 본부 등으로 구성되어 이들 6개 본부들의 기술과 네트워크의 잠재력은 현대중공업을 세계 최대의 조선소로 도약시키는 계기가 되었다. 현대중공업은 2019년 현재 중간지주회사인 '한국조선해양'과 조선·특수선·해양플랜트·엔진·기계 사업을 영위하는 자회사로 체제가 바뀌었다.[24)]

---

23) 부유식 해상설비는 바다 속 지하에 매장되어 있는 유정(油井, Oil Well)을 찾아 선박처럼 이동이 자유롭고(Floated), 시추(Drilling), 생산(Production), 저장(Storage), 하역(Off-shore)기능을 가진 부유식 복합 생산 시스템이다. 해상원유채굴설비는 육상 유정에서 원유를 채굴하는 방법에 비해 투자비가 많이 소요되는 단점이 있다. 국제원유가격이 배럴 당 70달러 미만에서는 사업성이 부족하다. 2010년경부터 미국에서 새로운 천연가스인 쉘(Shale)가스를 생산하면서 국제원유가격이 배럴 당 40~55달러 정도로 비교적 안정적인 상태에서는 해상원유채굴설비의 수익성은 악화되었다.

24) 현대중공업은 존속 법인인 중간지주사의 사명을 '한국조선해양'으로 바꾸고, 신설 자회사의 사명은 '현대중공업'을 쓰고 한국조선해양이 분할 신설회사의 주식 100%를 보유하는 물적 분할 방식을 채택하였다. 한국조선해양은 현대중공업그룹의 지주사인 '현대중공업지주'의 자회사로 그룹 내 조선사인 현대중공업·현대삼호중공업·현대미포조선을 거느린 중간 지주회사 역할을 맡게 되면서 현금화 가능한 자산 비율을 늘려 대우조선해양 인수에 필요한 자금을 용이하게 확보할 수 있다(출처, 나무위키).

최근 조선 산업의 환경은 크게 변화하고 있다. 그중에 대표적인 것이 친환경 선박에 대한 관심이 급증하고 있다. 특히 지구환경을 보호하여 온난화로 인한 태풍, 홍수 등의 기후변화를 예방하기 위한 노력이 유엔(UN: United Nations) 산하 해양안전기구인 국제해사기구(IMO: International Maritime Organization)를 중심으로 활동을 전개하고 있다. 국제해사기구가 시행한 새로운 규정에 따라 2020년 1월 1일부터 선박에서 배출하는 유황의 양을 줄여야 한다. 이에 따라 국제해사기구의 규정에 따라 대형조선소와 엔진메이커에서는 2020년 1월부터 선박에 장착된 추진엔진에서 발생하는 배출가스에 내포된 유황의 함유량을 줄이는 기술개발에 노력하고 있다.[25]

최근 국내 조선업계는 IMO 환경규제로 인해 LNG 추진선과 DF선(Duel Fuel, 듀얼 연료선) 등 친환경 선박의 물량이 늘어나고 있으며 이들 선박은 컨테이너선 등과 비교해 수익성이 우수하다. 세계 신조선 수주가 환경 규제, 특히 온실가스 배출 규제에 대응하기 위한 수요인 만큼 효율성과 성능에 대한 중요성이 높아지고 있기 때문에 국내 조선업의 새로운 기회가 될 것으로 전망된다.

5) 박정희와 정주영

한국 조선산업의 성공은 정부의 장기적인 안목과 정주영의 기업가 정신으로 세계 조선업계의 흐름을 파악하고 적시에 기회를 포착한 결과이다. 정부는 새로운 산업의 창업에 따르는 위험과 비용의 일부를 보존해 주면서 기업가의 모험을 적극 지원하였다. 잠시 여기서 짚고 넘어 가야 할 것이 있다. 혹자는 박정희 대통령이 1974년 중화학공업 선언에 앞서 현대를 지정해 조선

25) 배출가스에 내포된 유화함유량 줄이는 친환경 주신 선박 기술은 다음과 같다. 1. 이중연료엔진(Dual Fuel Enigine) 개발: 유황 함유량을 줄이는 대안으로 벙커 C유와 LPG연료를 모두 사용할 수 있는 이중연료엔진(Dual Fuel Engine). 2. 평형수 수처리 설비(BWTS, Ballast Water Treatment System) 3. 아황산가스 절감설비(SO3 Scrubber)이다. 국제해사기구(IMO)는 해양환경 오염을 예방하기 위해 다양한 방안으로 규제를 강화해 왔다. 가장 먼저 2020년부터 선박연료의 황 함유량 기준을 3.5%에서 0.5%이하로 강화 하였다. 이를 위한 절감설비가 개발되어 기존의 선박에 장착되고 있다(강석구 박사 자료에서, 2021).

소를 만들도록 권유했다고 한다. 그러나 정주영은 중화학공업정책 선언 훨씬 전부터 기업전략상 조선소 건설을 생각하고 있었다. 박정희 대통령의 조선소에 대한 집념도 대단하였다. 여기 이와 관련된 일화를 소개한다(정주영, 1998, pp.179).

> 1972년 3월23일 현대조선소 기공식을 했다. 조선소 도크 파기는 그 하루 전인 22일부터 시작하였다. 황무지에 천막 하나 쳐놓고 했던 기공식이었다. 당시 태완선 부총리가 사석에서 "조선소, 그거 어디 되겠습니까, 각하? 제가 보기에는 될 것 같지 않습니다." 이에 박정희 대통령은 호통을 치었다. "담당 부총리가 그런 말을 하면 어떡합니까? 아무리 어려운 일이라도 격려하면서 지원해야지. 생각 없이 하는 그런 말들이 바로 일을 어렵게 만든다는 거 모르시오? 앞으로 그런 말 다시는 입 밖에 내 놓지 말고 모두 다한테 그 조선소 반드시 된다고 말하시오."

박정희 대통령은 1975년 선조 중이던 3대의 VLCC의 인도가 취소되었을 때 현대상선이라는 회사를 만들도록 주선하였다. 그는 현대조선소가 파산함으로써 오랫동안 꿈꿔왔던 '조국 근대화'라는 원대한 목표가 사라지는 것을 가만히 놔둘 수 없었다. 박정희 대통령은 나름대로 한국의 조선공업의 발전을 위하여 최적의 기업가를 선택하였는데, 그 기업가가 한국의 조선산업을 성공적으로 창업하게 된 것이다. 박정희 대통령의 현명한 선택이었다. 정주영도 자신의 회고록에서(1998, pp.250) 박정희 대통령에 대하여 다음과 같이 서술하였다.

> 공통점이 많은 만큼 서로 인정하고 신뢰하면서 나라 발전에 대해서 같은 공감대로 함께 공유한 시간도 꽤 많았던, 사심이라고는 없었던 뛰어난 지도자였다.

만일 정주영이 전후방효과가 큰 조선공업을 성공시키지 못했다면, 우리나라의 산업 및 경제발전 인프라들은 얼마나 뒤쳐졌겠는가? 가령 국산 자동차의 생산, 조선공업 및 사우디아라비아 주베일 공사에서 현대가 참여하여 엄청난 철강을 소비하지 않았다면 포항제철(POSCO) 역시 오늘날과 같은 선진 우수기업이 되기는 힘들었을 것이다. 이는 정주영의 현대조선소 건설이 국가경제뿐만 아니라 우리나라 다른 산업의 발전에 있어서 크게 기여했다는 것을 의미한다.

3. 한국 조선산업의 위상

한국 조선산업의 성공은 창업자 정주영의 뚝심과 독자 개발의 의지로 이루어진 것이다. 현대조선소가 완성되었을 때인 1975년 세계 27위권에 있던 한국의 조선업계는 1993년부터 일본의 조선업계를 제치고 1위로 올라섰다. 2020년 현재 세계 1위인 한국의 조선산업은 전후방산업과의 연관효과가 크게 발생하며 노동집약적·자본집약적·수출기여도가 높은 산업이다. 전방산업으로 해운·에너지·레저산업, 후방산업으로 철강·기계·전기전자·화학·비철금속 등이 존재한다.

조선업은 선주의 발주에 의해 선박을 건조하는 주문 생산방식의 산업이며, 수출선박 건조 시 외화획득과 수출기여도가 높은 산업이다. 조선업 수출액(비중)은 2016년 342억 달러(6.9%)에서 2017년 422억 달러(7.4%)이며 참고로 2017년 업종별 수출액은 1위는 반도체 979억 달러, 2위 조선업 422억 달러, 3위는 자동차로 417억 달러를 기록하였다.

한국의 조선산업은 수주, 건조, 수주 잔량 등의 지표에서 뿐만 아니라 선박 조선기술도 세계 조선산업을 주도하고 있으며 탱커선, 컨테이너선, LNG선, FPSO(해양설비), 그리고 초대형 선박 등 고부가가치 선박이 건조되고 있다. 영국의 조선·해운시황 분석기관 클락슨 리서치가 2020년 국가별 선박 수주 실적을 발표하였는데 이를 한중일 3국의 수주량 및 점유율 추이를 정리하면 <표 15-2>과 같다. 2020년 한국 조선업의 수주 세계 점유율은 43%를 기록하여 세계 1위이며 다음은 중국 41%, 일본 7%순이다.

〈표 15-2〉한중일 3국의 선박 수주 점유율 추이

연도/국가	韓	中	日
2011	**1위(40%)**	2위(35%)	3위(12%)
2012	2위(32%)	**1위(35%)**	3위(16%)
2013	2위(30%)	**1위(43%)**	3위(16%)
2014	2위(29%)	**1위(37%)**	3위(22%)
2015	3위(26%)	**1위(32%)**	2위(30%)
2016	3위(16%)	**1위(36%)**	2위(17%)
2017	2위(26%)	**1위(42%)**	3위(12%)
2018	**1위(38%)**	2위(31%)	3위(20%)
2019	2위(34%) *980만CGT	**1위(34%)** *983만CGT	3위(17%)
2020	**1위(43%)**	2위(41%)	3위(7%)

출처: Clarkson, 녹색경제신문(http://www.greened.kr)

제16장_ 자동차산업

자동차산업은 유럽에서 시작된 후 대서양을 건너 미국에서 꽃을 피우고, 다시 태평양을 건너 일본에서 제2의 전성기를 맞이한 후, 한국에서 번성의 결실을 맺고 있다. 제2차 세계대전 후 세계 자동차산업의 판도를 좌우해온 것은 국민경제의 규모가 크고 자본과 기술에서 앞서가는 소수의 선진국들, 특히 미국, 서유럽, 일본 등지의 자동차업체들이었다. 1960년대까지만 하더라도 대부분의 제3세계 국가들은 자체의 힘으로 자동차를 생산하지 못하고 완제품을 그대로 수입하거나 선진국 자동차업체를 대행하여 생산하는 수준에 머물러 있었다. 현재 자동차를 독자 개발하여 미국시장에 진출할 수 있는 나라는 세계에서 10여 개국에 불과하고, 이 가운데 선진국을 제외하고는 개발도상국에서 성공한 국가는 한국이 유일하다.

자동차는 산업의 총체적인 기술 수준과 한 국가의 경제력을 그대로 보여준다. 한 나라의 경쟁력 및 기술 수준을 대표하는 종합 기계산업으로 무역수지에도 크게 기여하고 있다. 따라서 미국, 일본, 독일과 같은 선진국에서도 자동차산업을 대체할만한 산업을 아직 찾지 못했기 때문에 자동차산업을 정부차원에서 적극 육성하고 있다.

자동차는 2만여 개의 부품이 하나로 조립된 시스템 상품으로서 원재료에서 정비와 금융에 이르기까지 파급 효과가 가장 큰 제조업이다. 또한 자동차 산업은 기계, 철강, 전자, 유리, 섬유, 고무, 화학, 정유, 운수, 관광 등 전후방 연관 산업의 발전과 국가경제에 미치는 영향이 지대한 산업이기 때문에 산업 중의 산업(IOI: industry of industries))이라 불리며 자동차산업의 경쟁력은 국가의 경쟁력과 비례한다. 자동차를 완벽하게 만드는 나라는 항공기를 비롯한 무엇이든 완벽하게 생산이 가능한 나라이다.

조선산업과 마찬가지로, 정주영은 한국 자동차산업의 발전과정에서 탁월한 리더십과 기업가 정신을 발휘하였다. 한 기업인의 도전과 개척정신으로 건립된 현대자동차는 독자적 모델을 통하여 세계적인 자동차회사로 약진하고 있다. 본 장에서는 우리나라를 자동차 강대국으로 이끈 한 기업인의 성공사례에 대해 서술하고자 한다.

1. 한국 자동차산업의 역사

1945년 우리나라 광복의 거리에도 자동차는 있었다. 우리의 기술력에 의해 생산된 것들은 아니었다. 이후 다양한 자동차가 생산되었다. 6·25전쟁의 폐허를 딛고 1955년에 태어난 '시발(始發)자동차'를 시작으로, 1962년에 일본제 '새나라' 자동차가 등장하였고, 60년대 후반에는 신진자동차의 '코로나'가 생산되었다. 그로부터 60년이 지난 2020년 한국의 자동차들은 전 세계 승용차들이 경쟁하는 미국시장에서 각광을 받고 있다.

한국 정부의 자동차산업 육성에 대한 집념은 중화학공업 육성정책에서 잘 나타난다. 자동차공업을 중화학공업의 전략산업으로서 선정한 정부는 1973년 6월 30일 「장기자동차공업육성계획」을 마련해 한국 고유형 소형차 양산화계획을 수립했다. 이 계획의 목표는 자동차공업의 완전 국산화체제 및 수출기반 확립이었다. 그 주요 내용은 독자적이면서 저렴한 국산 소형차 개발, 자동차 국산화율 제고, 차종별 전문생산체제 확립, 부품공업 육성 등으로 되어 있었다. 특히 1,500cc 이하 고유 모델 자동차 생산을 적극 추진하고 이 조건을 충족하는 자동차 생산을 중점 지원한다는 것이다.

1973년 당시 국내 자동차 공장들은 영세한 생산체제 하에서 외제 차종의 부품조립을 하고 있었다. 정부에서 구상하는 경제적 생산규모를 갖춘 종합 자동차 공장으로 발전해 나갈 형편은 안 되었다. 부품공업이 발달하지 않은 상태에서 자동차공업 국산화는 요원할 수밖에 없었다. 정부는 영세한 자동차산업을 발전시키는 방안으로 한국 실정에 적합한 승용차 양산체제를 확립하는 것뿐이라는 결론을 내리고, 이러한 한국형 승용차 생산을 위한 사업계획서를 자동차 4사(기아, GMK, 아세아, 현대)에게 요구했다. 현대는 이미 고유모델차 생산을 위한 사업계획서를 만들어 놓고 있었고 이 계획서가 정부 시책방향과 일치했기 때문에 그 내용을 약간 추가 보완해 최단 시일 내에 사업계획서를 작성하여 제출할 수 있었다.

1980년 2차 석유파동은 한국의 자동차산업을 다시 위기로 몰아넣었다. 경제 불황에 대한 위기의식을 느낀 전두환 정부는 1980년 8월 집권하자마자 자동차산업에 대한 본격적인 통폐합조치를 단행한다. 정부 의도는 "자동차 부문에서 5개사나 난립해 연산 35만대의 생산설비를 구축했으나, 내수는 11만대 수준으로 가동률이 34%에 불과하다. 너무 많은 자동차 제조회사들을 승용차 1사, 상용차 1사로 통폐합 한다"는 것이었다.

정부의 조치는 처음부터 난항을 거듭했다. 가장 큰 문제는 승용차를 생산하고 있던 현대와 GM간의 불협화음이었다. 현대는 수출 확대를 위해 독자적인 승용차 개발에 나서면서 정부 측에 신기술을 자유롭게 도입할 수 있으며, 동시에 해외 시장을 독자적으로 개척할 수 있는 제도적 환경을 만들어 달라고 요청하고 있었다. 반면 GM측은 '월드 카' 개념을 도입해 GM이 개발한 소형차 생산 및 GM 계열사로부터의 기술 도입을 강력히 주장하고 있었다. 정부에서는 GM의 요구를 마땅치 않게 생각했으나 외국 기업인 GM의 반대를 무시할 입장도 아니었다. 결국 정부는 두 회사의 통폐합이 불가능하다는 것을 인정하고 승용차 생산업체를 현대로 통합하기로 결정했다. 이에 따라 현대자동차는 새한자동차를 통합해 승용차를 전문적으로 생산하게 된다. 현대그룹은 현대자동차를 지키기 위해 그동안 적극적으로 육성해온 발전설비 업종을 포기해야 했다.

정부는 난항을 겪고 있던 통폐합 조치를 수정해 1981년 2월 28일 '자동차공업합리화조치'를 발표한다. 내용 골자는 승용차 부문을 현대자동차와 새한자동차로 이원화하고, 동아차는 특장차 생산을, 기아산업은 1~5톤 트럭과 중·소형 버스 생산을, 그리고 8톤 이상의 트럭, 대형버스, 장갑차, 지프차 등 기타 차종은 이전처럼 자유 경쟁에 맡긴다는 것이었다. 이 같은 조치로 현대자동차와 새한자동차는 통합을 면하게 되었으나 기아산업은 지난 5년간의 승용차 생산을 끝으로 다시 상용차 전문 생산업체로 돌아가야 했다. 그동안 인기 상품이었던 승용차 '브리사' 시리즈와 계열사인 아세아자동차의 '피아트' 생산을 중단해야 하는 입장에서 소형 트럭만 생산해 회사를 운영한다는 것은 거의 불가능한 상황이었다.

1982년 이후 경기가 회복되기 시작하면서 업체들의 생산 확장계획도 순조롭게 추진되었다. 현대는 1985년에 포니엑셀 연산 30만대 규모의 공장을 준공하였고, 대우는 1986년 연산 17만대 규모의 공장을 준공하였다. 이에 따라 우리나라도 자동차 양산체제 단계에 진입하게 되었다. 한편 현대가 개발한 전륜구동 승용차인 포니엑셀이 1985년 11월에 캐나다에, 1986년에는 미국 시장에 진출을 시작하여 첫해에 20만 3천대를 판매하는 놀라운 성과를 거둠으로써 수출이 비약적으로 증가하는 일대 전기를 마련하였다. 이어서 1987년에는 대우가 르망을, 기아도 프라이드를 미국에 수출하기 시작하여 자동차 수출의 토대를 마련하였다.

1987년 1월에는 정부에서 생산차종규제를 철폐함으로써 전 차종의 생산 자유화와 수입 자유화가 이루어져 자동차업계는 자유 경쟁체제로 전환되었다. 아울러 자동차업계는 국외적으로는 국제경쟁력을 확보하는 데 성공하고, 국내적으로는 자동차 대중화시대의 도래에 따라 1988년에 100만대를 생산하여 세계 10위의 생산국이 되었다.

1980년대 초에 있었던 정부의 자동차공업 통폐합조치는 자동차회사로부터 큰 불만을 불러일으켰다. 특히 기아자동차의 피해가 컸다. 1986년 자동차공업 합리화 조치 해제 이후에 기아자동차도 승용차를 개발하지만, 자동차 통폐합조치에 걸려 83년부터 시작된 3저(저환율, 저유가, 저금리) 현상을 통한 미국시장 수출의 기회가 원천적으로 봉쇄되었다. 결국 기아그룹은 80년대의 대외적으로 수출하기 좋은 기회를 놓치게 되면서 1997년도에는 부도유예협약 대상 업체로 선정되었다. 법정관리를 받아오던 기아그룹은 1998년 현대자동차로 인수되었고, 양사의 통합 법인인 현대·기아자동차는 현재 국내에서 가장 큰 자동차 생산업체가 되었다. 한편 대우자동차는 국제통화기금(IMF) 관리체제 이후 미국 제너럴 모터스(GM)에 인수됐으며 스포츠유틸리티 자동차(SUV)를 생산하던 쌍용차와 삼성의 야심작 삼성자동차는 각각 중국 상하이기차집단(SAIC)과 프랑스 르노에 매각되었다.

2. 창업가의 기업가 정신

1) 현대자동차 설립과 비용탐색(Cost Discovery)

우리나라 자동차산업의 발전에 주도적인 역할을 한 정주영은 자서전 '이 땅에 태어나서(1998)'를 통해 "지금 생각해도 출발부터 오늘까지 자동차만큼 많은 시련을 겪은 사업은 없었다."고 고백한 바 있다. 승승장구하고 있는 한국의 자동차산업이지만, 그 역사의 굽이굽이에는 수많은 곡절과 좌절의 순간들이 숨어 있음을 읽을 수 있게 해주는 대목이다.

건설업을 통해 탄탄한 기반을 다진 정주영이 자동차공장을 설립하면서 해외 대 메이커와 제휴를 모색하였다. 정주영은 "이왕 기술 제휴할 바에는 자동차공업의 원조격이며 세계적으로 정평이 난 名門과 손잡는다."는 방침을 세웠다. 당시 세계자동차공업의 선두 메이커는 GM과 포드였다. 포드와의 협상이 진척되자 정주영은 협상과 회사설립 작업을 병행하였다.

현대건설 기획부는 1967년 11월부터 본격적으로 설립 작업을 추진, 12월 21일에는 자동차 생산공장 건설허가 신청서와 사업계획서를 정부에 제출했다. 정부는 1967년 12월 27일 현대의 자동차사업을 허가했다. 이어 정주영은

12월 29일 회사 창립총회를 열고 당시 현대건설 상무이던 친동생 정세영을 대표이사로 선임했다. 한편 정부는 "이미 허가된 신진, 아세아 이외에 현대를 자동차 제조업체로 추가, 자동차 제조업체를 3원화시키기로 했으며 더 이상의 공장건설은 허가하지 않을 방침"이라고 밝혔다. 현대자동차 설립은 정주영이 오랫동안 간직해온 꿈이 실현되는 출발점이었으며 現代로서는 그룹企業化의 태동이자 중화학공업 진출의 시발점이었다.

정주영은 평소 "한국은 자원과 자본이 빈약해 모든 산업의 기반인 원자재를 해외에서 수입해야 하므로 국내에서 만든 물건을 외국에 수출하지 않고는 부를 축적할 수 없다"는 신념을 가지고 있었다. 이는 우리나라 경제의 개발 전략인 수출경제체제와도 일치하는 것으로 수출에 대한 이 같은 기본적인 입장을 가지고 합작협상에 임하고 있었다. 그러나 포드의 생각은 달랐다. 포드의 한국 진출은 본래 시장 확충을 통해 자사 제품의 판매 확대에 뜻이 있었고 나아가 자신의 세계적 분업체계 가운데 한국을 단순한 부품생산기지로 편입시키고자 할 뿐이었다. 그러나 현대는 처음부터 종합자동차공장 건설에 목표를 두고 자동차공업 전반에 걸쳐 사업을 전개하고자 했다. 이처럼 현대와 포드 간에 합작회사 설립에 대한 본질적인 견해차가 드러나자 현대는 합작투자 자체에 강한 회의를 품게 됐다. 특히 정주영은 경영의 자주성이 없으면 기업의 장래성도 없으므로 어렵더라도 평소 그의 지론인 독자경영의 길을 모색하고자 했다. 결국 현대와 포드의 합작투자 계획은 1973년 1월 합작계약 인가가 취소됨으로써 무산되고 말았다. 그리고 아우 정세영에게 우리만의 노력으로 1백 퍼센트 국산 자동차를 새 모델로 만들어낼 방안을 세울 것을 지시하였다(정주영, 1991, pp.173).

2) 신화창조

포드와의 합작이 무산되자 현대자동차는 독자적인 자동차 생산의 길로 나간다는 결단을 내렸다. 3년여에 걸친 포드와의 협상을 통해 다국적기업의 실체에 대한 인식을 새롭게 했다. 다국적기업과의 합작을 통해서는 자동차 양산과 수출이 어려우며 부품공업 발전도 기대할 수 없고, 다국적기업은 합작회사가 경쟁자로 크는 것을 경계해 기술 이전에도 소극적이므로 실제 기술축적에도 큰 도움이 못 된다는 사실을 깨달았다. 특히 다국적 기업들이 합작협상을 통해 흔히 내세우는 배타적인 조건, 그 중에서도 그들이 진출해 있는 해외시장으로의 수출 불가 조건은 해외시장을 궁극적인 목적으로 삼고 있는 현대로서는 도저히 받아들일 수 없는 조건이었다.

협상 결렬 후 현대는 자동차산업은 국제규모의 양산체제를 갖추고 좁은 국내시장보다는 수출을 목표로 해야 한다는 계획을 수립하였다. 수출을 하려면 반드시 독자적인 고유 모델의 자동차를 생산해야 한다. '독자적인 자동차 생산'은 1973년 3월 회사 경영방침으로 결정되었다. 가급적이면 독자적으로 투자하고, 필요할 때에만 부문별로 기술을 도입하겠다는 정주영의 경영철학이 반영된 것이다. 정주영으로서는 수출을 목표로 한 울산조선소를 독자적으로 건설한 직후여서 자신감에 차 있었으며, 자동차사업도 그 활로를 세계시장 진출에서 찾아야 한다는 강한 신념을 갖고 있었다.

현대자동차는 고유 모델 승용차 생산을 위한 전략을 수립했다. 그 기본 골자는 첫째, 외국 설계전문회사와 용역계약을 체결해 차체설계를 의뢰하고, 둘째, 완성차 제작에서는 전문분야별로 외국인 전문가를 초빙해 자문토록하며, 셋째, 차체 스탬핑 및 금형 등 고도의 기술을 요하는 부분품은 1차에 한해 외국 전문메이커의 기술지원을 받아 개발하며, 넷째, 스탬핑 및 금형제작 기술은 해당요원의 해외훈련으로써 취득키로 한다는 것이다.

이 전략에 따라 현대자동차는 세계 최고의 기술력을 확보하려는 노력을 하였다. 자동차의 디자인은 이탈리아에 의뢰하고, 자동차 회사, 엔진, 트랜스미션 등의 주요 부품제작을 위해 영국자동차회사와 기술 계약을 체결하였다. 1974년 7월, 1단계 조선소 건설비를 훨씬 초과하는 1억 달러를 쏟아 부어 연산 5만6천대 규모의 국산 종합 자동차공장을 착공했다. 그리고 포드사와 결별하고 3년이 지난 1976년 1월부터 생산된 포니를 생산하여 수출하였다.

정주영이 고유 모델계획을 확고히 추진한 것은 성공시켜야 한다는 집념과 할 수 있다는 확신 외에도 한국 자동차 공업의 장래에 대한 사명감이 크게 작용했다. 그 사명감은 현대가 외국기업의 예속에서 벗어나 자립하는 것이다. 그리고 자동차공업을 수출산업으로 부상시켜 타 공업 발전을 촉진시키고 여타 동종업체의 자립에 기여한다는 것이었다. 이 계획은 투자규모가 큰 만큼 위험부담 또한 엄청나다는 점에서 死生決斷의 프로젝트였다. 그러나 국내 자동차 회사의 견제도 만만치 않았다. 이에 대해 정주영(1991, pp.173)은 다음과 같이 회고하고 있다.

> 역설적일 수도 있겠으나… 지금은 없어진 당시의 신진자동차공업사가 권력 기관을 끼고 우리의 시작을 적극적으로 저지하려 했다… 그 고충이 오히려 기필코 해내겠다는 굽힐 수 없는 의지를, 지지 않겠다는 투지를 덧붙여 주었다… 지금 와서는 오히려 고맙다는 기분이 든다. 그 때 그 사람에게 향한 고마움 비슷한 감사를 포드에게도 보내고 싶다.

3. 엔진개발과 미래자동차

엔진은 자동차에서 가장 핵심적인 부품이다. 엔진을 만드는 기술은 고도의 정밀성과 안정성이 뒷받침되어야 한다. 80년대 이전에는 우리나라 자동차산업은 기술 불모지에 가까웠다. 자동차 기술의 핵심인 엔진은 전적으로 외국 기술에 의존하고 있었다. 그러나 1980년대 이후 한국은 선박 및 자동차 엔진을 자체 개발하여 생산하기 시작하였다. 다음은 현대자동차의 엔진개발에 대한 이야기를 소개한다.

현대자동차는 1975년 이탈리아 디자이너 Giorgio Giugiaro가 디자인하고 미쓰비시에서 제공한 엔진을 이용하여 포니자동차를 만들었다. 엔진을 자체개발하기 위하여 현대자동차는 1984년 미국 제너럴모터스(GM) 자동차연구소에 근무하던 이현순 박사를 초빙해 5명의 연구원으로 엔진개발을 시작하였다. 당시 회사 내에서는 엔진 독자개발에 회의적이었다. 엔진 독자개발로 인해 미쓰비시와의 관계를 악화시켜 원활한 엔진공급을 방해하였다는 이유 등으로 엔진개발팀은 현대자동차 임원 및 직원들로부터 홀대를 받았다.

그러던 어느 날 2차 대전 당시 일본의 제로 전투기 엔진을 개발했던 미쓰비시의 구보 회장이 정주영 회장을 찾아와 엔진 개발을 중단하면 최신 자동차 엔진을 주겠다고 제안하였다. 정주영 회장은 이 제의를 거절하였다. 그 이후 1988년에 구보 회장이 또 다시 정주영 회장을 찾아왔다. 당시 현대자동차는 1년간 800만 달러의 이익을 냈으나, 그 중 450만 달러는 일본 미쓰비시에 로열티로 지불하고 있었다. 다시 경기도 마북리 엔진연구소를 폐쇄하면 로열티를 절반으로 깎아주겠다고 제안하였다. 정주영 회장 특유의 뚝심이 발휘되었다. 그는 일본의 거듭되는 제의를 거절하면서 엔진 자체개발에 확신을 갖게 되었고 엔진 개발을 더욱 격려하였다. 이후 구보 회장은 현대자동차의 엔진사업 진행과정을 살펴본 후 오카자키에 있는 미쯔비시 엔진연구소에서 강연하면서 "미쓰비시 직원들이 정신을 똑바로 차리지 않으면 10년 뒤에 현대자동차에 엔진을 구걸하러 갈 것이다"라고 예견하였다. 당시 미쓰비시의 직원들은 그 의견에 동조하지 않았다. 일본은 자동차산업이 시작된 초기부터 엔진사업에 뛰어든 반면, 현대자동차는 20여년에 불과한 짧은 역사를 갖고 있었기 때문이었다. 현대자동차는 결국 1991년에 1.5ℓ급 엔진인 알파엔진을 개발하는 데 성공했고, 그 해 과학기술발전에 기여한 공로로 제1회 장영실상을 수상하였다. 알파엔진 개발은 우리나라 자동차산업이 기술자립의 터전을 마련하는 계기가 됐다. 이후 베타, 델타, 오메가 등 현대자동차의 독자엔진 개발 역사는 계속됐다.

이들 엔진들은 당시 소음, 열효율, 무게 등 4가지 지표에서 세계 최고의 평가를 받았다. 최근 세계 굴지의 자동차 생산업체인 메르세데스-벤츠가 현대자동차의 유럽 전략차종인 'i30'의 엔진 공급을 강력히 요청하였지만, 현대자동차가 엔진을 공급해줄 경우 유럽시장에서 벤츠 브랜드의 소형차와 i30가 경쟁을 벌이게 되므로 벤츠의 요구를 들어줄 수 없었다.

현대자동차의 빠른 기술성장을 경고하였던 구보 회장의 예언은 적중하여, 10년 후인 2004년 미쓰비시가 현대자동차에 기술을 배우러 왔고, 1천억 원의 로열티를 지불하고 NF소나타 등에 탑재되는 2ℓ급 세타엔진 설계도면을 받아

갔다(이현순의 공학한림원 CEO포럼 강연, 2007).

1991년 1.5L급 알파엔진(α-Engine)이 개발된 이후 20년이 지난 현재 글로벌 자동차 시장에서 미래형 자동차 개발이 화두가 되면서 새로운 변화가 나타나고 있다. 현재 미래형 자동차와 가장 연관성이 높은 분야는 크게 세 가지이다. 첫째, 전기차로 대표되는 신(新) 에너지 자동차 분야, 둘째, 자율주행으로 대표되는 커넥티드 카(Connected Car) 분야, 셋째, 공유경제 분야다. 신 에너지 자동차 분야는 기존의 유류 엔진 기반의 차량에서 탈피한, 새로운 형태의 모터-베터리 기반의 차량을 의미한다. 하이브리드(HEV, 엔진과 모터가 조합된 차량), 플러그인 하이브리드(PHEV, 단거리는 전기, 장거리는 엔진 사용), 베터리 전기차(BEV, 모터와 전지로 운용), 수소 연료 전지차(FCEV, 수소를 연료로 전지와 발전기 운용)가 그것이다. 엔진과 석유에 대한 의존도가 점차 사라지고 새로운 분야로의 투자가 확대되고 있다.

자율주행 커넥티드 자동차 분야는 사물 인터넷(Internet of Things) 기반의 첨단 기술이 접합된 새로운 운용 방식의 차량이다. 인터넷으로 연결된 모든 기기들이 인간의 조작 없이 서로 대화(통신)하여 각종 상황에 자동으로 대처하는 시스템이 적용된 것을 말한다. 커넥티드 자동차는 생활의 편리를 위한 기술혁신 도입과 자동차 전장 부품의 확대 적용으로 자동차 중요 부품의 교체가 나타남을 의미한다.

공유경제로 대표되는 차량공유 분야는 차량 소유로 인한 비용을 없애고, 차량을 택시처럼 호출하여 이용하는 개념이다. 내 차가 없는 여행지 등에서 싸고 안정적인 이동수단으로 각광받고 있으며, 새로운 자동차 라이프 스타일을 창출하고 있다. 이후 자동차 소비시장의 중심축이 일반 소비자가 아닌 기업으로 이행하고 있음을 의미한다.

미래형 자동차는 어떤 모습일까? 상기에 밝힌 세 가지 개념, 신 에너지 차량, 자율주행, 차량공유의 개념이 조합된 것이 미래형 자동차일 것이다. 출근에 맞추어 공유차량을 호출하고, 호출된 차량은 자율주행을 통해 소비자의 집 앞에 예약된 시간에 도착을 할 것이다(참조 https://www.pressian.com). 그러나 이러한 미래는 시차를 두고 점차 다가올 것이다. 배터리 용량 한계와 수

소용 연료전지의 열 발생 문제 등과 같이 기술적 측면에서 발전이 아직 충분하지 않다는 점과 더불어 미래형 자동차산업과 관련된 다양한 방면에서의 준비가 부족하기 때문이다. 그러나 미래형 자동차는 생산 환경 전체에 큰 변화를 초래할 것이며 기존에 자동차 부품 중에서 엔진과 같은 부분은 사양되거나 완전히 새로운 개념의 엔진으로 바뀌게 될 것이다. 이로 인해 기업들의 통폐합이나 소멸 역시 발생할 것은 분명하다.

4. 한국 자동차산업의 위상

한국 자동차산업 성공의 바탕은 한국의 조선산업과 마찬가지로 창업자 정주영의 뚝심과 독자 개발의 의지로 이루어진 것이다. 1965년에 한국 자동차 생산량은 3천대에 불과했다. 45년이 지난 2009년 우리나라 자동차산업은 양과 질, 모든 측면에서 국제적으로 인정받고 있다. 1983년 현대자동차는 포니를 캐나다에 처음으로 수출하였고, 1986년에는 엑셀을 미국 시장에 수출하였다. 당시 엑셀은 Fortune지(紙)에 'Best Product #10'으로 선정되었다. 현대자동차가 1988년에 독자 개발에 성공한 소나타는 현대·기아자동차의 대표적 수출상품이 되었다.

세계 자동차 시장은 연간 1억대 규모이며 중국, 미국, 서유럽이 전체 시장의 65.4%하고 있으며 국내 브랜드의 시장 점유율은 약 7.7%로 세계 4위 수준이다.

2018년 한국자동차 수출금액은 409억 달러이며, 이는 한국의 전체 수출액 중 6.8%에 해당한다. 통계상 별도로 분류하고 있는 자동차 부품을 포함하는 경우에 수출금액은 640억 달러에 달한다. 한국의 전체 수출 중 무려 10.6%에 해당하는 수치이다. 수입 175억불로 465억불의 무역흑자를 달성하였으며, 36년 연속 무역흑자 행진하며 대표적인 무역수지 흑자산업이다. 2018년 한국의 수출품 목록에서 자동차는 반도체, 석유제품에 이어 3위에 올라 있다. 2만 여개 부품으로 생산되는 전후방 연관효과가 가장 큰 자동차산업은 제조업 생산의 13.6%, 고용의 11.8% 및 부가가치의 12.0% 차지(통계청 경제총조사 조사보고서, 2015)하고 있다. 제조업이 우리 경제에서 차지하는 비중이 30% 내외이므로, 국내 모든 경제활동의 4% 이상을 자동차가 담당하고 있는 셈이다.

자동차산업의 미래 기술과 연관되는 과학기술 분야는 이미 세계화가 많이 진행되고 있으며 다양한 기술들을 어느 한 군데 기업이 다 개발할 수는 없기 때문에 적절한 가격을 지불하고 기술을 사오는 것이 전 세계 기업들의 연구개발에서 하나의 패턴이 되고 있다. 즉, '기술융합'에 있어서 얼마나 창의적이고 자유로운 마인드로 다양한 기술들을 섞어 새로운 융합산업을 꽃피울 수 있는지가 중시되는 시대로 가고 있는 것이다.

우리 민족이 세계적인 자부심을 갖는 음식이 있다. 바로 비빔밥이다. 여러 재료의 무한 조합을 통해 여러 조합의 맛을 창조하는 음식이다. 이미 '비빔밥'적 자질을 충분히 발휘한 기술 분야는 휴대전화이다. 휴대전화에 TV를 집어넣고, 게임을 할 수 있도록 만든 것은 다른 음식 문화권에서는 불가능한 기술일 것이다. 훌륭한 '비빔밥'적 자질을 갖고 있는 우리 민족의 창의성과 다양성이 미래 자동차산업에서도 발휘되어 다시 한 번 국가경제에 큰 부를 축적하는데 기여하기를 기대해 본다. 이러한 행위의 선발 주체는 창업자의 기업가 정신을 이어받은 후배 창업자들이며 또한 국가경제를 짊어지고 가야 할 이들의 의무이다.

제17장_ 반도체산업

세계 반도체산업은 1947년 미국에서 트랜지스터가 발명된 이후 1958년에 IC(집적회로)가 최초로 발명된 것이 주효했다. 이후 1981년 PC, 1987년 휴대폰, 1997년 디지털 TV 등 새로운 문명인 디지털 혁명을 가속화시켜왔다.

반도체산업은 1980년 전후부터 활성화되어 D-RAM으로 대표되는 메모리산업과, 시스템 IC로 불리는 비메모리산업, 두 축을 중심으로 발전해 왔다. 메모리 반도체는 초기에 주로 PC에 쓰이다가 최근 모바일, 네트워크기기 등 타 정보통신기기로 수요가 확대되고 있다. 비메모리 반도체는 일명 주문형 반도체라고도 하는데 일반 가정, 휴대폰, LCD 등 다양한 영역에서 쓰인다. 최근, 반도체 기술은 메모리 및 비메모리 반도체 여러 개를 사용하여 시스템을 구성하는 기존의 구현 방식에서 시스템 운용을 위한 모든 핵심 기능들을 하나의 칩 상에 구현한 종합 반도체 즉, SoC(System On a Chip) 반도체로 변신하고 있다. 따라서 반도체산업은 디지털 가전과 통신은 물론 자동차산업, BT 산업 등 모든 산업의 성장을 위한 필수 기술로 활용분야가 확대되고 있다.

반도체산업은 태평양을 건너 일본에서 제2의 전성기를 맞이한 후 한국에서 꽃을 피우고 있다. 한국이 반도체산업에 뛰어든 것은 미국 등 선진국보다 30년 가까이 늦은 1970년대 중반이었다. 한국의 반도체산업은 국내 조그만

전자회사에서 시작하여 단기간에 세계 정상급 산업으로 발전하였다.

오늘날 반도체산업은 수출 1위 산업으로 우리 경제의 든든한 견인차이자 고용을 책임지는 사회의 안전판이 되고 있다. 그리고 한국 반도체산업의 성공은 한국을 휴대전화나, 컴퓨터산업 등을 기반으로 IT강국이 되도록 하는데 초석이 되었다. 한국 반도체산업의 발전은 철강, 조선, 자동차와 다르게 산업 발전 초기에 정부의 적극적인 개입보다는 민간 기업들이 적극 참여하여 이룩한 것이다.

창업자 이병철은 한국 반도체산업의 발전과정에서 탁월한 리더십과 기업가 정신을 발휘하였다. 한 기업인의 도전과 개척정신으로 건립된 삼성전자는 세계 반도체 업계의 매출과 기술발전에 있어서 많은 신화를 창조하였다. 본 장에서는 우리나라 반도체산업의 성공사례를 정리하면서 어떻게 한 기업인이 우리나라를 반도체 강대국으로 이끌었는지에 대해 서술하고자 한다.

1. 한국 반도체산업의 역사

한국 반도체산업은 1974년 10월 한국반도체가 준공한 부천 공장이 시초다. 한국반도체는 경영상 어려움으로 공장을 준공한 지 두 달 만인 12월 삼성전자에 인수됐다. 당시 국내 전자산업은 노동집약적 단순 조립 형태였다. 반도체를 비롯한 핵심 부품을 수입해 납땜으로 조립하는 수준에 불과했다. 핵심 부품인 반도체의 국산화 없이는 이러한 상황을 탈피할 수 없는 현실이었다. 국내 기술로 처음 개발된 반도체는 일명 '워치 칩' 이라 불리는 제품으로 전자 손목시계에 들어가는 반도체였다.

70년대 두 차례의 석유파동을 겪으면서 우리나라의 허약한 경제체질을 경험한 삼성전자 창업자 이병철은 미래 산업인 메모리 반도체 사업에 몰두하게 된다. 64K D램은 첨단 반도체사업 추진을 위한 첫 제품으로 사업 성패가 달렸다고 할 만큼 중요했다. 각고의 노력 끝에 삼성전자는 83년 11월에 64K D램 개발에 성공했다. 이로써 한국은 미국, 일본에 이어 세계에서 세 번째로 첨단 반도체 기술을 확보한 국가가 됐다. 삼성전자가 64K D램을 개발한 것은 선진국보다 이미 4년 반이나 뒤늦은 때였다. 이후 256K D램 개발로 기술격차를 3년으로 줄였고, 1M D램, 4M D램의 개발을 통해 지속적으로 격차를 줄여 나갔다. 마침내 삼성전자는 선진국과 같은 시기인 1989년 10월에 16M 램을 개발하는 데 성공했다. 삼성전자는 6년이라는 단기간에 5세대에 걸친 D램 개발에 성공하면서 기술 선두권에 서게 됐다. 1994년에는 한국 반도체 역사에 길이 남을 만한 사건이 발생했다. 한국의 삼성전자가 D램 산업의 패권국이던 일본을 제치고 세계 최초로 256M D램 개발에 성공한 일이다. 256M D램은 손톱만한 반도체 칩에 트랜지스터 2억5천6백만 개가 집적된 첨단 메모리 반도체 제품이다.

1990년대는 세계적으로 D램 산업의 격동기였다. 크게 구분하면 90년부터 95년까지는 호황기, 95년 이후로는 불황기라고 볼 수 있다. 실제로 90년 세계 D램 시장의 규모는 65억 달러에 불과했으나, 5년 만인 1995년에는 약 6.5배 커진 422억 달러로 급성장 했다. 1995년까지 D램 시장의 호황은 PC의 보급 확대와 윈도우 95의 등장이 주원인으로, PC의 주력 메모리로 사용되는 D램 제품의 수요가 급성장했기 때문이다. 이후 지속적인 불황으로 급기야 1998년 세계 D램 시장의 규모는 95년 대비 3분의 1수준인 150억 달러 규모까지 축소되었고, 1999년에 230억 달러, 2019년에는 622억 달러로 규모로 다시 급성장 하였다.

2. 창업가의 기업가 정신

1) 삼성전자 설립

삼성그룹이 전자산업에 투자하기 시작한 것은 1968년이다. 일본의 산요(Sanyo)와 기술 이전과 합작투자를 추진하여 1968년 10월 울산광역시 울주군 가천에 75만평과 경기도 수원에 45만평의 공장 부지를 마련했다. 이듬해

1969년 1월 자본금 3억 3,000만원, 직원 36명으로 삼성전자공업이 문을 열었다. 이어 TV세트를 만드는 삼성산요전기, 브라운관을 만드는 삼성NEC도 세워졌다. 삼성은 1974년 12월 6일 한국 최초의 웨이퍼(반도체 원판) 가공업체인 한국 반도체를 인수하고 일본 도시바의 기술 지원을 받아 반도체사업을 시작했다. 당시 경영진은 TV도 제대로 못 만드는 기술력으로 최첨단 사업에 뛰어드는 것이 무모하다며 반대했으나 이병철은 천연자원이 없는 우리나라가 살아남을 길은 하이테크 산업밖에 없다면서 과감히 투자를 결정했다. 반도체 사업에 투자를 하기는 했지만, 몇 년간 별다른 실적을 내지 못했다.

2) 창업자의 비용탐색(Cost Discovery)

1970년대 중화학공업에 참여하지 않고 제일모직으로 부를 축적한 이병철은 1980년대 들어와서 사업의 변신을 시도하였다. 치밀하고 꼼꼼한 성격의 이병철에게는 자신만의 비용탐색 방식이 있었다. 매년 연말 일본 동경에서 조용히 신년을 맞이하며 세계와 일본 경제계의 지난 1년의 회고와 신년의 전망에 관한 방송대담 등 특별기획프로들을 보면서 선진국 재계의 흐름을 파악하였다. 세계와 일본의 큰 흐름을 파악한 다음 삼성그룹의 진로를 구상하는 것이었다. 이러한 연례행사가 어느 때부터 시작되었는지는 확실치 않으나, 주변에서는 흔히 「동경구상」이라고 불렀다(강진구, 1996).

동경구상을 통하여 일본 재계의 동향을 철저히 알아보고, 우리의 실정에 비춰 사업 타당성을 검토하며 새로운 사업을 선정하였다. 재미있게도, 그는 미국에서 잘되는 사업이 일본으로 건너와 성공한다면 그 사업은 한국에서도 성공할 가능성이 높다고 판단하곤 했다. 이런 식으로 엄선해서 착수한 신규사업들은 모두 하나같이 크게 발전하였다. 그 중 대표적인 산업이 반도체산업이다.

이병철은 1981년 초, 일본 경제주간지에 실린 「미쓰비시 王國의 沒落」이라는 기사를 읽고 원문 그대로 임원들에게 나눠준 후, 독후감을 써내도록 했다고 한다. 그 기사의 내용은 당시 일본 최대의 재벌이었던 미쓰비시가 「輕薄

短小(경박단소)」를 지향하는 첨단산업에 발을 맞추지 않고, 재래식 「重厚長大(중후장대)」에서 헤어나지 못한 결과, 몰락해 가고 있다는 것이었다. 거기서 충격과 함께 삼성이 가야 할 길을 암시받은 것 같다(조남준, 2002).

1981년 하반기, 그는 그룹 전체 임원회의를 열고 장래 삼성이 가야 할 길이 첨단산업, 특히 반도체와 컴퓨터 사업이며 여기에 기업의 興亡(흥망)을 걸겠다고 선언했다. 그는 반도체산업이 발달한 일본의 예를 들면서 자원 빈곤, 우수한 인력, 근면과 끈기라는 재산을 갖춘 우리의 특성으로 볼 때 우리도 반도체산업에 성공할 가능성이 높다고 판단한 것이다.

삼성전자가 전환점을 마련한 것은 이병철이 1982년 3월 미국을 방문한 이후였다. 두 차례에 걸친 70년대의 오일 쇼크에 적절히 대처하지 못해 위축되어 있는 미국 산업계의 모습은 일본의 그것과 퍽 대조적이었다. 일본이 재빨리 하이테크에 주력하여 이른바 「중후장대」형의 산업구조를 「경박단소」의 산업으로 전환시켜 성공한 것이 더욱 뚜렷이 부각되었다. 이병철은 미국 방문을 마치고 귀국하자마자 반도체사업에 대한 전면적인 재평가를 하면서 기존의 반도체사업과는 별도로 메모리(memory: 기억소자)를 중심으로 하는 신규 사업계획을 수립하였다. 아날로그 방식에서 디지털 방식으로 기술이 전환되는 과정에서 정확한 전략을 수립하여 추진했던 삼성의 노력이 큰 성과를 거둔 것이다. 지금까지는 가전제품용의 LSI(Large Scale Integration: 대집적 회로)를 겨우 제조하는 단계에 도달했는데, 그보다 몇 배의 첨단기술을 요하는 VLSI(Very Large Scale Integration: 초대집적 회로)의 개발계획을 수립하였던 것이다(강진구, 1996. pp.213). 이는 삼성그룹의 주력사업이 반도체사업으로 전환되었다는 것을 의미한다.

이병철은 삼성그룹 전체의 운명을 걸고 성공이 불확실한 반도체사업에 대규모 투자를 단행했다. 그는 18개월이 걸린다는 VLSI공장을 6개월 만에 완공하라고 지시했다. 당시로서는 도박이나 마찬가지인 사업이었던 만큼 생사를 건 용단이 필요했다. 그는 조선, 자동차, 기계 같은 중화학공업뿐 아니라, 경공업 분야까지 자동화를 이룩해서 완벽하고 값싼 제품을 만들어야 한다고 판단하였다. 그러려면 자동화의 원료가 되는 반도체에 온 힘을 쏟을 수밖에 없다고 본 것이었다.

3) 창업가의 기업가 정신

초기의 창업자들은 사업 계획에 확신이 섰을 때 전 재산을 투자하는 경향이 있다. 제일제당과 제일모직으로 성공한 삼성은 반도체사업에 8,000억 원 규모의 대규모 투자를 계획했다. 삼성그룹을 몽땅 팔아도 부족한 거액이었다. 이는 조선산업 분야에서 정주영이 전 재산을 현대조선소 건립에 투자한 것과 유사하다. 사운(社運)을 걸고 반도체사업에 뛰어든 삼성의 문제는 어떻게 빨리 초기 전략제품인 메모리제품의 경쟁력을 확보하느냐 하는 것이었다. 미 · 일 간에는 이른바 '반도체 전쟁'이 날로 치열해져 철저한 기술보호주의가 팽배해져 가고 있었다. 최첨단 기술의 도입 없이는 메모리사업을 추진할 수가 없었다.

이병철의 치밀한 성격과 용인술은 반도체 신규 사업에서 그 힘을 발휘하였다. 삼성에서 작성된 당시의 반도체 사업계획의 요지는 미국 Micron Technology사에서 칩 설계기술을, 일본 Sharp사에서 공정 기술을 도입하여 64K D램을 개발하는 것이다. 그리고 자체 기술을 확보하기 위한 방안으로, 사내의 가용한 모든 고급 두뇌를 한곳에 모아 반도체를 집중 연구 개발하도록 하는 전략을 채택하였다.26)

국내에서는 VLSI 양산공장 건설에 착수하고, 첨단기술의 확보와 판매를 위해 미국에 연구개발 센터와 시제품 생산설비를 갖춘 현지법인을 설립하였다. 반도체사업의 조기 발진을 위해 미국 현지법인 설립과 국내 공장건설이 동시에 진행되었다. 1983년 7월에 반도체산업의 본고장인 실리콘 밸리에 현지법인 Tristar Semiconductor Inc.가 문을 열었다. 이 법인은 85년에 삼성세미

---

26) 64K D램 개발의 공로가 높이 평가되어 84년의 제1회 기술진흥확대회의에서 개발의 주역인 이승규 이사가 동탑산업훈장을 받았다. 또 제17회 「과학의 날」에는 개발 총책임을 맡았던 이상준 박사가 역시 동탑산업훈장을 받았다(강진구, 1996). 당시 메모리반도체라고 해도 거기에는 D램과 S램, 마스크 롬, EP롬 등이 있는데, 그 중 어느 것을 할 것이냐가 문제였다. 당시 경험으로 봐서는 비록 가격경쟁이 치열하고 공급과잉이 예상되더라도 시장규모가 큰 D램이 가장 유리하다는 결론이었다. 물론 이러한 결론을 도출하는 것까지는 쉬운 일이 아니었다.

콘덕터 인스티튜트(SSI)로 개칭되었다. 한국인 과학자를 중심으로 중국, 일본, 베트남, 인도 등 동양인 고급인력 32명을 확보하였다. 건물도 확보하여 최신의 연구시설을 갖추었고, 최신 파일럿 생산설비도 구입해 설치하였다. 개발에 필수적인 공정개발 전문기술자와 개발된 제품을 시험 생산할 생산 전문요원 75명도 동시에 채용했다. 그들에게는 64K D램의 개발과제가 부여되었다.

국내에서는 경기도 시흥에 10만평의 공장 부지를 확보하여 9월에 기공식을 가졌다. 이때부터 24시간 쉬지 않는 돌관공사가 진행되었다. VLSI사업이 본격적으로 개시되자 부천의 반도체사업부의 국내 기술진도 가만히 있을 수가 없었다. 83년 5월, 국내에서는 64K D램 개발팀이 구성되었다. 미국의 Micron Technology로부터 칩을 도입해 조립 공정부터 개발하기 시작했다. 그동안 트랜지스터와 LSI칩의 조립경험이 있었기 때문에 약간의 시행착오는 있었으나 40여일 만에 조립공정 개발에 성공하였다. 이미 외국에서 특채되어 부임한 이종길 박사를 중심으로 조직된 64K D램 개발요원들이 설계하고, 부천공장에서 조립하여 생산하였다.

우여곡절 끝에 1984년 4월 1일에 세계에서 세 번째이자 한국 최초의 반도체 64K D램이 경기도 용인군 기흥공장에서 생산되기 시작되었다. 그러나 곧 삼성은 위기를 맞게 된다. 1984년 말부터 세계적인 공급과잉으로 불황이 닥친 데다, 일본 기업들의 가격덤핑으로 인해 1984년 중반 3.5달러 수준이던 64K D램 가격이 1985년 8월에는 30센트까지 급락하는 현상이 나타났다. 경험곡선효과가 큰 반도체산업에서 VLSI생산을 시작한지 얼마 안 된 삼성은 미국과 일본 같은 경쟁상대보다 더 큰 타격을 입을 수밖에 없었다. 앞에서 설명한 1970년대 현대조선소의 위기와 비슷하다. 당시 석유파동 여파로 현대조선소에는 대형 유조선의 주문이 중단되어 조선소 운영에 압박을 받았다. 현대는 중동진출을 통하여 위기를 극복하였지만, 삼성은 신제품 개발로 위기를 극복하게 되었다.

현대나 삼성의 창업자들은 위기 속에서 끈기 있게 기술력 강화를 통하여 적절한 시기가 오기를 기다렸고, 그러한 그들의 노력에 부응하듯 운도 따라주었다. 머지않아 64K D램을 대체할 것으로 예상하고 불황 중에서도 256K D

램의 개발에 착수했던 삼성의 기술진은 1984년 10월 256K D램을 개발해 내는데 성공했다. 1986년까지 계속되던 반도체 시장의 불황도 1987년에 세계적으로 경기가 회복되고, 제2의 PC붐에 힘입어 256K D램 중심의 반도체 수요가 늘어남에 따라 서서히 회복되기 시작했다. 또한 미 · 일 반도체 협정에 의한 공정거래가격(Fair Market Value) 도입에 의해 반도체의 가격이 상승하기 시작했다. 이러한 움직임들에 힘입어 틈새시장에 진입한 삼성은 경영 상태를 호전시킬 수 있었다.

1988년 11월 삼성그룹에서는 삼성전자와 삼성반도체 통신이 합병되었다. 이러한 통합을 통해 삼성은 삼성전자를 가전부문과 반도체, 정보통신, 컴퓨터 및 산업용 전자기기 등이 합쳐진 종합전자메이커로 육성하였다. 이로써 삼성전자 반도체 부문은 도시바, 히다찌 등 일본의 경쟁기업과 유사한 기업체계를 갖게 되었으며, 그룹 내 판매 비중을 높임으로써 매출구조를 보다 안정적으로 갖추게 되었다. 또한 연간 2,000~3,000억 원에 달하는 반도체 부문의 투자재원을 보다 용이하게 확보하고, 연구개발분야가 효율적으로 통합되는 효과를 얻을 수 있었다.

4) TV 경쟁과 최근의 반도체 시장 동향

TV는 50년대 반도체산업을 일으키는 주역이었다. 거듭되는 반도체 기술혁신으로 1990년대는 차세대 TV개발 경쟁이 치열하였다. 차세대 TV에 적용되는 액정패널 종류는 LCD(Liquid Crystal Display: 액정표시장치), PDP(Plasma Display Panel). OLED(Organic Light Emitting Device) 등으로 구분된다. 이들의 차이는 전자를 형광체에 쏘이면 빛을 발하는데 그 기술 정도에 따라 선명도가 결정되며, 선명도는 액정재료에 따라 결정된다. 예를 들면, PDP의 장점은 화면에 잔상이 없기 때문에 스포츠와 게임 등에 적합한 화면을 제공한다. LCD는 잔상이 존재하지만, 색상이 밝고, 대형 액정패널 생산이 가능하다. OLED는 PDP와 LCD보다는 화질이 좋지만 양산의 어려움이 따르는 패널방식이다. 1990년대 세계적인 TV 생산업체들은 어떤 패널방식이 차세대 TV에 적용될 지 아무도 몰랐다. 이는 마치 하이브리드 카, 연료전지 자동차, 전기자동차의 3가지 기술이 경합하는 미래 자동차 시장과 유사하다.

한국과 일본의 생산업체들은 불확실성에 도전하는 방식이 달랐다. 한국의 삼성과 LG는 PDP와 LCD에 자원과 인력을 분산 투자하였다. 반면 일본 회사들은 한 품목에 집중 투자하는 전략을 채택하였다. 분산 투자를 하는 과정에서 선도하는 TV시장이 결정되면 신축적으로 자원을 한곳으로 집중 투자하여, 국제시장의 수요에 바로 대응할 수 있는 장점이 있다. 그러나 투자자금과 인력이 분산되기 때문에 기업의 수입구조가 취약해지고 많은 자본과 인력이 충원되어야 한다. 삼성전자는 LCD를, 삼성SDI는 PDP를 개발하고, LG Phillips사는 LCD를, LG전자는 PDP를 각각 생산하였다. 한편 일본은 PDP는 Pioneer에서, OLED는 SONY에서 만들어 주력상품이 되었다.

해외시장에서 액정패널의 경쟁이 심해질 때, 삼성전자는 1990년대 일본 업체보다 과감하게 12.1인치 LCD를 내놓은 것이 업계의 판도를 바꾼 계기가 되었다. 기회의 신껌이었다. 일본 업체들은 당시 10.4인치 이후 11.3인치를 표준크기로 삼았다. 그러나 삼성전자가 1994년 내놓은 12.1인치 LCD를 주요 노트북 컴퓨터 생산업체들이 채택하면서 LCD 크기 표준과 그와 관련한 기술에서 주도권을 쥐게 됐다. LCD 수요가 폭발적으로 증가하면서, 삼성과 SONY는 LCD 공동 생산이라는 전략적인 제휴를 맺게 되었다. 2004년 7월 삼성과 SONY는 충남 천안근교 탕정에 패널공장을 공동 설립하였다. 이곳에서 생산된 LCD패널의 절반은 삼성이, 나머지의 절반은 SONY가 소비하고 있다.[27] 두 회사의 TV 패널은 동일하다. 두 회사는 각자 디자인과 기능을 독자적으로 개발하여 차별화된 TV를 만들어 수출하게 되었다.

스피드 경영과 꾸준한 기술 혁신으로 삼성전자는 새로운 시장을 계속 개척하면서 궁극적으로 국가의 부를 증대시키는데 기여하고 있다. 최근 시장조사업체 IHS마킷(IHS Markit) 자료에 따르면 2019년 1분기부터 3분기까지 국내

27) LCD패널 외에도 소니는 삼성으로부터 D램이나 낸드플래시 등의 반도체도 구입하고 있다. 2010년 1분기에 소니가 삼성전자에 구입한 액수 1조 2,800억 원이다. 이를 기초로 단순 계산해도 소니가 삼성전자의 연간 매출에 기여하는 규모는 5조원 안팎이다(매일경제, 2010.6.13). 소니는 삼성전자의 최대고객이 되었다.

삼성전자와 LG전자가 차지하는 세계 TV시장 점유율은 46.7%로, 세계 매출액의 절반 가까이를 차지하고 있다. <그림 17-1> 참조.

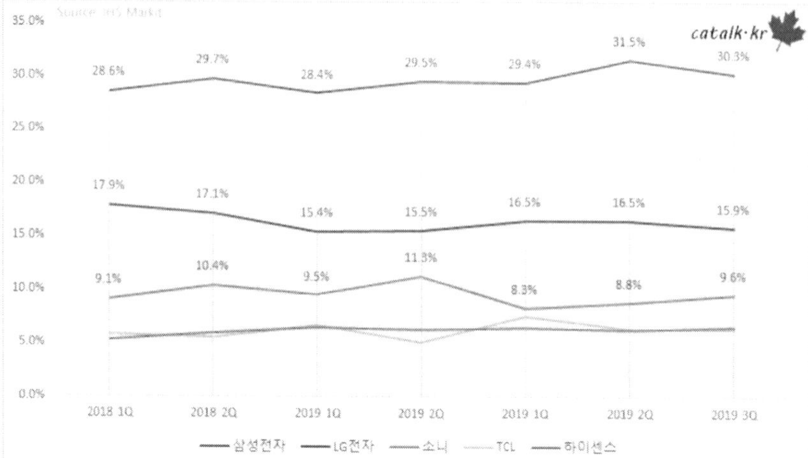

〈그림 17-1〉 글로벌 TV 점유율 TOP 5 (매출액 기준)

반도체산업의 성공은 기업들의 과감한 투자가 큰 버팀목 역할을 하였다. 1987년 국내 전자산업 기업들이 메모리반도체 연구개발(R&D)투자 금액을 보면 삼성전자 780억 원, 현대전자 280억 원, 금성사(현 LG전자) 37억 원 정도이며, 삼성전자의 투자 규모는 다른 회사들을 압도하는 수준이다. 당시 삼성전자의 개발사업 의지를 엿볼 수 있다. 1998년, 우리나라를 포함한 아시아 금융위기, 2008년 미국발 금융위기로 투자손실과 국제 D램 가격이 폭락하는 과정을 거치면서 전자산업분야에서도 기업 간 인수 합병이 발생하였다. 현대하이닉스는 2012년 SK그룹에 인수되어 SK하이닉스로 사명(社名)을 변경하였고, 일본의 NEC(NIHON ELECTRIC CORPORATION), 도시바(TOSHIBA), 히타치(HITACHI), 파나소닉(PANASONIC) 등 1990년대 세계 전자시장을 주도했던 전자업체들도 경쟁시장에서 멀어져 갔다.

2020년, 세계반도체 시장은 미국·일본·한국 등에서 반도체 기업들이 삼성전자, SK하이닉스, 미국 마이크론, 중국 반도체 공장으로 정리되어 지적재산권 문제 등을 견제하면서 선의의 경쟁을 펼치고 있다. 반도체산업이 정보통신, 가전제품, 생산설비, 나아가 자동차·조선 등 전 산업분야의 기본소재부품으로 사용되는 만큼 이들 기업들은 지속적인 연구개발을 해야 만이 경쟁력을 유지할 것으로 판단된다. 최근 5세대(5G) 보급이 본격화되고 클라우드 서버 교체 작업이 대거 진행되면서 메모리 반도체 수요도 계속 증가하고 있다. 또한 페이스북이나 아마존 같은 글로벌 IT 기업들의 데이터센터 증설 경쟁도 반도체 시장을 밝히는 요인이다.

5) 박정희와 이병철

이병철은 정주영과 다르게 1960년부터 박정희 대통령과 관계가 원만치 못했다. 1970년대 박정희 대통령이 주도하였던 중화학공업 추진과정에서도 삼성그룹은 소극적인 참여를 하면서 두 사람의 관계가 더 소원했었다고 한다. 만일 두 사람이 긴밀한 관계를 유지하고, 삼성이 중화학공업 육성정책에 적극 참여하였다면 우리나라의 산업구조는 어떻게 변화하였을 것인가? 중화학공업에 매진하며 반도체산업에 필요한 우수한 인력과 자금을 확보하지 못했더라면 우리 국가경제에 어떤 결과가 나타났을 것인가? 뒤돌아 보건데, 삼성이 중화학공업에 뛰어들지 않고 반도체산업에 집중함으로써 우리나라의 산업이 다원화되고 각 분야가 글로벌 경쟁력을 갖게 되는 결과가 되었다. 앞에서 가나공화국의 지도자가 코코아를 재배하는 소수민족을 징벌하는 과정을 소개하였다. 이를 통하여 가나공화국의 주력 산업인 코코아 산업이 붕괴된 사례가 다행스럽게 우리에게는 발생하지 않았다.

4. 한국 반도체산업의 위상

한국 반도체산업 성공의 바탕은 창업자 이병철의 도전과 개척정신으로 이루어진 것이다. 현재 한국 반도체산업의 핵심제품은 휴대폰과 텔레비전 그리고 LCD패널 등이다. 또한 내수 시장에서 쌓은 휴대폰과 초고속 인터넷 기술로 한국은 세계적인 IT강국으로 발돋움하고 있다. IT산업의 육성에는 정부와 기업체 간의 코디네이션이 중요하게 작용하였다. 한국의 IT강국으로서의 기반은 1989년대부터 시작되었다. 우리나라 IT산업이 세계적으로 성공할 수 있었던 가장 큰 이유가 정보통신부라는 행정조직을 세계 최초로 만들었기 때문이다(정홍식, 2007). 1989년 정부는 IBM PC를 교육용 PC로 채택하면서 16비트 컴퓨터가 본격적으로 보급될 수 있는 길을 터주었다. 학습기기, 교육자재로서 컴퓨터가 부각되기 시작하며 자녀를 둔 가정을 중심으로 AT 모델이 급격히 보급되었고 한국의 PC시장을 세계적인 반열에 올려놓는 계기가 되었다. 이후 1990년대 중반에 초고속 인터넷의 보급과 1990년대 후반의 이동통신 보급에 정부가 적극 나서면서 한국은 IT강국으로서의 가능성을 활짝 열었다.

정부와 기업의 코디네이션으로 성장한 한국의 반도체산업은 한국경제의 핵심산업으로 투자와 고용을 지속적으로 창출하고 있다. 국내 반도체산업이 비중은 전체 산업 생산의 약 9.9%(2018), 고용 17.5만명(2019), GDP 비중 6.7%(2019), 수출 939억 달러(2019)을 차지하고 있다. 매출액은 미국에 이어 세계 2위(23.7%), 메모리반도체 세계 1위(61.7%), 국내 설비투자 비중 33.3%를 차지하고 있다. 통계청 자료인 <그림 17-2>은 반도체산업의 위상을 잘 나타내고 있다.

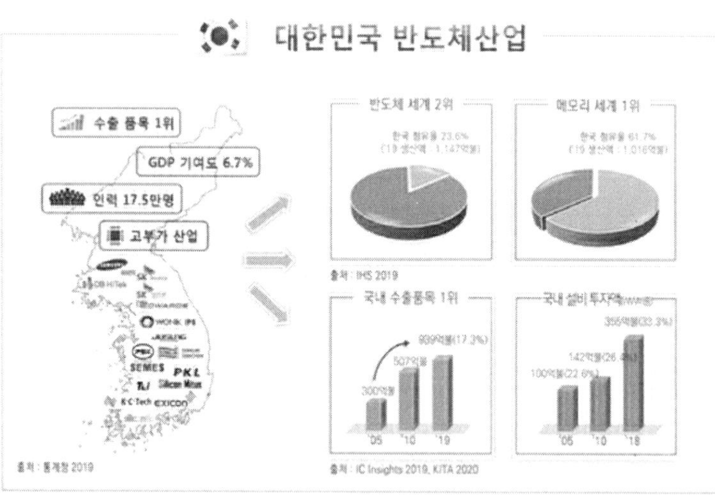

〈그림 17-2〉 국내 반도체산업의 위상

매출액 기준으로 본 세계 반도체회사의 순위는 <그림 17-3>에 있다. 삼성전자의 매출액은 이미 2005년에 SONY의 매출액을 능가하였고, 2018년과 세계 1위, 2019년에는 세계 2위를 차지하고 있다.

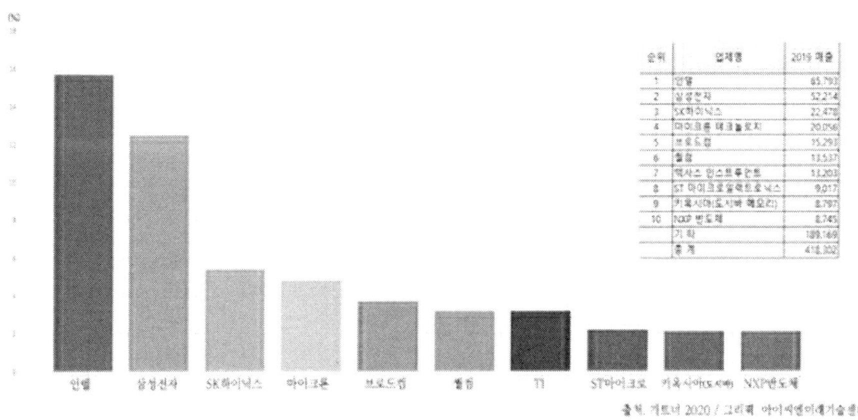

〈그림 17-3〉 글로벌 반도체 공급업체별 시장 점유율(2019년)

제18장_ 주요 산업 수출과 경제성장 분석

한국은 1960년대부터 1980년대까지 고도성장을 기록하였다. 그리고 1990년대 이후에도 비교적 높은 경제성장률을 유지하고 있다. 고도성장을 경험한 개발도상국들이 지속적으로 높은 경제성장률을 유지하는 경우는 흔하지 않다. 한국이 유일하다. 이는 정부의 지원, 근로자들의 땀, 그리고 창업자들의 기업가 정신으로 이룩한 산업들이 서로 보완관계를 갖으면서 어떠한 외부 충격에도 견딜 수 있는 튼튼한 구조를 갖추고 있기 때문이다.

앞에서 소개하였듯이 철강산업은 든든한 국가산업으로, 자동차, 조선, 건설 등에 저렴한 철강재를 공급하면서 경제성장에 크게 기여하였다. 조선산업과 자동차산업은 우리나라의 대표적 전략산업으로써 70년대 이후 한국경제 성장의 견인차 역할을 해왔다. 반도체산업은 80년대 이후 국가의 부를 창출하는데 결정적으로 기여하고 있다. 이러한 4대 산업의 성과는 바로 수출로 나타났다.

<그림 18-1>은 4대 산업 수출비중을 나타낸다. 수출비중은 1977년부터 지속적으로 증가하여 2010년에는 총수출의 51.5%, 국내총생산의 25.4%를 차지하고 있다. 비약적인 성장이 아닐 수 없다.

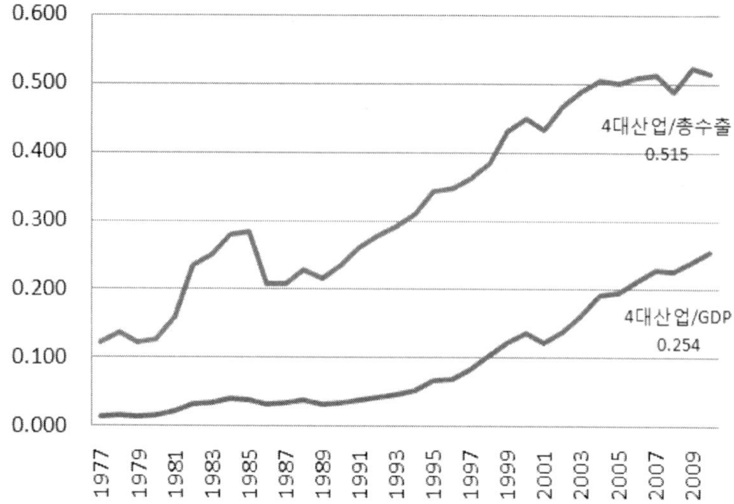

〈그림 18-1〉 4대 산업 수출비중

앞에서 서술하였듯이 창업자마다 경쟁력 확보의 전략과 선호하는 산업에는 차이가 있었다. 정도 차이가 있지만, 창업자의 기업가 정신은 이후 각 산업의 수출구조에도 반영되었다.

<표 18-1>은 4대 산업의 수출과 경제성장률 간의 상관관계를 요약한 것이다. 철강 및 선박 수출은 경제성장률과 마이너스 상관관계로 각각 -0.075과 -0.057이다. 반면 반도체 수출은 철강, 자동차 수출 증가율과 양의 상관관계에 있으며, 경제성장률과는 가장 높은 상관관계(0.615)를 갖고 있다. 자동차 수출과 경제성장률의 상관관계는 반도체보다 조금 낮은 0.446이다.

〈표 18-1〉 4대 산업 수출증가율상관관계(1978~2010)

	철강	자동차	반도체	선박	경제성장률
철강	1				
자동차	0.176	1			
반도체	0.178	0.306	1		
선박	0.143	-0.276	-0.221	1	
경제성장률	-0.075	0.446	0.615	-0.057	1

출처: 한국무역협회(KITA.NET)의 무역통계 에서 MTI 번호에 따라 4대 산업의 수출을 다음과 같이 분류하였다: 철강(613), 반도체(812,813, 831, 836), 조선(746), 자동차(741,742).

경제가 지속적으로 성장하기 위해서는 불경기에는 경제를 이끄는 안전판 역할을 하는 산업이 필요하고, 호황기에는 경제를 선도하는 산업이 필요하다. 경제위기와 각 산업의 수출의 변동률을 <표 18-2>에 정리하였다.

1979년 발생한 제2차 석유파동 때에는 철강과 선박의 수출이 경기 침체위기 극복에 기여하였다. 1980년 철강과 선박 수출증가율은 전년도에 비해 각각 37.5%, 19.4% 증가하였으며, 이듬해인 1981년도에는 각각 30.4%, 127.1%로, 특히 선박 수출은 폭발적으로 증가하였다. 한편 1997년 외환위기 이듬해인 1998년도의 자동차 및 반도체 수출증가율은 각각 12.8%, 28.1%를 기록하면서 자동차 및 반도체 수출이 외환위기 극복에 크게 기여하였다. 2009년 글로벌 위기에서는 4대 산업 모두 수출이 증가하면서 위기극복에 크게 기여하였다. 특히 자동차 수출은 급상승하여 46.5% 증가하였다.

산업별 수출의 변동성(표준편차)을 비교해 볼 때, 자동차 및 선박 수출 변동성(표준편차)은 각각 43.4, 35.9로 다른 산업에 비해 매우 크다. 변동성이 크다는 것은 불확실성이 크다는 것을 의미한다. 그러나 이들 산업 간의 상관관계는 -0.276이다. 이는 한 산업의 수출이 심하게 변동하면 다른 산입이 그 불확실성을 완충시켜주는 구조로써 산업간 위험분산이 절묘하게 맞아떨어진 구조이다. 반도체와 철강 수출의 변동성(표준편차)은 각각 21.9와 21.8로 다른 산업에 비해 비교적 안정적이다.

<표 18-2>에서 보여준 4대 산업의 수출구조는 창업자들의 기업가 정신이 일부 반영된 것으로 판단된다. 선박 수출은 세계적으로 선박 선주들의 투기적 수요에 따라 변동하기 때문에 수출의 변동성이 크게 나타난다. 또한 울산 현대조선소 건설 이후 전 세계적 불황으로 대내외적 역경에 처했던 현대중공업이 사업을 다각화하면서 극복하는 과정에서 수출의 변동성이 크게 나타난 요인도 있다.

철강산업은 정부 후원과 조선 및 자동차 산업의 호황으로 안정적인 수요를 확보할 수 있었기 때문에 수출에 있어서도 비교적 안정적으로 성장세를 이어갔다. 반도체는 기술 확보가 가장 큰 장애요인이었지만, 이것을 극복하고 지속적으로 신상품을 개발하는 등 시장을 세계시장을 주도해 나가면서

상대적으로 안전한 산업이 되었다. 자동차산업은 신생 자동차 수출국이 선진국보다 가격 및 기술 경쟁 면에서 뒤지지만, 환율 변동에 의해 가격경쟁력이 크게 좌우되면서 수출의 변동성이 크게 나타난 것이다.

〈표 18-2〉 경제성장률과 각 산업 평균 수출 증가율

		철강	선박	자동차	반도체	총수출	GDP
제2차 석유 파동	1980	37.5	19.4	4.4	1.5	16.3	-1.9
	1981	30.4	127.1	29.4	5.1	21.4	7.4
외환위기	1998	24.8	22.4	-8.5	4.9	-2.8	-5.7
	1999	-16.5	-6.0	12.8	28.1	8.6	10.7
글로벌 위기	2009	-24.4	4.6	-24.2	0.4	-13.9	0.2
	2010	37.6	8.8	46.5	25.5	28.3	6.1
평균 증가율	1978~2010	15.1	20.3	30.9	21.0	11.5	6.7
표준편차		21.8	35.9	43.4	21.9	7.19	4.1

출처: 한국무역협회 홈페이지

앞의 표들을 종합하여 분석하면 다음과 같다. <표 18-1>에서, 철강과 선박 수출은 경제성장률과 마이너스 상관관계에 있다. 이러한 결과는 철강과 선박 수출이 국가 경제에 미치는 긍정적인 영향을 고려할 때 매우 이례적인 결과이지만, 이는 경기 침체가 확대될 때마다 원화가치가 하락하면서 철강 및 선박 수출이 확대되었음을 반영한 것이다. 또한 세계무역의 흐름이 영향을 주었을 것이다. <표 18-2>에 따르면 2009년 글로벌 경제위기 이후 2010년 철강 및 선박수출이 큰 폭으로 증가하였다. 이는 국내외 경제위기로 경제성장률 하락 폭이 커질 때 철강 및 선박 수출이 증대되면서 불경기를 완화시켜주는 완충역할을 하고 있음을 의미한다.

<표 18-1>에서 반도체 및 자동차 수출은 경제성장률과 플러스 상관관계이다. 이는 다음과 같이 해석할 수 있다. 새로운 투자가 증대되면 이것이 국내경기를 활성화시킨다. 그리고 새로운 투자설비는 생산성과 기술혁신을 창출하면서 수출 증대로 나타나게 된다. 따라서 국내경기가 좋아지면 이들 산업

의 수출은 증대된다고 판단된다. 보다 정확한 인과관계는 계량분석으로 추정이 가능하다. <표 18-2>에서 보듯이 국내외 경제가 침체되었을 때 이들 산업의 수출이 지속적으로 높은 수출증가율을 유지함에 따라 빠른 시일 내 경기침체를 회복하는데 기여하였다. 이들 산업은 한국경제의 버팀목 역할을 하고 있다고 판단된다.

결과적으로 4대 산업 간의 수출과 경제성장률의 관계는 역방향(철강과 선박)과 순방향(자동차와 반도체)으로 어우러져 어떤 외부충격에 대해서도 안정적인 구조이다. 한국의 창업자들이 일으켜 세운 4대 산업 수출구조는 산업간 수출 비중이 문제이지 국내외 경기 변화와 상관없이 수출이 지속적으로 증가하는 구조이다. 이상 추정된 결과들을 <표 18-3>에 요약하였다.

〈표 18-3〉 4대 산업 수출과 국내외 경제

	국내 호경기	국내 불경기	해외 호경기	해외 불경기
철강 수출	-	+	-	+
선박 수출	-	+	-	+
자동차 수출	+	+	+	+
반도체 수출	+	+	+	+
플러스 산업 소계	2(+)	4(+)	2(+)	4(+)

제19장_ 한국 창업가의 공통점과 차이점

한 국가에서 위기 극복과 경제의 도약을 만드는 것은 평범한 기업가, 평범한 국가 지도자에게는 기대하기 어렵다. 기업가의 재능과 노력의 대가는 이윤 창출이나. 기업가에게 이윤 창출이 적으면 그 가치도 적다. 개인의 부와 국가의 부를 축적시킨 한국의 4대 산업 창업가들은 근면하고, 프로정신이 투철하였으며, 순발력이 있었다. 창업의 기회를 포착하는데 탁월한 재능이 있었으며 기업가 정신으로 무장해 각종 난관을 극복하였다. 이들은 마치 굶주린 사자가 우리 안의 토끼와 닭을 눈 깜짝할 새 먹어치우듯 짧은 시간에 세계시장을 석권하였다. 이들에게 시련은 있었지만 실패는 없었다. 정부로부터 직접 또는 간접적으로 사업지원을 받은 한국 창업자들은 비슷한 시기에 서로 경쟁을 하듯 사업을 구상하고 발전시켰다.

우리나라 대표적인 산업의 창업자들의 창업활동을 정리하면 다음과 같다. 우리나라의 제철공업 육성을 통하여 중화학공업 정책 성공을 이끄는데 기여한 포항제철의 박태준, 울산 현대조선소 건설 부지인 전하만의 지도를 들고 영국 버클레이은행 등 4개국 차관단으로부터 4천8백만 달러를 도입해 조선사업을 시작하고, 고유 모델 개발의지와 독자 투자 결단으로 자동차산업을 일으킨 정주영, 남보다 앞서 엄청난 투자를 결단하여 오늘의 반도체 강국을 이룩하게 한 이병철 등이 대표적이다. 이들은 우리나라를 부자 나라로 만드는데 크게 기여하였다.

시중에는 창업자들의 기업가 정신에 대한 문헌과 자료가 풍성하다. 제Ⅱ부에서 소개한 내용과 선행 연구 및 자료들을 다시 정리하여 창업자들의 공통점을 정리하면 다음과 같다.

첫째, 창업자들은 개인적으로 큰 부를 축적하였지만 국가 경제발전에도 크게 기여하였다. 정도 차이는 있지만 자신들이 일으킨 산업은 단순히 개인이나 기업에 이윤을 가져다주는 것에 그치지 않고, 고용을 창출하고, 국민생활의 수준을 향상시켰다.

둘째, 창업자들은 기발하면서 독창적인 발상을 통하여 경쟁력을 확보하려고 노력하였다. 철강산업에서 창업자 박태준은 설립 초기부터 적자를 최소화하기 위하여 제철소를 제선(쇳물작업)-제강(철강제작)-압연(가공작업)의 일반적인 순서와 달리 압연-제강-제선의 역순으로 건설했다. 압연공장을 먼저 세워 외국에서 반제품을 수입, 압연 가공해 완제품으로 팔아 적자를 메우자는 역발상이었다.

조선산업에서 정주영은 차관을 얻고 작업 물량을 미리 확보해 조선소 건설과 선박 건조에 드는 비용을 충당하며 국제 경쟁력의 우위 확보를 시도하였다. 조선소를 다 짓고 배를 만들려고 했다면 그 막대한 투자를 감당할 길이 없어서 조선소를 짓다가 쓰러졌을 지도 모른다.[28] 반도체산업의 경우도 삼성전자가 반도체사업의 조기 정착을 위해 미국 현지법인 설립과 국내 공장건설을 동시에 진행하였다.

---

28) 정주영 회장의 독창적인 발상에 대한 탤런트 최불암의 인터뷰를 소개한다. "제게는 연기도 가르쳤어요. '이봐, 낫은 그렇게 들면 안 돼' '쌀 한 가마를 들어 자전거에 싣던데 그렇게 들면 허리 부러져. 무릎으로 받쳐서 들어야 해' '지게를 그렇게 지면 안 돼. 지게는 목으로 지는 거야. 목이 핸들이야. 목을 빼서 지는 거야' 이분은 모든 것이 농사정신이었어요. 한번은 서산간척지를 어떻게 폐선(廢船)으로 막아 만들 생각을 했느냐고 물었더니, '논의 물꼬를 막으려면 젖은 지푸라기를 확 던져놓으면 돼. 그러면 이물질이 달라붙어 저절로 막혀'라고 해요."(조선일보, 2011. 2. 20).

셋째, 창업자들은 일본 및 선진국으로부터 직접 또는 간접적으로 기술제휴나 창업자금을 받아 투자를 하였다. 창업자들은 제한된 국내 시장을 뛰어넘어 무한한 수요와 가능성의 세계 시장을 내다보면서 대단위 공장을 짓고 규모의 경제를 통해 국제 경쟁력을 확보하려 노력하였다. 그리고 기술력을 향상시키기 위해 연구개발과 우수한 인재 확보에 과감하게 투자하였다. 예를 들면, 포항제철은 포항제철소와 광양제철소를 건설하는 과정에서 가장 최신의 설비를 적기에 도입했으며, 현대 울산조선소는 유럽에서 최고의 기술을 도입하였고, 현대자동차는 초기에 포드와 합작하였다. 창업자들이 기술혁신 추세에 적극적으로 대응하여 가장 최신의 설비를 도입했다는 점은 급변하는 국제사회의 기술력 변화에 신속하게 대처했다는 것을 의미한다.

넷째, 창업자들은 기회의 창출을 극대화하고 기회가 왔다고 판단하면 과감한 투자를 하였다. 박태준은 제철소 건설자금으로 일본으로부터 받은 대일청구권자금을 사용하면서, 투자의 결과에 대해 많은 고심을 하였다. 특히 포항제철소 및 현대 울산조선소 건설은 창업자들이 직접 현장에서 공사를 총괄 지휘하였다. 공사기간 내내 현장 머물며 일에 몰두하였다. 또한 창업자들은 사전 탐색을 철저히 하였다. 현대조선소를 설립하기 전에 정주영은 유럽의 많은 조선소들을 탐방하였고, 이병철은 동경구상을 통해 세계 산업의 흐름을 면밀히 관찰하였으며, 박태준은 일본의 제철소를 돌아보며 신산업 창조의 계획을 구체화해 나갔다.

다섯째로 창업자들은 우리 근로자들이 머리가 좋고 부지런하다는 자질을 간파하고, 창업을 통해 기업을 일으킴으로써 각 산업분야에서 이들의 잠재력이 폭발적으로 발휘될 수 있도록 길을 열어주었다. 이병철은 정예를 모아 조직화하고 시스템화함으로써 '삼성전자'를 세계적인 기업으로 키웠다. 정주영은 야전 사령관처럼 진두지휘를 하면서 실천하는 의지를 몸소 행동으로 보여주며, 현대그룹의 구성원들에게 '우리'(we-ness)라는 의식을 불어넣어 자발적으로 충성하는 기업문화를 만들었다. 박태준은 일본으로부터 받은 대일청구권자금으로 제철소를 건설하고, 30년 만에 일본을 능가하는 세계 최고의 철강산업을 일으킴으로써 일본에 대한 우리 국민들의 피해의식과 아픔을

치유하였던 창업자였다.

마지막으로 선진국의 기업가 정신과 비교하여 한국의 기업인들만이 갖고 있는 고유의 기업가 정신도 있다. 한국 창업가들의 특성 중 하나는 국가가 어려움을 당할 때마다 기업들이 서로 협동하며 거국적인 노력을 기울였다는 점이다. 개별 기업 단위로 움직이는 미국이나 유럽과 달리, 한국의 기업가들은 국가가 도움을 필요로 할 때 개별 기업의 이익을 뒤로 한 채 서로 힘을 모아 국익을 위해 단결하는 모습을 보여 왔다. 한국이 유치하였던 88서울올림픽은 우리나라를 한 단계 도약시키는 계기가 되었다. 정부의 지원도 있었지만, 올림픽의 유치는 정주영을 비롯한 민간 기업인들의 단합된 노력의 결실이었다. 88올림픽은 한국경제뿐 아니라, 문화 및 정치 전반에 걸쳐 세계화를 이루며 선진국 대열에 진입하는 전환점이 되었다.

국가경제에 기여한 창업자들은 나름대로 특색 있는 슬로건을 만들었다. 박태준은 '제철보국'의 일념으로 포항제철소를 설립했으며, 이병철은 '사업보국(事業報國)'이라는 기치를 내걸고 제일제당·제일모직·삼성전자 등을 설립하였다. 한편 현대는 현대중공업 선각장에 걸려있는 슬로건이 대변하고 있다. '우리가 잘되는 것이 나라가 잘되는 일이며, 나라가 잘되는 것이 우리가 잘 될 수 있는 일이다.'라는 캐치프레이즈를 내걸었다. 창업자들은 자신들이 국가 발전에 크게 기여한다는 자부심이 대단했으며 실제로 그 역할을 실천으로 수행했다.

창업자마다 경쟁력 확보의 전략과 선호하는 산업에는 차이가 있었다. 현대중공업과 현대자동차를 일으킨 정주영은 「중후장대(重厚長大)」형의 산업을 선호하였으며, 이병철은 「경박단소(輕薄短小)」형의 산업을 지향하였다. 경쟁력 확보를 위한 경영전략에서는 정주영은 독자 투자, 고유모델 개발, 새로운 시장개척 등으로 경쟁력을 확보하였다. 이병철은 앞을 내다보는 도전적인 기업가 정신과 '사람'을 중시하는 인재양성 정책으로 경쟁력을 확보하였다. 박태준은 공기 단축과 효율적인 설비 구매, 유리한 조건의 차관 도입, 후방방식의 건설방식 채택 등을 통하여 국제경쟁력 우위를 차지하였다.

정도의 차이가 있지만, 인재 활용과 철저한 사업성을 따지는데 있어서는 이병철, 집념과 목표의식에 있어서는 박태준, 직관력과 돌파력으로 역경을 극복하는데 있어서는 정주영이 탁월한 리더십을 발휘했다고 볼 수 있다. 특히, 정부로부터 막강한 후원을 받고, 조선 및 자동차 산업의 호황으로 안정적인 수요를 확보할 수 있었던 포항제철보다는 조선소 건설 이후 전 세계적 불황으로 대내외적 역경에 처했던 현대중공업이 더 혹독하고 가혹한 기업환경을 극복했다고 볼 수 있다. 어려운 환경을 헤쳐나간 현대는 정주영의 특유의 뚝심과 리더십에서 나온 것이다. 이러한 이유에서 창업자 정주영이 우리나라 창업자 중에 유일하게 아시아판 타임스에서 영웅으로 선정되었다. 2006년 11월 타임지 아시아판은 아시아에서 활약한 영웅 65명을 선정하였는데, 한국 기업인 가운데 정주영을 다음과 같이 소개한다. "한국이 대형유조선을 건조하여 수출한다는 것에 대해 당시 국내는 물론이고 해외에서도 무모한 일이라고 했지만 그는 한국산 대형유조선을 처음 건조하여 수출했다." 또한 "현대그룹의 정주영은 '하면 된다'는 정신 하나만으로 전쟁으로 폐허가 된 한국경제를 짧은 기간 내에 세계 11위 경제대국으로 이끈 신화의 주인공 중 한 사람이다."라고 소개하고 있다.

제 III 부

한국경제와 운(運)

일반적으로 운(運)은 때가 있고 걸음걸이도 불규칙하여 그것을 따라잡기가 쉽지 않다. 국가 경제가 발전하기 위해서는 어느 정도 운도 따라야 한다. 정부의 경제정책과 생산요소(자본, 노동, 기술수준 등)들은 경제성장의 장기 추세에 영향을 준다. 반면 운은 경제성장 장기 추세에 변동을 일으킨다. 능력 있는 정부나 창업자는 인내심을 갖고 행운의 때를 기다리다, 일단 행운의 시기가 도래하면 망설이지 않고 그 행운을 포착하고 적극적으로 활용하게 된다.

한국 경제는 비교적 운이 좋았다. '공산주의는 국가의 경제발전을 더디게 만들어 왔다'고 Lester Thurow가 지적한 것처럼, 60~70년대에 공산주의가 중국과 동유럽 국가들의 경제발전을 더디게 하였다. 냉전체제 덕분에 한국은 국제무대에서 큰 경쟁을 겪지 않고 해외시장을 개척하며 고도성장을 이룩하는 행운을 얻을 수 있었다.

제III부에서는 한국경제 발전에 좋은 운과 나쁜 운, 소득불평등 원인과 대책, 외환위기의 특징과 종류 그리고 부(富)의 창출을 위한 규칙들에 대하여 서술한다.

제20장_ 경제성장과 운(運)

국가 경제를 운영하다보면, 각종 불확실성과 경제위기에 직면하게 된다. 경제위기를 예측하고 사전에 준비하는 국가들은 지속적인 경제성장을 유지할 수 있고, 경제위기로 사회적 갈등이 증폭되는 국가들은 경제가 침체하게 된다. 변화무쌍한 국제경제 흐름에서 행운을 잡기 위해서는 각국의 지도자들이 자국의 경제 상황을 세심하게 관찰·진단하고 가능한 처방까지 준비하고 있는 것이 무엇보다 중요하다.

1. 공룡, 피라미드, 그리고 천재지변

천재지변은 지구환경과 인류 문명에 지대한 영향을 미친다. 2010년 국제과학계가 지구상의 모든 공룡들이 갑자기 사라진 원인에 대해 '운석충돌설'이라는 주장을 인정하였다. 공룡 멸망은 중생대 트라이아스기 말에 시작해 백악기 말까지 번성했던 육상 파충류의 한 집단이다. 약 2억3천만 년 전에 출현해 6천5백만 년 전까지 생존했다는 것이 공룡학자들의 추정이다. 그렇다면 공룡이 번성했던 기간은 무려 1억 6천만 년에 달한다. 45억~46억년으로 추정되는 지구의 나이에 비하면 짧다고 할 수 있다. 그러나 인간이 지구상에 존재했던 기간에 비하면 엄청나게 긴 시간이다. 실제 최초의 인류로 볼 수 있는 오스트랄로피테쿠스의 조상인으로 추정되는 '아디(Ardi)' 원인(猿人)이 4백4십만 년 전에 출현했다는 연구가 2009년 10월 사이언스 잡지에 공식 발표됐다.

인류가 지구를 지배한 것은 길게 잡아도 4백만 년 전, 현생 인류로 불리는 크로마뇽인이 나타난 것은 불과 4만~5만 년 전이다. 공룡이 멸망한 이유가 운석이 지구에 떨어져서 그 충격으로 기후가 변한 것 때문이라면, 아무리 오랫동안 번성한 공룡이라도 운석의 영향을 피할 수는 없는 것이다. 즉 운(運)이 공룡의 진화를 정지시킨 것이다.

비슷한 사례로, 이집트에는 인류가 자랑하는 피라미드 유적이 있다. 이집트 역사상 가장 특징 있고 웅대한 피라미드가 건설된 시대는 BC 2200년경 이집트의 고대왕국 시대이다. 기록에 따르면 고대왕국이 갑자기 붕괴되었는데, 과학자들은 그 이유가 가뭄이라고 한다. 가뭄과 기근이 서서히 나일강의 풍요로움을 앗아 가면서 찬란했던 고대왕국의 발전도 정지시킨 것이다.

경제는 자연재해나 전쟁 등에 취약하다. 특히 가난한 국가들은 부자 국가들에 비해 천연재해에 더 취약하다. 부자 국가의 경제성장률의 변동 범위는 가난한 국가들보다 작기 때문에 천연재해에 따른 경제적 피해가 상대적으로 작게 나타난다. 관련 연구에 따르면 1960년과 1990년 사이 가난한 15개 국가의 평균 경제성장률은 -2%(Zaire)에서 6%(Botswana)이다. 반면 부자 국가 15개 국가의 경제성장률은 1.6%(Switzerland)에서 3.2%(Italy)이다(Easterly, 2001). 부자 나라 경제성장률의 변동은 가난한 나라의 변동률의 4~5배나 된다.

실제로 1990년과 1998년 사이 전 세계 568개 주요 자연재해의 94% 그리고 재앙관련 사망사고의 97%가 가난한 국가에서 일어났다. 경제성장이 침체된 상태에서 겪는 천연재해 또는 전염병은 경제성장을 오랫동안 멈출 수 있다. 2010년 23만 명의 목숨을 앗아간 Haiti(아이티) 대지진과 같은 천재지변은 국가경제를 쇠락의 길로 내몰 수 있으며, 2021년 2월 현재 236만 명이 사망한 코로나19 같은 전염병은 세계경제에 큰 재앙을 일으키고 있다.

2. 세계경제 흐름과 운(運)

세계경제는 끊임없이 변화한다. 환률, 국제석유가격, 국제금리, 전염병 등 이들 변수들의 예측은 불가능하다. 이러한 변수들의 변동은 어떤 국가에는 행운이 될 수도 있고 다른 국가에게는 불행이 될 수도 있다. 세계경제를 보면 아이러니컬하게도 보유자원의 가격이 오르거나 유전이 발견되는 등 행운이 있었지만 정부가 돈을 낭비해버려 아무것도 이루지 못한 국가들도 많다. 그러나 실제로 천연자원이 부족하고 지리적으로 불리한 국가들이 경제적으로 좋은 성과를 이루어냈다. 좋은 정부는 스스로 대내외적인 도전을 기회로 삼지만 이와 반대인 정부는 이러한 도전을 완전히 노출시켜 호재를 잡을 기회를 놓치게 된다. 1970년대 석유파동과 1997년 외환위기는 많은 국가들에게 시련을 안겨주었으며 최근에 발생한 코로나19는 전 세계에게 더 큰 재앙을 일으키고 있다.

한국의 경우 1970년대 중반 중동 건설 진출, 1980년 중반에 일어난 3저 현상(원화 가치 하락, 국제금리 하락, 석유가격 하락)이 오히려 기회가 되었다. 특히 1970년대 석유파동으로 국가경제가 위태로울 때 한국의 근로자들이 중동의 어려운 공사현장에서 열심히 일하여 달러를 벌어들여 에너지위기를 극복하게 된 것이다.[29] 1997년 외환 위기에서도 한국은 제도 개혁, 구조조정 및 수출의 힘 등으로 위기 극복을 하였으며 이 시련을 딛고 2008년 글로벌 위기도 극복하면서 다시 도약하였다. 그러나 최근에 겪고 있는 코로나19 위기는 보건 위기가 경제 위기로 이어진 경우로, 충격이 전 세계에서 동시다발적으로 파급됐다는 점에서 외환위기, 글로벌 위기와 비교할 때 국가 간·부문 간 더 극명한 형태로 차별화되어 나타나고 있다. 한국은행(2020)에 따르면 국내 경

29) 중동진출 붐으로 한국경제가 어려운 석유위기를 극복하고 있을 때인 1977년 무역진흥확대회의에 참석한 박정희 대통령과 정주영 간의 격이 없는 일화를 소개한다(오원철, 1997, pp.458). '박정희 대통령이 현대 정주영 회장에게 "정회장, 중동에서 성공을 거둔 이유가 무엇이오?"하고 질문을 던졌다. "각하! 제가 공부를 제대로 했습니까? 대학을 나왔습니까? 영어를 할 줄 압니까? 그리고 현대 간부가 세계 일류의 외국회사에 비해 기술이나 경영면에서 우수하다고 할 수 있습니까? 그러니 나나 회사 간부가 잘했다고 할 수는 없습니다. 현대가 잘한 것은 우리나라 근로자가 열심히 일하고 성실히 일한다는 뜻입니다. 전적으로 근로자의 공입니다"라고 답변하였다.'

제의 부문 간 성장 불균형은 단기적으로 경기 회복을 지연시키고 나아가 실업 확산, 자산 가격 하락이 겹치면서 금융부문으로 충격이 전이될 수 있다고 판단하고 있다. 또 중장기적으로는 경제의 이중구조 심화, 성장 기회의 불평등 확대로 경제의 안정 기반이 무너질 수 있는 만큼 정책 여력을 취약 부문과 계층에 집중하고 소득·고용 관련 안전망을 구축해야 한다고 제안하고 있는 실정이다.

<표 20-1>은 과거 여타 위기와 비교해서 코로나19 위기 원인, 지역, 그리고 정책대응을 구분하고 있으며 <그림 20-1>은 선진국과 신흥국 성장 전망경로 차이를 코로나19 전후로 구분하여 나타내고 있다.30)

〈표 20-1〉 외환위기, 금융위기 그리고 코로나19 위기

	외환위기 (1997)	금융위기 (2008)	코로나19 (2020)
원인	외환보유액 부족, 단기외채	서브프라임 모지기 부실	감염병
지역	아시아	선진국	전 세계
정책대응	IMF 구제금융, 기업 구조조정	확장적 거시정책	봉세조치, 사회적 거리두기, 확장적 거시정책

출처: Rogott(2020, 8월, Bloomberg 인터뷰) 등

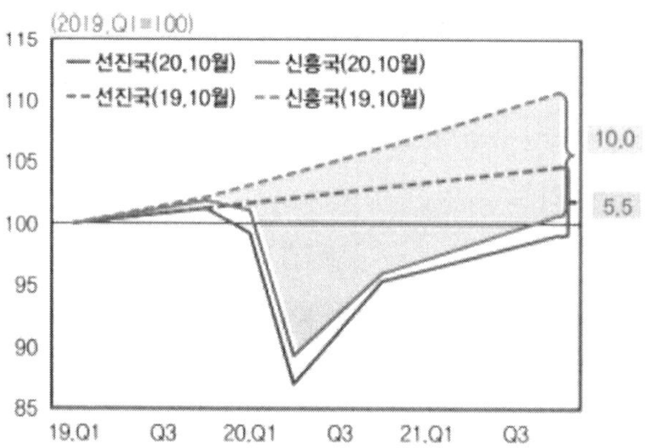

주: 1)신흥국은 중국 제외
자료:IMF WEO(2019. 10월. 2020.10월), 자체 시산

〈그림 20-1〉 선진국과 신흥국 성장 전망경로

30) 한계레 (2020. 12. 11) 신문에서 인용

경제학에서는 운(運)을 어떻게 해석하는가? 경제가 성장하면 기회도 많아지고 좋은 운도 발생하게 된다. 모든 국민들이 경제가 성장할 것이라고 기대하면 투자를 할 것이며, 회의적이라면 투자를 미룰 것이다. 좋은 운은 좋은 인센티브와 희망적인 기대를 주지만, 나쁜 운은 반대의 결과를 제공한다. 국민들은 이러한 인센티브에 반응하게 된다.

세계경제를 보면 급속한 경제성장과 침체를 겪는 국가들이 많이 있다. 급속한 경기 변동은 운과 관련이 있다. 실증적 연구들에 따르면 전 세계 표본 100개 국가들 중에서 1957년부터 1992년까지 35년 동안 적어도 60개 국가가 한 번 이상의 급속한 성장을 경험하였다(Hausmann, Pritchett, & Rodrik, 2005). 국가들이 급속한 경제성장을 경험할 확률은 60%로 비교적 높지만, 급성장의 주요원인은 교역조건의 변동이었다(Jones & Olken, 2007).

경제성장 연구(Easterly et al., 1993)에 따르면 10년 주기로 분석할 때 생산함수의 생산요소(자본과 노동 등)들의 기간 간 자기상관(autocorrelation) 계수가 0.6에서 0.9로 높게 나타났다. 한편 경제성장률은 기간 간 자기상관 계수가 0.1~0.3으로 상당히 낮게 나타났다. 경제성장률의 분산은 생산요소의 분산보다 크기 때문에 예측이 어렵다. 그러나 경제성장률 분산 규모는 다른 생산요소(자본과 노동 등)의 분산 규모보다 교역조건(외생적인 요인)의 분산이 비교적 더 잘 설명하고 있다.

교역조건은 한 나라의 수출품 가격과 수입품 가격 사이의 관계를 나타낸다. 수입품 가격에 비해 상대적으로 수출품 가격이 높아지면 그 나라의 교역조건은 유리한 방향으로 움직인다. 교역조건 이외에도 투자지출 증대, 실질환율의 평가절하로 인한 무역증가, 정치체제의 변화 등도 경제성장의 주요한 변동 원인이 된다. 지속적인 경제성장을 위해서는 생산요소의 관리도 중요하지만 외생적인 쇼크로 인해 발생하는 경제위기도 잘 극복해야 한다는 것을 의미한다.

3. 위기관리

경제위기를 극복하고 높은 경제성장을 지속적으로 유지하는 것은 어려운 일이다. 국가 경제의 위기는 불규칙적으로 발생한다. 그리고 앞날을 예측할 수 없다. 불규칙적인 위기를 관리하기 위해서는 국가는 항상 국제경제 변동 흐름에 파인튜닝(fine tuning)하면서 조심스레 경제를 운영해야 한다. 경제위기를 슬기롭게 극복하여 오랫동안 높은 경제성장률을 유지하는 국가들은 부를 창출할 것이고, 경제위기를 극복하는 과정에서 내부 계층 간의 갈등으로 극심한 경제침체를 겪는 국가들은 경제발전의 기회를 놓치게 된다.

경제위기에 대한 각국의 대응은 정책, 노동, 사회분위기 등의 요인에 의해 영향을 받는다. 다음은 70년대 제1차 석유파동으로 야기된 경제위기에 대하여 한국, 브라질, 터키의 대응전략과 효과를 비교해 보면서 경제위기 관리가 얼마나 중요한지를 살펴보자.

제1차 석유파동은 1973년 10월6일 중동전 발발을 계기로 OPEC 제국이 석유무기화를 선언하고 생산량 감축과 가격인상을 단행함으로써 야기되었다. 이에 따라 국제표준원유인 아라비안나이트의 공시가격은 1973년 1월1일 배럴당 2.591달러이었던 것이 10월16일 5.119달러로, 12월23일에는 11.651달러로 상승하여 1년 동안 거의 4배의 폭등세를 보였다.

1970년대 석유파동은 세계경제에 인플레이션과 실업을 발생시켜 경기침체를 초래하였다. 경제적 위기에 대한 각국의 대응도 다양하였다. 당시 원유를 전량 수입에 의존하는 한국경제의 경제적 손실은 터키와 브라질보다 컸다. <표 20-2>에 따르면, 1970년대 교역조건의 악화로 한국이 입은 소득 손실은 연평균 0.51%로 터키(0.41%)나 브라질(0.25%)보다 크다. 그러나 1975년부터 1989년까지 제1차(1973)와 제2차(1979) 석유파동을 겪으면서 한국경제의 성장률은 터키와 브라질의 경제성장률을 상회하고 있다. 한국경제의 위기관리가 터키와 브라질보다 잘 되었다는 것을 의미한다.

<표 20-2> 외부쇼크에 따른 경제적 효과(연간 평균 %)

	교역조건의 변화 (1970-1979)	GDP에서 총무역이 차지하는 비중 (1970-1979)	교역조건 변화로 인한 소득소실	1인당 소득 증가율 1960-1975	1인당 소득 증가율 1975-1989
한국	-1.4	57.2	-0.51	6.5	7.0
터키	-6.2	17.3	-0.41	3.8	1.2
브라질	-2.3	16.6	-0.25	4.6	1.3

출처: Rodtrik (1999)

한국은 1973년 제1차 석유파동과 중화학공업육성정책으로 인하여 외채규모가 위험한 수준으로 급증하면서 국가 부도위기에 몰렸다. 위기에 대한 정부의 대응은 매우 신속했다. 부족한 석유를 확보하고, 통화 및 재정긴축 정책을 시행하면서 인플레이션을 억제하였다. 부족한 외화를 확보하기 위하여 정부는 신속하게 중동으로 인력을 수출하고, 베트남전쟁에서 숙달된 기술자와 장비를 중동지역으로 이전시켰다. 정부는 석유위기와 정면 승부를 하면서 중동진출로써 한국경제와 한국인의 새로운 활동공간을 창조한 것이다.

1980년 한해에만 농작물 냉해 피해와 정치적 불안으로 마이너스 경제성상을 기록하였지만, 이후 한국경제는 완만한 인플레션을 유지하면서 대외 여건이 회복되길 기다렸다. 마침 1980년 중반부터 국제금리의 하락, 국제석유가격의 하락, 원화가치 하락인 3저 효과가 발생하였다. 3저 효과는 해외부채가 많은 한국경제에게는 천운(天運)이었다. 3저 효과 덕분에 한국경제는 1970년대 중화학공업 육성정책에 따른 누적된 각종 폐해를 단기간에 회복할 수 있는 기회를 얻었다. 그리고 수출이 회복되면서 1986년부터 4년간 연속 경상수지 흑자(1986~1989년)를 기록하였고 10% 이상의 경제성장률을 기록하였다.

터키의 대응은 한국의 경우와 사뭇 다르다. 터키는 석유파동 이후 인플레이션을 진정시키는 노력을 하지 않았다. 당시 터키 정부는 민중을 의식한 인기주의 정책을 실시하였다. 인플레이션을 방지하기 위한 긴축정책이 필요한 시점에 오히려 민간의 해외자금 도입을 장려하였다(Celasun and Rodrik, 1989, pp.196). 도입된 외화자금으로 정부 및 민간의 투자를 증대시켜 경제 부양을 시도하였다. 당연히 통화량도 긴축시키지 않았다. 이러한 부양정책은 단기적으로 경제를 성장시키는 효과는 있었지만 그 효과는 잠시일 뿐이었다. 경기부양 정책으로 인하여 정부재정이 악화되었고, 국내 비교역재 상품가격 인상에 따른 실질환율이 절상되면서 수출품 가격경쟁력이 약화되어 국제수지가 급격히 악화되었다. 터키는 5-6년 후에 나타난 제2차 석유파동 이전에 이미 외환위기를 맞이하게 되었다. 1980년도에는 IMF로부터 제시된 구조조정을 단행하였지만, 이미 경제정책의 타이밍을 놓쳤다. 거시 및 통화정책으로 인플레이션을 억제시키고자 노력하였지만 진정되지 않았고 경제는 잠재능력에 미달하는 상태로 운영되었다. 실질임금 악화, 실질환율의 절상 등으로 농촌과 도시 근로자들의 소득이 공공부문으로 이전되면서 소득의 불평등이 심화되었다.

브라질의 경우도 한국의 대응과 사뭇 다르다. 브라질은 인플레이션을 방지하기 위하여 소득정책을 시행하고 있었다. 소득정책은 경제 전체의 물가수준을 안정화하기 위해 임금 등 각 소득의 성장률에 규제를 가하는 정책이다. 인플레이션이 발생하면 인플레이션만큼 임금을 인상하여 노동임금의 인상 이외의 다른 요인에 따른 더 이상의 인플레이션을 방지하는 정책이다. 그러나 임금과 물가구조가 비신축적으로 운영되면 소득정책의 효과는 사라지는 단점이 있다.

제1차 석유 파동으로 1974년 35%의 인플레이션을 겪은 브라질은 인플레이션을 억제하기 위하여 통화긴축정책을 실시하고 소득정책으로 임금인상을 억제하였다. 그 결과 1978년까지 35~40%의 비교적 안정적인 인플레이션을 유지하였다.

이러한 안정화정책 노력에도 불구하고 이후 정부와 노동자 간의 밀착관계로 인하여 최악의 인플레이션을 경험하게 되었다. 제2차 석유파동을 겪으면서 브라질 정부는 이자율을 억제하기 위한 통화팽창 정책과 새로운 임금법을 실시하였다. 새로운 임금법에 따르면 노사협의 지수 조정을 기존의 1년 단위가 아니고 대폭 단축하여 6개월 단위로 하는 것이다.

새로운 임금협상 조건에 따르면 인플레이션이 확대되는 시기에는 임금도 빨리 상향 조정하게 된다. 임금-물가구조가 경기변동을 억제시키지 못함에 따라 재정수지가 악화되고 경제정책의 효율성이 감소하였다. 결국 정책 실패로 브라질의 인플레이션은 1979년 100%, 1983년 200%, 1987년 400%, 1988년 1,000%, 1990년에는 2,000%로 상승하게 되었다. 1994년 인플레이션이 안정되기까지 임금-물가 간의 비신축적인 관계가 정부의 금융과 재정정책의 효과를 절감시키면서 브라질의 인플레이션을 증폭시켰다(Simonsen, 1988).

<그림 20-2>는 이들 세 국가의 GDP의 추세를 비교한 것이다. 제1차 및 제2차 석유파동을 겪으면서, 한국은 1980년대 초에 터키의 GDP를 추월했다. 한편, 40년이 지난 2020년 한국의 GDP 규모는 세계 10위, 브라질은 세계 12위로 한국 경제 규모가 브라질을 앞서고 있다.

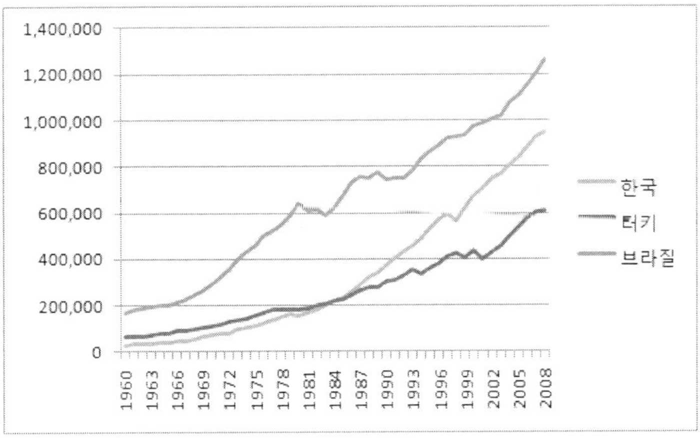

출처: http://www.ggdc.net/maddison

〈그림 20-2〉 한국, 터키, 브라질의 GDP 비교

경제위기 상태에서 재정, 금융정책의 적절한 배합은 거시경제의 안정화를 위하여 중요하다. 정책 외에도 제도적 결함과 리더십의 부재, 사회갈등 등이 경제를 침체시킬 수 있다. 특히 국내의 사회 갈등은 지속적인 경제성장에 장애가 된다(Rodrik, 1999).

외부쇼크에 대해 사회가 제도적으로 대응하는 것은 매우 중요하다. 한국은 노동임금을 합의하는 제도적 장치가 마련되어 있었다. 한국은 1997년 외환위기를 겪으면서 노·사·정이 합의하여 정부의 구조조정 계획을 수긍하고 노동자, 기업가들은 아픔을 서로 나누었다.

1997년 외환위기가 발생하면서 IMF에 구제 금융을 신청하였다. 그리고 1998년 2월 6일 여의도의 한국노동연구원 10층 회의실에서 노·사·정 합의를 통한 '경제위기 극복을 위한 경제사회협약'이 체결됐다. IMF는 구제금융 지원의 대가로 기업 부문 개혁과 노동시장 유연화를 요구했다. 이에 기업은 지배구조를 개선하고 수익성 중심의 경영으로 전환하게 됐으며 노동계는 정리해고를 수용해 외환위기 극복을 위한 초석을 마련했다. 한국은 이미 경제위기를 극복할 수 있는 제도(institute)가 구축되어 있었다.

한편 인도네시아는 외환위기 이후 이러한 조정기구가 없었다. 외환위기 이후 노동자들이 구조조정을 반대하면서 데모를 시작했으며, 이로 인한 사회적 혼란이 경제성장 회복을 상당기간 늦추게 되었다. <그림 20-3>은 한국과 인도네시아의 GDP추세이다. 한국은 1997년 외환위기 이후 잠시 경제가 침체하였지만 곧 빠르게 회복되었다. 한편 인도네시아의 경제는 한국과 비교하여 깊게 더 오랫동안 침체되었다. 이후 한국 GDP는 인도네시아를 역전하게 되었다.

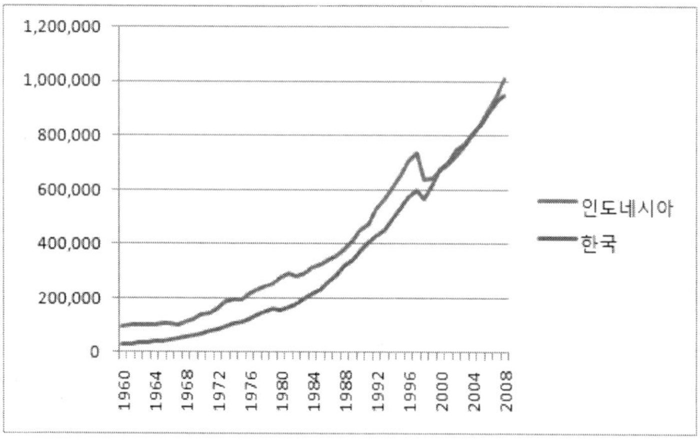

출처: http://www.ggdc.net/maddison

〈그림 20-3〉 한국과 인도네시아 GDP 비교

제21장_ 한국경제와 운(運)

모든 일의 완성은 시간의 주기에 달렸다. 높은 경제성장조차도 영원히 지속되지 않는다. 세계 여러 나라들을 살펴보면 불운한 시기를 벗어나지 못하는 국가들이 있다. 그러한 나라에서는 국민과 정부의 노력도 잘되지 않고, 제도와 정책이 바뀌어도 재난은 계속된다. 반면 매사가 잘되는 국가들도 있다. 그런 국가들은 조금만 애를 써도 모든 일이 잘된다. 모든 것이 이미 준비되어 있기 때문이다. 국가정책은 집중되어 있고, 국민들의 기대와 자긍심도 높으며 행운의 별은 빛나고 있다.

국가는 다가오는 운을 정확하게 감지하여 행운을 잡아야 하며 조금이라도 그 때를 놓쳐서는 안 된다. 한국경제의 성공은 국민, 기업, 정부가 합심하여 각고의 노력으로 이루어낸 한편의 드라마이다. 자원이 부족한 한국은 주변 여건을 정확히 인식하고 효율적인 정책과 좋은 제도를 구축하면서 사회적 공감대를 형성하여 불리한 환경을 타파해 나간 것이다. 이미 앞에서 언급하였지만 1960년대 섬유제품이나 신발 등 경공업제품의 수출만으로는 당시 인구 3,000만 명에 이르는 대규모의 경제를 지탱하기에 역부족이었다. 중화학공업과 같은 부가가치가 높은 산업을 육성해야 하는데 이를 위해서는 투자와 기술이 확보되어야 한다. 한국은 베트남전, 중동 진출 등 세계시장 참여를 통하여 기술력 확보를 위하여 동분서주하였다. 이러한 노력이외에도 한국은 대내외적인 운도 따랐다.

1. 국내 정치상황

개발도상국을 보면 이데올로기, 종교, 인종 갈등 등이 경제성장의 발목을 잡는 경우가 많다. 한국에서는 1960년대와 70년대 경제성장을 시작할 때, 다른 개발도상국과 달리 사회주의, 민족주의, 민중주의 등 자본주의 체제에 대한 반대세력이 존재하지 않았다. 그 원인은 한국전쟁이다. 자본주의와 공산주의 간 이념대립이었던 6.25전쟁은 자본주의의 반대 세력을 제거하거나 침묵시키는 결과를 가져왔다. 이후 한국은 강력한 리더십으로 북한의 군사적 압박을 막으면서 비교적 정치적으로 안정된 상황에서 산업화를 추진할 수 있었다. 정부는 제도적 지원으로 산업화의 주역인 기업인들의 활동을 최대한 지원하였고, 기업인들도 어려운 상황에서 소임을 성실히 소화해 내었다.

1960년대 한국이 수출주도형 경제정책을 실행할 때, 일부 학자들은 우리나라가 농본 국가이기 때문에 농촌경제 활성화를 통하여 산업화를 해야 한다고 주장하였다. 이러한 주장은 토지가 넓고 농업생산성이 높은 국가들에게 적용되는 이론인 것이다. 한국과 같이 토지가 협소하고 제조업 분야에서 저렴한 상품을 생산할 수 있는 국가에서는 농업부문의 저렴한 노동력을 산업부문에 투입할 때 산업화에 더 큰 효과를 얻을 수 있다는 사실을 몰랐던 것이다.

제2차 세계대전 이후 동서 냉전체제도 한국에게는 좋은 기회가 되었다. 잠재성장력이 큰 국가들이 사회주의나 공산주의체제 하에서 대내 지향적 경제정책을 추구하고 있을 때 한국은 수출주도형 경제정책으로 상대적으로 큰 이득을 누릴 수 있었다. 당시 선진국 경제는 호황으로 1964~1969년 동안 OECD 국가들의 실질 GDP 성장률은 거의 매년 5%를 상회하였다. 당시 중국과 같은 거대한 경쟁자가 없는 국제시장 환경 덕분에 한국은 급속한 경제성장을 달성했다고도 볼 수 있다.

2. 이웃나라의 역할

환경에 따라 몸의 색이 변하는 카멜레온과 같이 우리도 주변 인물에 따라 행동이 달라진다. 국가 간의 관계도 마찬가지이다. 국민들이 경제성장을 추구할 때, 주변 국가들이 부유하면 경제발전에 도움이 될 것이고, 가난하면 경제개발 기회가 상대적으로 적어지게 된다.

경제 부흥에 성공한 국가들을 파악하여 긴밀한 관계를 유지하고, 실패한 국가들을 분석하여 관계를 가급적 피해야한다. 국가경제가 실패하는 것은 잘못된 경제정책을 실행했거나 제도 확립을 게을리 하여 국민들에게 경제성장 인센티브를 소홀히 한 결과이다. 인기주의 정책이나 과다한 복지예산 지출 등은 경제발전에 실패한 국가들의 공통적인 특징인데, 이러한 특징은 다른 나라에도 쉽게 전파되는 경향이 있다. 아무리 작은 것이라도 잘못된 경제정책은 용인될 수 없다. 실패된 정책을 일정기간 유지하면 곧 더 큰 경제적 재앙이 쏟아져 들어오기 때문이다.

역사적으로 보면 한 나라의 경제발전과정은 자생적인 장조적 혁신의 과성보다는 앞서 발전한 나라의 모방을 통한 학습, 그리고 그것을 통한 추격(catch-up)의 과정인 측면이 훨씬 더 강하다고 할 수 있다. 기술습득 과정과 경제발전전략 수립과 정책수단 모색과정이 그러하다. 이런 관점에서 보면 산업화 혹은 본격적인 경제발전을 앞둔 개발도상국들이 앞서 산업화에 성공한 나라들의 경험에 깊은 관심을 갖고, 모방 가능성을 탐색하는 것은 당연하다고 할 수 있다.

1960년대부터 한국은 일본과 외국 선진기술을 도입하여 한국의 주력산업인 철강, 조선, 자동차, 반도체산업 등을 일으켰다. 1960년대 한국과 같이 경제성장에 전념하는 국가들은 국내의 기술이 발달되지 않았기 때문에 외국의 최신의 자본설비를 설치할 수 있고, 최신의 조직, 생산기술을 받아들일 수 있어서 개발된 선진국의 경제에 비해 더 큰 성장 잠재력을 가질 수 있었다.

단순히 성장 잠재력이 크다고 해서 그것이 곧바로 성장으로 직결되지는 않는다. 성장 잠재력을 실현시키기 위해서 바로 시행착오 없는 선택과 집중이 필요하다. 정부는 적극적으로 선진기술을 수용해야 하며, 기업인들은 기업가 정신으로 무장하여 기술개발에 강한 추진력을 발휘해야 한다.

한국은 이웃 나라인 일본보다 훨씬 뒤늦게 경제발전에 뛰어들었지만, 성공사례를 철저히 분석하고 배우면서 개발단계를 몇 단계 건너뛰어 약진할 수 있었다. 일본도 이미 비슷한 경험을 하였다. 일본은 1853년 미국의 페리(Matthew Perry) 제독에 의해 문호가 개방된 지 1세기만에 세계 3위의 경제 강대국이 되었다. 짧은 기간 내 고도성장한 일본의 성공사례는 우리에게는 새로운 기회로 다가왔던 것이다. 일본에서 발전시킨 제도나 산업이 한국에게는 좋은 사례로 작용한 것은 분명하다.

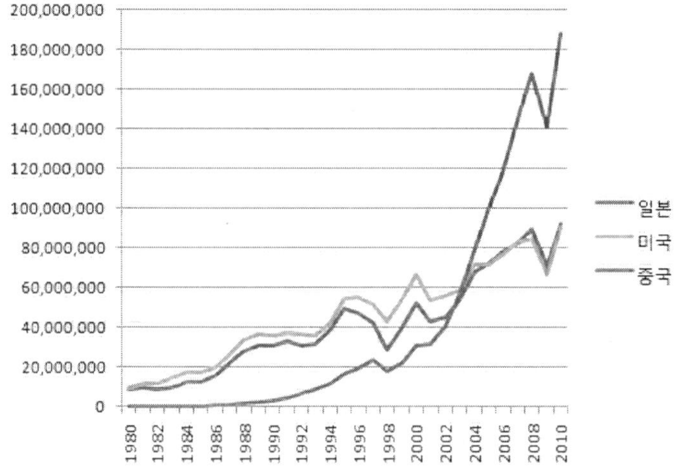

출처: 한국무역협회

〈그림 21-1〉 미국, 일본, 중국과의 무역액(수출+수입) 추이

최근 중국경제의 부상이 한국경제에게 많은 희망과 도전을 주고 있다. 1997년 외환위기와 2009년 글로벌 위기에서 중국에 대한 수출 증대는 위기를 극복하는데 크게 기여하였다. 중국경제의 개방과 경제개발은 한국에게 거대한 시장의 등장이라는 긍정적 측면도 있지만, 한국의 주요 수출상품의 가격경쟁력을 둘러싼 싸움이 치열해질 것이라는 부정적인 측면도 있다.

2004년부터 중국은 미국과 일본을 초월하여 한국의 최대 무역대상국이 되었다. <그림 21-1>에 따르면 2010년의 한·중 무역액은 1,884억 달러에 달하여 한·일(925억 달러) 무역과 한·미(902억 달러) 무역 합계보다 크다. 이러한 현상은 2020년 현재까지 지속되고 있다.

한국은 이웃나라와 대외경제 여건을 최대한 활용하면서 경제를 성장시켰다. 60년대에는 미국의 원조와 시장 개척, 70~80년대는 일본의 기술 수입, 90년대는 중국수출 등이 한국경제에 중요한 영향을 미친 대외여건들이다.

3. 환율의 효과

한국경제는 대외의존도가 높기 때문에 수출과 경제성장과 사이의 상관관계가 매우 높다. 수출 규모는 외국의 수요와 환율에 따라 결정된다. 미국의 달러와 일본의 엔화가치가 상승하면 한국 수출상품의 가격경쟁력이 상승하게 되어 미국과 일본 시장에서 한국 상품의 수출이 증가한다.

달러나 엔화는 1970년대부터 10년마다 반복하여 큰 변동을 하고 있다. 1985년 플라자 합의 이후 엔화는 1년 만에 달러당 235엔에서 150엔대로 50% 가량 상승하였다. 그리고 국제금리 하락, 저유가 등 3저 효과가 발생하였다. 3저 효과는 한국경제가 통제할 수 있는 변수들이 아니었다. 앞에서 서술하였듯이, 한국경제는 3저 효과를 통하여 경상수지 흑자를 기록하면서 70년대 중화학정책으로 인해 누적된 대외부채를 대부분 정리하였다.

1980년 후반의 호황은 60년대부터 꾸준히 추진해온 경제정책에 3저 효과와 같은 천운(天運)이 경제성장에 영향을 준 것이다. 3저 효과를 통하여 축적된 자본은 국민총생산에 영향을 미치고, 이것이 소비, 투자, 그리고 재투자 등의 일련의 순환을 통하여 장기 경제성장에 영향을 미치게 되는 것이다.

당시 경상수지 흑자를 처음 경험한 한국경제는 학자들 간 구조조정이 필요하다는 정책적인 논쟁이 있었다. 그러나 1970년대 경상수지 적자상태의 경제 운영에 익숙했던 정부는 1980년대 후반의 갑작스런 경상수지 흑자로 인하여 정책을 충분히 대비하지 못하였다(조재호, 1995). 정부는 당시 세계은행에서 제안하는 시장개방이나 금융시장 개편 등의 구조조정보다는, 수입을 확대하고 대외부채를 줄이는 정책에 초점을 두면서 제도적 구조조정의 기회를 놓쳤다. 3저 시대의 정책 실패와 1990년대 외환시장의 급속한 개방, 그리고 고환율정책 등으로 1997년에는 외환위기를 맞이하였다.

앞에서도 서술하였지만, 외환위기는 짧은 시간에 극복되었고 그 위기는 오히려 산업을 내실화할 수 있는 기회가 되었다. 많은 분야에서 구조조정이 이루어졌다. 한편 외환위기로 인한 원화환율의 급상승은 수출주도형으로 개발한 한국제품의 대외 가격경쟁력을 향상시켰고, 한편 중국경제의 부상은 한국 상품에 대한 수요를 증대하여 중국으로의 수출이 증가하게 되었다. 외환위기 이후 한국경제를 살펴보면 1998~2005년 시장가격으로 계산된 국내총생산 규모가 연평균 7.6%씩 성장하였다.

2009년에는 미국의 부동산시장에서 시작된 글로벌 경기침체가 발생하였다. 선진국들이 경제적으로 어려움을 겪고 있는 상황에서도 한국은 빠르게 경제가 회복되었다. 한국이 경제위기마다 빨리 극복할 수 있었던 것은 높은 수출 증가율을 유지하기 때문이다. 앞에서 설명하였듯이, 한국의 수출구조를 보면 철강 제품과 자동차 제품의 수출이 감소하면 반도체 제품의 수출이 증대하여 마이너스효과를 경감시키는 것이 특징이다. 또한 철강제품 수출은 경제성장과 마이너스 관계, 조선, 자동차, 반도체산업의 수출은 경제성장과 양의 관계에 있기 때문에 한국은 수출 품목이 다양한 만큼 글로벌 수요 감소에 따른 타격을 상대적으로 적게 받는 구조인 것이다.

수출시장 다변화도 한국의 경제의 특징으로 꼽힌다. 2019년 기준으로 한국의 10대 수출입 대상국, 10대 무역흑자 및 무역적자 대상국, 10대 수출입 품목, 그리고 무역흑자 및 무역적자 품목 등을 <표 21-1>에 정리하였다.[31] 수출상대국 10개국(금액 순으로)을 모두 합해야 전체 수출의 70%를 차지할 정도로 수출국이 다변화되어 있다. 구체적인 구성을 보면 한국의 최대 수출대상국은 중국으로 25.1%이며 다음 수출대상국은 미국으로 13.5%이다.

수출입 품목·국가별 통계자료에 따르면 2019년 한국 수출은 5,423억 달러,

31) 디지털세정(2021.01.28.) 신문에서 인용

무역규모 1조 456억 달러이다. 수출의 경우 중국, 미국, 베트남 순이었고, 수입은 중국, 미국, 일본 순으로 나타났다. 전체 무역 규모에서 10대 수출국가의 비중은 최근 5년 꾸준히 증가하였다. 품목별로 보면 수출의 경우 반도체가 1위를 차지한 가운데 자동차, 석유제품, 자동차부품, 평판디스플레이 등 순으로 나타났다. 수입의 경우 원유가 1위를 차지했으며 반도체, 천연가스, 석유제품 등의 순이다. 우리나라 10대 무역흑자 품목은 반도체(469억 500만 달러), 자동차(310억 5400만 달러), 석유제품(231억 1,200만 달러) 순으로 나타났다.

〈표 21-1〉 한국의 수출과 수입 시장의 다변화 특징 구분 정리

< 10대 수출국가 >

(단위: 백만 달러, %)

국 가	'19년	증감	비중
중국	136,213	△16.0	25.1
미국	73,348	0.9	13.5
베트남	48,178	△0.9	8.9
홍콩	31,914	△30.6	5.9
일본	28,412	△6.9	5.2
대만	15,658	△24.7	2.9
인노	15,097	△3.3	2.8
싱가포르	12,769	8.4	2.4
멕시코	10,927	△4.6	2.0
말레이시아	8,846	△1.6	1.6
전 체	542,333	△10.3	100

< 10대 수입국가 >

(단위: 백만 달러, %)

국 가	'19년	증감	비중
중국	107,220	0.7	21.3
미국	61,872	5.1	12.3
일본	47,575	△12.9	9.5
사우디아라비아	21,814	△17.2	4.3
베트남	21,071	7.3	4.2
호주	20,606	△0.5	4.1
독일	19,939	△4.4	4.0
대만	15,716	△6.1	3.1
러시아 연방	14,550	△16.9	2.9
카타르	13,040	△20.0	2.6
전체	503,259	△6.0	100

< 10대 무역흑자 국가 >

(단위: 백만 달러, %)

국 가	'19년
홍콩	30,139
중국	28,994
베트남	27,106
미국	11,476
인도	9,531
싱가포르	6,110
멕시코	4,769
필리핀	4,707
폴란드	4,551
터키	4,109

< 10대 무역적자 국가 >

(단위: 백만 달러, %)

국 가	'19년
일본	-19,163
사우디아라비아	-18,113
호주	-12,716
카타르	-12,683
독일	-11,251
쿠웨이트	-9,806
러시아 연방	-6,774
이라크	-6,051
아랍에미리트 연합	-5,514
칠레	-2,752

< 10대 수출품목 >

(단위: 백만 달러, %)

품 목	'19년	증감	비중
반도체	93,935	△25.9	17.3
자동차	43,040	5.3	7.9
석유제품	40,648	△12.3	7.5
자동차부품	22,536	△2.5	4.2
평판디스플레이	20,493	△17.0	3.8
합성수지	20,251	△11.8	3.7
선박류	20,183	△5.1	3.7
철강판	18,607	△5.4	3.4
무선통신기기	14,085	△17.6	2.6
플라스틱 제품	10,290	4.5	1.9
전 체	542,333	△10.3	100

< 10대 수입품목 >

(단위: 백만 달러, %)

품 목	'19년	증감	비중
원유	70,193	△12.7	13.9
반도체	47,030	5.1	9.3
천연가스	20,575	△11.3	4.1
석유제품	17,536	△18.2	3.5
석탄	14,212	△14.9	2.8
무선통신기기	13,625	9.6	2.7
자동차	11,986	△0.9	2.4
컴퓨터	11,336	△10.8	2.3
정밀화학원료	11,333	△13.0	2.3
의류	10,890	2.0	2.2
전체	503,259	△6.0	100

< 10대 무역흑자 품목 >

(단위: 백만 달러, %)

국 가	'19년
반도체	46,905
자동차	31,054
석유제품	23,112
선박류	17,803
자동차부품	17,197
평판디스플레이	15,732
합성수지	15,543
철강판	11,394
석유화학중간원료	6,392
건전지 및 축전지	5,286

< 10대 무역적자 품목 >

(단위: 백만 달러, %)

국 가	'19년
원유	-70,193
천연가스	-20,575
석탄	-14,208
의류	-8,971
철광	-6,949
식물성물질	-5,898
육류	-5,536
신변잡화	-5,391
반도체제조용장비	-4,567
곡류	-4,225

출처: 관세청(2020)

4. 창업 기업가들의 등장

경제성장의 기회는 오기 마련이다. 한국은 대내외적 역경을 극복하며 국가의 부를 창출했다. 성공 신화의 주역은 정부와 기업 그리고 근로자들이었다. 박정희 대통령을 주축으로 한 정부 관료들은 수출지향 성장에 필요한 제도를 구축하여 발전시켰다.

정부는 경제성장을 확대하기 위해 학습효과가 큰 산업을 기업가들에게 제안하였다. 철강은 박태준에게, 토목공사로 기술과 부를 축적한 정주영에게는 조선산업을 제안하였다. 한편 자동차는 정주영이 맡았고, 반도체는 이병철이 맡게 되었다.

앞에서 설명한 창업자들의 성격은 서로 뚜렷하게 다르다. 이러한 것이 반영되어 그들이 일궈놓은 산업이 결과적으로 황금 분할구조를 갖게 되었다. 불경기에는 경제를 이끄는 안전판 역할을 하는 산업이 필요하고, 호황기에는 경제를 선도하는 산업이 필요하다. 자동차 및 반도체 수출 증가율은 경제성장률과 같은 방향으로 움직이고 있지만, 조선과 철강 수출은 상반된 방향으로 움직인다. 이러한 황금 분할구조로 인하여 1997년 외환위기, 2009년의 글로벌 위기, 2019년 코로나19 위기에도 우리 경제는 잠시 침체를 겪은 이후 빠르게 회복세로 돌아설 수 있었다.

세계경제 위기마다 저력을 발휘하는 한국경제의 4대 산업 철강, 조선, 자동차, 빈도체의 약진은 정부의 경제개발 집념과 창업가들의 기업가 정신으로 글로벌시대에 걸 맞는 산업을 건설하였기 때문에 가능한 것이다.

축구시합에서 훌륭한 선수들이 경기를 리드하듯, 한국경제에서는 저력 있는 기업가들이 전면에 나서서 국가의 부를 축적시키게 된 것이다. 한국경제는 이들로 인하여 국가의 운이 발현되기 시작한 것이다.

우리 역사를 돌이켜 보면, 시대가 요구하는 뛰어난 지도자는 그리 많지 않았다. 산업화와 근대화의 역사가 짧은 우리나라에서는 근면과 프로정신을 모두 갖춘 뛰어난 기업인들도 서구 사회에 비해 흔치 않은 편이다. 그러나 창업자들이 이룬 성과의 파급효과는 엄청나서 단기간에 가난한 국가에서 부자 국가로 발돋움하는데 결정적으로 기여하였다. 중요한 것은, 우리는 창업가들의 업적을 경제적 측면에만 국한시키는 경향이 있다는 점이다.

창업자들이 발휘하였던 기업가 정신은 우리나라 경제발전에 지대한 영향을 미쳤을 뿐 아니라, 국민의 전반적인 자긍심을 향상시켰고, 교육, 문화, 복지 및 의료혜택의 기회를 확대했고, 나아가 민주주의가 확고히 뿌리를 내리는데 커다란 공헌을 하였다. 창업자들이 실현한 우리 사회 전반에 걸친 폭넓은 기여를 생각할 때 그들의 기업가 정신은 후세들이 중요하게 간직해야 할 무형문화재로써의 가치를 갖는다고 볼 수 있다.

제22장_ 소득불평등과 한국경제

세계 경제학자들은 1960년대 이후 한국이 이룩한 경제성장을 세계적으로 유례가 없다고 평가하고 있다. 한국의 고도성장을 '한강의 기적'이라고도 하고, 개발도상국 중 자국이 생산한 자동차 및 핸드폰을 미국 시장에 수출한 국가는 한국이 유일하다고 칭찬하였다. 세계 역사를 볼 때 짧은 기간에 높은 경제성장을 기록한 국가는 한국이 유일하고 앞으로도 그 사례가 없을 것이다.

동양철학에서 주장하듯이, 양이 있으면 음이 존재한다. 한국경제가 이룩한 고도성장이 양이라면 음은 최근 심화되고 있는 소득불평등 문제일 것이다. 소득불평등의 심화는 세대 간, 지역 간 갈등과 정치적 불안정으로 이어지면서 60년대부터 이룩한 국가경쟁력을 심각하게 훼손할 수 있기에 한국경제에게 나쁜 운으로 작용할 수 있다. 이에 그 원인과 해결방안에 대해서 서술하고자 한다.

1. 소득불평등 원인과 지니계수

최근 우리 사회는 소득양극화가 급속하게 진행되고 있다. 1인당 국민총소득(GNI) 3만 달러 달성, 사상 최대의 가구 부채, 노동시장의 경직화, 일용직

·임시직 일자리 지속적 감소, 실직자 유입으로 영세자영업자의 경쟁 심화, 부동산가격의 폭등, 인구의 고령화 등에 따른 중저소득계층의 소득 감소와 직접 관련이 있다. 한편 장기간 누적되는 경상수지의 흑자는 무역에 간접적으로 참여하는 고소득계층에게 높은 소득증대로 연결되어 소득양극화 확대를 유발했으며, 최근에 발생한 코로나19는 소득양극화를 더욱더 확대시킬 것으로 예상된다.

이를 반영하듯 통계청이 발표한 '2016년 소득분배지표'를 보면 우리나라 소득불평등도가 최근 급속히 악화된 것으로 나타났다. 시장소득으로 추정한 도시가구(도시 2인 이상)의 지니계수가 2016년 0.317을 기록하였는데, 이는 2015년도 지니계수 0.305에서 0.12상승한 것이다. 글로벌 금융위기를 겪던 2009년도 지니계수는 0.320로 역대 최고치를 기록하였지만, 이후 매년 개선되다 최근에 다시 큰 폭으로 상승한 것이다.

지니계수뿐만 아니라, 소득 5분위 배율과 상대적 빈곤율 등 소득불평등을 나타내는 지표들도 상승했다. 2017년 1분기 가구당 월평균 소득은 459만3,000원으로 전년 같은 기간보다 0.8% 증가했지만 실질기준으로 1.2% 감소하였다. 상위 20% 가구의 가처분소득과 하위 20% 가구의 가처분소득을 비교한 소득 5분위 배율은 2017년 1분기 5.35배로 전년 동기보다 0.33 증가해 소득불평등 증가세가 지속되고 있는 것으로 나타났다. 또한 처분가능소득 기준 상대적 빈곤율도 2015년 13.8에서 2016년 14.7로 0.9상승하였다. 결과적으로 2016년 현재 우리경제는 명목소득은 증가하고 있지만 개인의 실질적인 소득은 개선되지 않고 지니계수뿐만 아니라 소득 불평등도를 나타내는 각종 지표들이 상승하였다.32)

경제학에서 사용하는 대표적인 소득의 불평등지수는 로렌츠곡선과 지니계수이다. 지니계수는 0과 1사이의 숫자로 나타나기 때문에, 경제시스템 내 실제로 발생하는 소득의 분배에 관한 자세한 정보를 제공하지 못하는 한계

---

32) 통계청은 2017년부터 기존 가계동향 조사를 바탕으로 한 지니계수 산출을 더 이상 하지 않고 가계금융복지 조사를 기반으로 한 새 지니계수'를 발표하고 있다. 지니계수 산출 방식이 바뀌면, 지니계수가 상승하게 되어 결과적으로 국제 비교에서 한국의 위치는 좀 더 불평등한 쪽으로 옮겨간다고 판단한다.

가 있으며 문헌에서도 지니계수가 소득불평등 수준을 적절히 대변하고 있는가에 대한 많은 논쟁이 있다. 그러나 Derininger et.el(1996)는 국가 간 소득불평등의 비교를 위해서는 보편적으로 사용되는 지수를 사용해야 한다고 주장하고 있다.

지니계수는 로렌츠곡선에서 도출된다. 지니계수는 대각선과 로렌츠곡선 사이의 면적(A)을 대각선 아래 삼각형 전체의 면적(A+B)으로 나누어 얻은 값(지니계수 = A / (A+B))과 같기 때문에 로렌츠곡선을 이용하여 계산한다.

소득분배가 완전히 평등하다면, 즉 모든 사람의 소득이 같다면 대각선과 로렌츠곡선 사이의 면적이 0이 되어 지니계수 역시 0이 된다(참조, 지니계수 = 0/(0+B)). 반대로 소득분배가 완전히 불평등하다면 로렌츠곡선은 직각의 형태를 갖게 된다. 이때는 대각선과 로렌츠곡선 사이의 면적이 대각선 아래 삼각형 전체의 면적과 일치하여 지니계수(=A/(A+0))는 1이 된다.

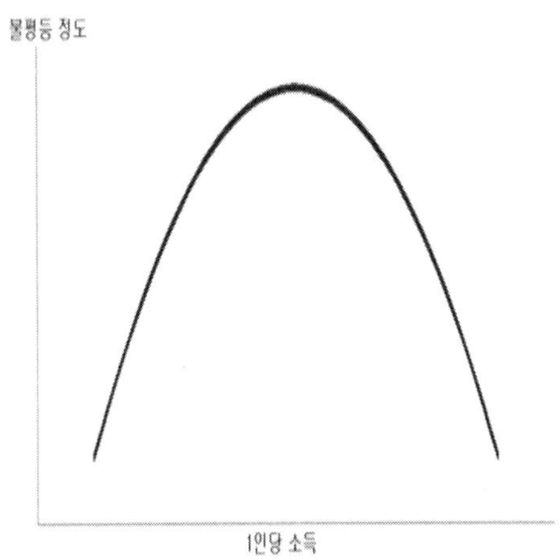

〈그림 22-1〉 로렌츠 곡선

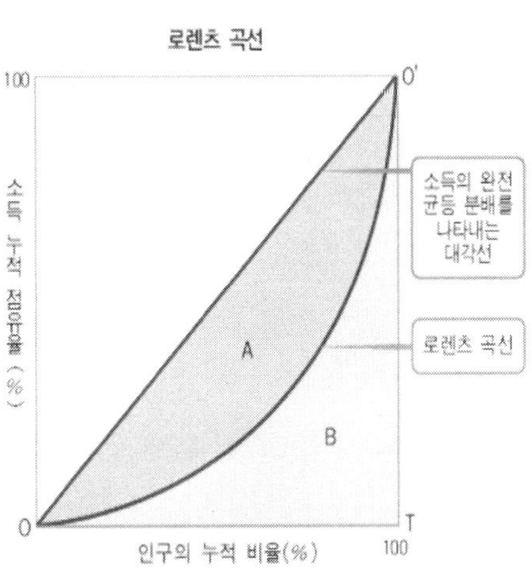

〈그림 22-2〉 쿠즈네츠 곡선

경제학자 사이먼 쿠즈네츠(Simon Kuznets)가 산업화 과정에 있는 국가의 불평등 정도는 처음에 증가하다가 산업화가 일정 수준을 지나면 다시 감소한다는 쿠즈네츠 가설(1955)을 주장했다. 이 가설을 그림으로 표시하기 위하여 종축에 소득분배의 불평등도(지니계수)를 표시하고 횡축에 경제발전단계 또는 1인당 국민소득의 크기를 표시하여 그래프로 나타내면 <그림 22-2>와 같다. 마치 U자 모양과 반대의 형태가 된다고 하여 '역U자형 가설'이라고 한다.

통계청 자료를 이용하여 우리나라의 쿠즈네츠 곡선을 도출하였다(조재호, 2018). <그림 22-3>에는 두 개의 곡선이 있는데, 위쪽에 위치한 곡선은 증가하는 쿠즈네츠 곡선으로 2016년 지니계수와 개인소득을 포함한 그림이고, 아래쪽에 위치한 곡선은 역U형태의 쿠즈네츠곡선으로 2015년 자료까지만 사용한 것이다. 2016년 자료를 더 포함한 위쪽에 있는 쿠즈네츠 곡선을 보면 곡선자체에 변화가 발생한 것을 알 수 있다. 즉, 2016년을 기점으로 소득이 증가하면서 지니계수도 상승하는 형태이며 이는 2016년부터 소득불평등이 더 심화되고 있음을 나타내고 있다.

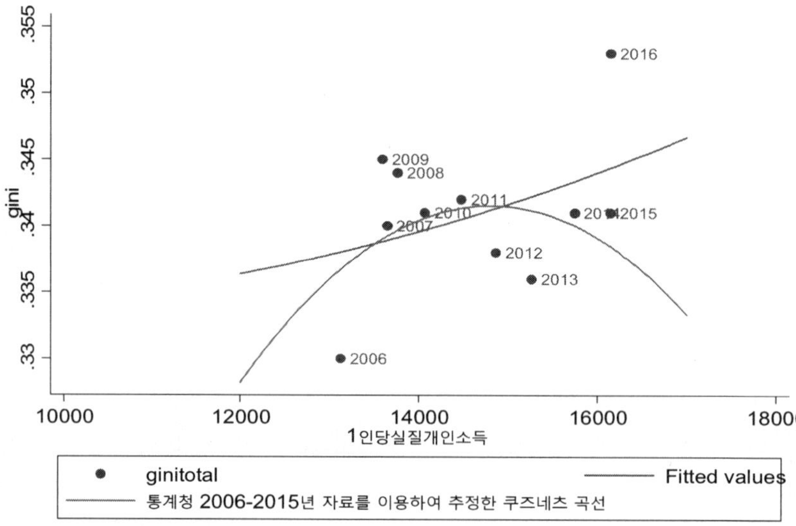

주: 조재호(2018), 출처: 통계청

〈그림 22-3〉 1인당 실질개인소득과 지니계수간의 관계(2000~2016)

소득불평등 정도를 입체적으로 확인하기 위해서 우리나라 7대 광역시의 지니계수를 도출하여 쿠즈네츠 곡선을 추정하였다. <그림 22-4>에서 실적치의 추정선(그림에서 'Fitted values'로 표시)을 보면 소득이 증가하면서 지니계수가 체증하는 현상을 확인할 수 있다. 추정결과 단순히 역U자 형태가 아니고 체감과 체증하는 파동 형태의 쿠즈네츠 곡선 형태를 띠고 있다.

이상 전국 자료를 이용한 <그림 22-3>와 지역별 자료를 이용한 <그림 22-4>를 비교해 볼 때, 우리나라의 소득불평등 정도가 악화되고 있다고 판단된다. 한편 2020년 발생한 코로나바이러스 사태 이후 자료를 수집해서 분석한다면 소득불평등이 더욱 심각하게 악화되어 곡선이 새로운 고점을 향해 가고 있을 것으로 판단된다.

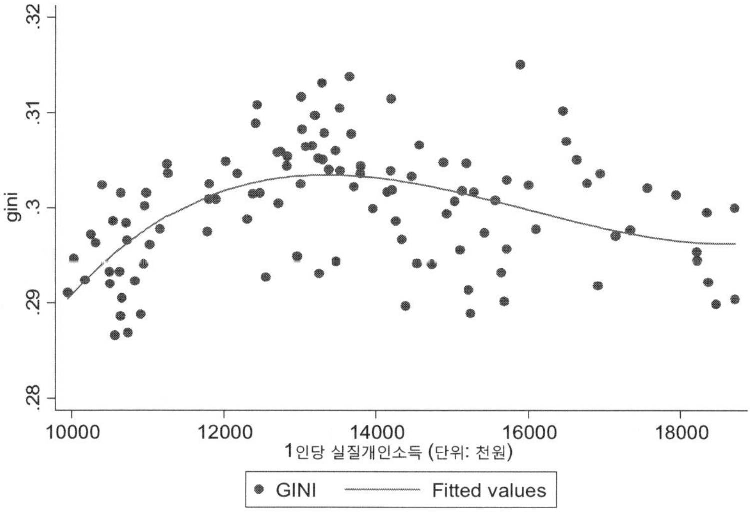

주: 조재호(2018), 출처: 통계청, Oxford Economics자료

〈그림 22-4〉 7대 광역시 자료를 이용한 쿠즈네츠 파동곡선

2. 소득불평등의 확대원인

20세기 초 경제학자 파레토(Pareto)는 80대 20법칙으로도 불리는 '파레토 법칙'을 주장하였다. 이는 소득의 상위 20%에 해당하는 사람이 전체 소득의

80%를 차지한다는 이론으로 개인 간 또는 시대 간 소득불평등 구조가 암묵적으로 존재함을 암시하고 있다. 파레토의 견해와 다르게 경제발전에 따라 소득분배의 구조가 달라질 수 있음을 체계적으로 주장한 사람은 앞에서 앞 절에서 소개한 쿠즈네츠이다. 쿠즈네츠의 주장을 바탕으로 단기적으로 발생하는 소득불평등의 확대 원인은 아래와 같이 경제발전, 국제화 그리고 소득 양극화 요인 등으로 구분하여 정리할 수 있다.

1) 경제발전과 소득불평등

경제발전 초기에는 물적 자본 축적이 성장의 주된 요인이 된다. 경제성장을 위하여 정부는 기업가 정신을 갖춘 기업가들의 자본 형성을 돕기 위해 정책지원을 할 수 있다. 이러한 시도가 성공하여 경제가 성장하면 신흥 자본가 그룹이 형성되고, 소득불균형이 발생하기 시작한다. 경제가 더욱 발전하여 기업종사자들에게 안정된 임금을 제공한다면 중산층이 형성된다. 또한 인적자본이 경제성장의 주된 요인으로 작용할 때에는, 인적자본의 활용이 효과적으로 이루어지도록 정부가 저소득층에 대한 교육 및 직업교육 지원하게 된다면 이것이 소득불균형을 완화시키게 된다. 즉, 산업화 초기 과정에 있는 소득 불평등 정도는 처음에 증가하다가 산업화가 일정 수준을 지나면 다시 감소한다는 쿠즈네츠 가설(1955)이 발생할 수 있다.

'쿠즈네츠 가설'은 미국과 영국 등 일부 선진국에서 적용되고 있지만 개발도상국들에서는 쿠즈네츠의 가설을 입증하지 못하고 있다. Deininger and Squire(1996)의 주장에 따르면 역사적으로 소득불평등이 뿌리 깊은 라틴국가들에 대한 자료를 분석한 결과 국가별로 역U자형 모양이 아닌 여러 형태의 쿠즈네츠 곡선이 도출됨을 밝혔다. 또한 Lempert(1987)는 역사적 측면에서 인구, 경제정책, 소득불평등 추이변화를 동시에 분석하면 쿠즈네츠 곡선은 역U자형 같이 단순한 곡선형태가 아니고 시간에 따라 변화하는 나선구조(helix) 형태와 같다고 주장하였다.

2) 국제화와 소득불평등

21세기 이후 국가 간 추진되고 있는 국제화와 시장의 확대를 통한 세계화의 전개는 기업들에게 다양한 사업의 발전 기회를 제공하고 있다. 국제화에 따른 이득은 균등하게 분배되지 않는다. 국제화에 참여하여 성공한 계층에게는 참여하지 않은 계층보다 더 큰 이득이 수반될 것이고, 참여하지 않은 계층도 있기 때문이다.

Lakner외(2015)와 Milanovic(2016)는 지난 30여 년간 세계화가 진행되면서 국가 간 불평등 지니계수가 소폭 등락하고 있는데 이는 중국과 인도의 경제성장으로 중간 소득층(<그림 22-5>에서 'China's middle class' X 표시)이 증가하고 반면 선진국에서는 소득 중하위층(<그림 22-5>에서 'US low middle class' X 표시)의 소득이 정체되었기 때문이라고 주장하였다. 특히 Milanovic(2016)에 따르면 1988년부터 2008년 사이 세계 소득 상위 1% 계층의 소득이 급등하였고, 선진국의 소득 중하위층의 소득증가율은 평균적인 소득증가율보다 낮은 증가율을 기록하였다. 그는 선진국의 중하위층 정도의 소득 수준인 아시아 국가들의 중산층 소득(그림에서 X 표시)이 크게 증가하면서 세계 소득분위별 소득 증가분포 그림이 '코끼리 곡선' 형태로 나타난다고 주장하였다. 선진국 입장에서는 국제화를 통하여 소득 중하위층이 패배자로 남게 됨으로써 소득불평등도가 악화되었지만, 전 세계적인 경제를 고려한다면 국제화를 통하여 소득 불균형이 개선되었다고 주장하였다.

국가 간 소득의 불평등을 측정한 연구(Bourguignon & Morrison, 2002)에 따르면, 1820년부터 1992년까지 전 세계의 소득 지니계수(Gini coefficient)는 30% 증가하였다. 지니계수가 증가하였다는 것은 국가 간 부익부, 빈익빈이 심화되었다는 것을 의미한다. 최근 중국과 인도 경제가 성장하면서 전 세계 소득 불평등지표가 개선되고 있지만, 빈곤이 집중되어 있는 아프리카 지역의 상대적인 소득 불평등은 더욱 심화되고 있다.

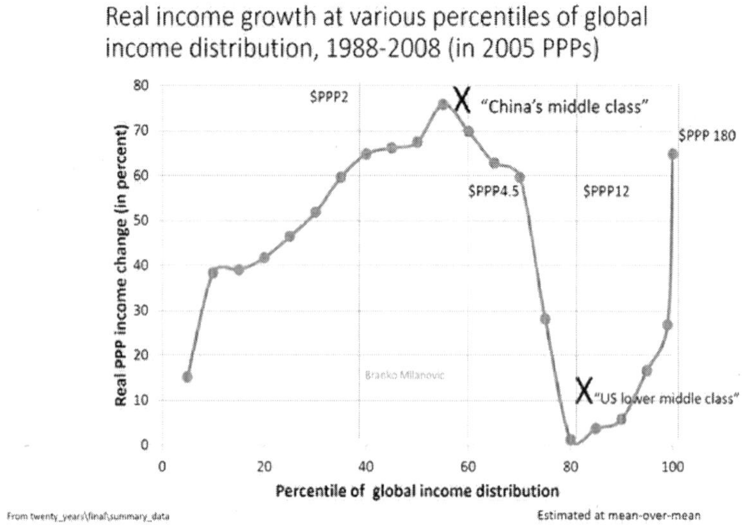

〈그림 22-5〉 코끼리 곡선

3) 소득양극화와 소득불평등

소득중위계층의 가구 수가 감소하고 소득 상위계층과 하위계층의 가구 수가 상대적으로 늘어나는 소위 소득의 양극화 현상이 발생하는 경우에는 지니계수 도출식((지니계수 = A / (A+B))의 분모의 증가보다는 분자가 상대적으로 더 많이 증가하여 지니계수가 상승하게 된다. 즉 소득양극화가 심화되면서 지니계수가 상승하여 소득불평등도 악화되게 된다.

통계자료에 따르면 2008년 금융위기 이후 지니계수는 완만하게 증가해온 것과 대조적으로 양극화 지수는 상당히 빠른 속도로 증가해왔으며, 이러한 양극화의 급진전은 주로 비근로소득에 의해 주도된 것으로 분석되었다. 또한 양극화의 진전에 따라 중산층의 비율은 전반적으로 감소되어 왔는데 중산층에서 이탈한 가구들은 저소득 집단과 고소득 집단 양방향으로 모두 상당 규모로 이동한 것으로 나타났다. 중산층이 이탈하면서 발생되는 소득양극화의 진전은 결과적으로 소득불평등을 악화시키게 된다. 따라서 소득양극화와 소득불평등은 상관관계가 매우 높다.

3. 소득불평등 해결 방안

소득불평등을 해소하기 위하여 중앙정부와 지방정부가 현실적으로 채택할 수 있는 정책의 선택은 제한적이다. 노동시장의 유연화, 최저임금 인상, 조세제도의 개편 등이 가능하지만 노동시장의 유연화와 조세제도 개편은 사회 구성원의 합의가 필요하기 때문에 점진적으로 추진되어야 할 정책과제들이다. 그러나 최저임금의 인상정책은 저소득층의 소득을 증대시켜 단기적으로는 지니계수를 개선시킬 수 있겠지만, 장기적으로는 물가상승을 유발하고, 일자리를 감소시켜 결국 실질소득 감소로 이어져 지니계수를 더욱 악화시키게 된다. 아울러 임금 상승은 실질환율의 상승으로 연결되어 결과적으로는 국가경쟁력을 하락시키게 된다.

최근의 소득불평등이 악화된 주된 원인은 지속되고 있는 저성장이다. 정부가 소득불평등을 개선하기 위하여 비교적 정책 수립이 쉽다고 판단되는 최저임금 상승에 집중하고 있지만, 정책의 부작용 측면에서 보면 일자리 창출전략이 더 우월한 전략이다. 일자리 창출은 정부나 시민단체가 하는 것이 아니고 기업이 하는 것이다. 그리고 저성장의 원인은 대내외적으로 기업의 활동이 위축되고 있기 때문에 발생한다. 기업들의 생산성이 높아지면 고용창출 능력이 높아지고, 일자리 창출도 가능하다. 기업의 성장동력이 살아나면 내수부족 문제도 해결되면서 새로운 투자도 활성화 된다. 따라서 기업가에게 기업가 정신을 확대시켜서 국제경쟁력을 갖출 수 있도록 정책적인 지원을 할 수 있는 전략을 우선적으로 고려해야 한다.

제23장_ 외환위기와 한국경제

외환위기가 발생하면 경제발전을 통해서 어렵게 축적한 국가의 부가 한 순간 사라지게 되기 때문에 국가경제에게는 나쁜 운에 해당된다. 외환위기가 발생하면 국가신용도의 하락은 물론 많은 기업들이 구조조정을 실시하며 외국 자본에 국내 기업이 헐값에 정리되는 일도 빈번히 발생한다. 외환위기를 발생시키는 공통요인으로는 지속적인 경제 불황, 과대평가된 환율, 누적된 경상수지 적자, 과다한 외환차입금 등이 있다. 외환위기는 주로 누적된 경상수지 적자의 결과이기에 국제수지 위기(balance of payments crisis)라고도 한다. 본 장에서는 외환위기 종류와 그에 따른 교훈에 대해서 서술한다.

1. 외환위기 종류와 특징

외환위기(currency crisis)란 중앙은행의 외환보유가 고달되어 환율을 유지할 수 없을 때 발생한다. 외환보유고가 감소했다는 사실은 외환시장에서 국내통화(예, 원화)를 사들이고 외국통화(예, 달러)를 공급했다는 것을 뜻한다. 외환보유고가 고갈되고 있다고 의심되는 중앙은행은 환투기 세력의 공격 대상이 된다. 투기세력의 공격이 시작되면 단기적인 투기성 외화자본이 급격하게 유출되면서 외환시장에서 국내통화를 투매하고 국제결제통화인 미국달러에 대한 수요가 급증하면서 달러표시 국내 원화 환율이 급등하는 현상으로 나타난다. 외환보유고 부족으로 시중의 자국화폐를 매수하지 못하면 환율을 방어하지 못하고 결국 급속하게 평가절하 되면서 외환위기가 발생한다. 급속한 화폐의 평가절하는 국내 증권, 건물 등의 국제가격 폭락으로 이어진다.

최근 세계경제가 경험한 외환위기 중에서 대표적인 것은 1980년대 초반의 중남미 외환위기, 1990년대 초반의 유럽 외환위기, 그리고 1997년 동아시아 외환위기이다. 일련의 외환위기를 경험하면서 많은 연구자들이 외환위기의 발생 원인과 가능성 예측에 대한 연구를 활발히 진행하였다.

1) 제1세대 모형

제1세대 모형은 1970~1980년대 중남미 금융위기를 배경으로 만들어졌다. 당시 중남미 국가들은 과도한 재정적자에 따른 높은 인플레이션으로 인해 경제의 기초 여건(fundamental)이 손상된 상태였다. 환율을 안정적으로 유지하고 있는 상황에서 발생한 높은 인플레이션은 통화가치 하락에 대한 우려를 부추겼다. 반면 정부는 대외적으로 환율을 계속 안정적으로 유지한다고 약속했다.

재정적자를 충당하기 위해서 화폐를 추가 발행하면 결과적으로 인플레이션을 유발시키고 환율 안정을 더욱 어렵게 한다. 이러한 상태가 지속된다면 대외적으로 환율 안정 보장이 불가능해진다. 결과적으로 통화를 추가 발행하려는 국내정책과 환율을 안정적으로 유지하려는 대외 정책 간의 불일치가 발생하게 된다. 이를 탐지한 환 투기세력은 안정적으로 유지할 수 없다고 판단한 그 나라 화폐를 외환시장에 대량 공급함으로써 평가절하를 유도한다. 해당 국가들은 환율방어를 위하여 보유한 외환을 이용하여 자국의 화폐를 급격히 회수하지만, 환 투기세력의 투매를 막기에 외환보유고가 부족할 경우에는 환율 방어에 실패하게 된다. 외환위기를 경험한 멕시코 사례를 보면 당시 피해 규모를 확인할 수 있다. 1994년 1월 멕시코 중앙은행의 외환보유고는 270억 달러였다(출처: Banco de México, http://www.banxico.org.mx). 외환위기 이전 환율방어를 위해 1년 동안 210억 달러를 사용함으로써 그해 12월에는 외환보유고가 60억 달러로 급격히 감소하였다. <그림 23-1>은 외환위기 당시 멕시코 화폐의 급격한 평가절하 흐름을 보여준다.

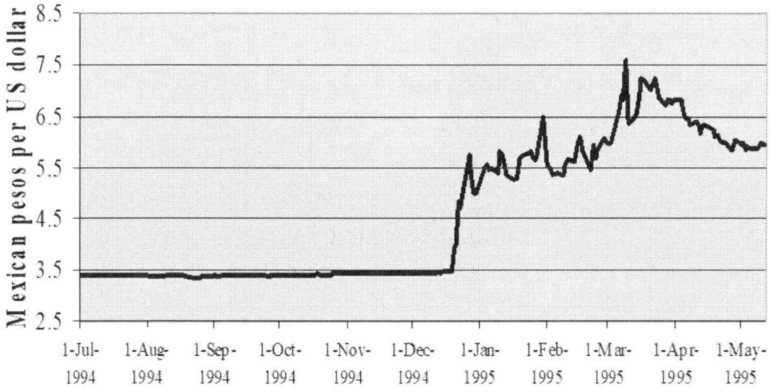

Source: Saint Louis Federal Reserve

〈그림 23-1〉 멕시코 외환위기 당시의 페소화의 흐름

2) 제2세대 모형

제2세대 위기모형은 1990년대 초반 유럽 금융위기를 배경으로 만들어졌다. 당시 유럽 국가들은 독일 마르크화 중심의 유럽통화시스템(EMS, European Monetary System)을 만들어 유럽공동체 통화의 안정을 추구했다. 1990년 동서독 통합에 따른 독일의 통화량 확대정책으로 통화가치 하락에 대한 기대심리를 부추기면서 안정적으로 운영되었던 EMS시스템에 균열이 발생했다. 경제력이 취약한 국가들 사이에서는 EMS체제 내에서 자국의 통화가치가 고평가 되었다고 주장하기 시작했다.

환 투기세력들은 자국의 화폐가치가 고평가 되었다는 주장하는 국가들의 통화가 곧 평가절하를 할 것으로 예상하고 이들 국가들에 대한 투기적 공격에 나서게 되었다. 경제적으로 취약해서 EMS시스템을 지속적으로 적용하기 어렵다고 주장하는 국가(영국)는 곧 평가절하를 할 수밖에 없다고 예상되어

환 투기자들에게 공격 빌미를 제공하였으며, 경제적으로 체질이 튼튼하여 현재의 환율을 충분히 유지할 수 있다고 주장하는 국가(프랑스)는 투기자 공격에서 제외될 수 있었다. 취약하다고 판단되는 국가들에 대한 투기자 공격이 시작되면서, 체질이 약한 국가들만 투기자 공격의 대상이 되었다고 해서 자기실현적인(Self-Fulfilling Effect) 외환위기모형이라고 한다. <그림 23-2>는 외환위기를 겪은 영국이 EMS 시스템에서 탈퇴하면서 영국 화폐 파운드화가 독일 마르크화(DM)에 대하여 급격하게 평가절하를 실시하였다는 것을 보여준다.

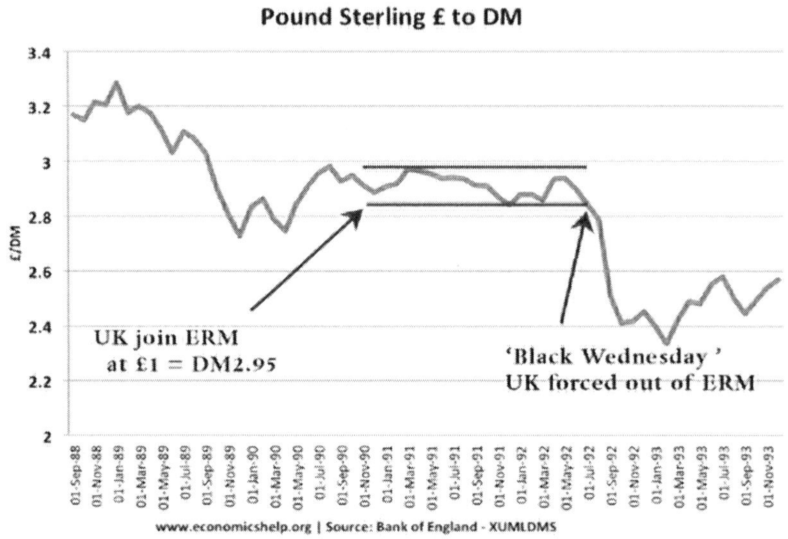

〈그림 23-2〉 영국 화폐 파운드화의 흐름

3) 동아시아 외환위기 모형

미국 경제학자 크루그먼은 1994년 '아시아 기적의 신화'라는 글을 통해 아시아의 경제성장은 기술 진보와 생산성 향상에 의해서가 아니라 노동과 자본의 투입증대에 의해 이뤄졌는데, 요소 투입증대가 한계에 달해 아시아의 성장도 곧 끝날 것이라고 지적했다. 당시 아시아 경제를 낙관하던 때에 그의 지적은 많은 논란을 불러일으켰으며 실제로 향후 동아시아 국가들의 화폐

가치가 평가절하를 피할 수 없다는 전망으로 외국인 투자자들의 자금이 유출되기 시작하여 1997년 아시아는 외환위기를 겪었다.

1997년 7월 태국 바트화 폭락에 이어서 필리핀 페소의 폭락 등이 나타나면서 아시아 전역으로 외환위기가 확산되었고 한국의 경우 정부가 모든 수단을 동원해서 환율방어를 위해 외환시장에 개입하였으나 외화유동성 부족으로 결국 국가부도 상황에 직면하게 되었다. 이에 따라 한국정부는 1997년 12월 국제통화기금(International Monetary Fund)[33]에 구제금융 양해각서를 체결하여, 국제통화기금으로부터 195억 달러, 세계은행(IBRD)과 아시아개발은행(ADB)으로부터 각각 70억 달러와 37억 달러를 지원받아 외환위기를 가까스로 넘겼다. <그림 23-3>은 당시 외환위기를 겪은 아시아 국가들의 통화가치 흐름을 보여준다.

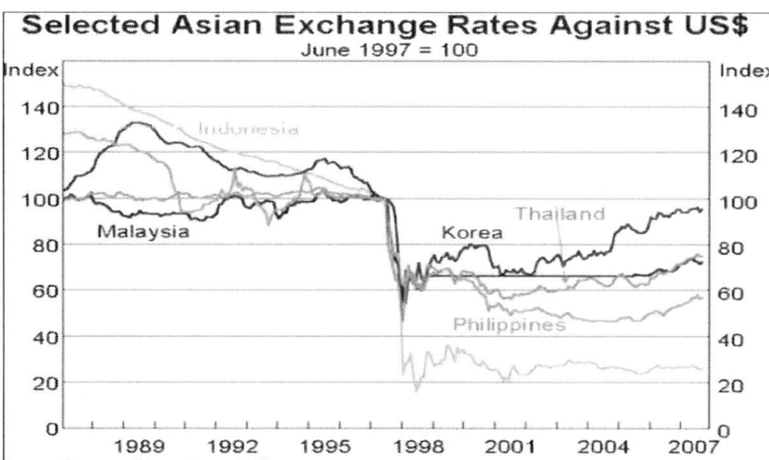

〈그림 23-3〉 아시아 국가들의 화폐흐름

당시 동아시아 국가들의 경제성장률은 여전히 높았고 인플레이션 또한 적정한 수준에서 관리되고 있었다. 한국 또한 1997년 전까지만 하더라도 직전 3년간 8.8%·8.9%·7.2% 등 높은 경제성장률을 유지했다. 재정적자 또한 문제

33) IMF(International Monetary Fund, 국제통화기금)란 특정 국가에 달러가 부족할 경우 달러를 빌려주는 기구이며, 각 선진국들이 일정량 기금 형태로 출자해 기금을 조성한다.

될 여지가 없는 상황에서 외환위기가 발생하였다. 이는 국내외 경제정책의 불일치로 설명하는 1세대 모형, 자기실현적 효과로 분석하는 2세대 모델로 설명이 불가능하기에 동아시아 외환모형으로 구분된다.

한국의 외환위기의 원인에 대해 보다 자세히 설명하면 다음과 같다. 1986년 일본은 플라자 합의로 인해 엄청난 엔고 현상을 맞게 되면서 한국의 수출 경쟁력이 높아졌고, PC 반도체 수요의 증가에 따라 수출 활황을 맞게 되었다. 이에 대해서는 앞에서 우리나라 3저 현상을 설명하였듯이, 엔화가치 상승은 상대적으로 원화가치 하락을 의미하고, 수출이 확대되면서 국내투자가 확대되었다.

국내 투자자금이 필요하다 보니 국내 고금리 대출(두 자릿수 금리)보다는 해외 저금리 달러 대출(부채)을 많이 받게 되었다. 당시 외채는 종합금융사를 통해 조달받았으며 단기로 달러 부채를 받은 뒤 국내 기업에 장기 부채로 대출해주었다. 또한 한국은 관리변동 환율제를 사용했는데 원 달러 환율이 거의 800원대에서 유사한 수준으로 높게 유지되고 있었다.

1995년 4월 일본이 역 플라자 합의로 엔화 약세를 국제사회로부터 약속받고 급격한 엔화 약세 기조로 변하면서 한국의 수출 경쟁력이 약화되었다. 또한 반도체의 가격이 하락하여 한국의 수출 규모가 축소됨과 동시에 달러 부채의 상환 압박이 본격 시작되었다.

1997년 당시 동남아 국가들이 하나 둘 상황이 어려워지는데 중국의 급격한 위안화 절하를 통해 동남아 국가에서 외국인 투자자금이 이탈하였다. 한국 역시 전망이 어두워 기업들이 하나 둘 파산하는 상황에 외국인 자금이 이탈하기 시작하면서 달러 부족, 원화 환율 급등을 겪게 되었다. 달러가 유출되면서 동시에 기존 800원대의 환율을 유지하기 위해 국가 외환보유고의 달러를 계속해서 시장에 공급해야 하는데, 결국 이를 방어하지 못한 채 외환보유고가 바닥을 보였고 최종 IMF에 구제 금융을 요청하게 된 것이다. 요약하면, 한국의 외환위기 원인은 동아시아 외환위기와 유사하게 기업부문의 과잉투자, 금융부문의 취약성에 따른 과도한 단기차입으로 판단된다.

외환위기를 경험한 국가들은 공통적으로 성장률 하락, 실업률 상승, 금융시스템 붕괴 등을 초래하였고, 외환위기로 인한 사회 및 경제적 혼란의 극복을 위해 많은 시간과 비용을 소모하였다. 그러나 우리나라의 경우 비교적 빠른 시일에 외환위기를 극복할 수 있었다. 이미 제18장에서 지적하였듯이, 외환위기 발생으로 원화가치 급격한 상승은 수출주도형 경제정책으로 수립된 우리나라 주력 수출품인 반도체, 철강 및 선박과 자동차의 가격경쟁력을 향상시키면서 수출이 늘어나게 되었다.

또한 정부도 국제통화기금으로부터 이행을 약속한 긴축재정, 금융 및 은행부문의 건전성 제고, 자유변동환율제도 채택, 산업구조와 기업지배구조의 개혁, 전면적인 자본자유화 조치 등 일련의 정책을 시행하였다.

정부의 강력한 구조조정, 주력 산업의 수출 증대 그리고 금융시장의 전면적인 개혁을 통해 예정보다 훨씬 빠르게 2001년 국제통화기금으로부터 받은 구제 금융을 모두 상환할 수 있었으며 외환위기를 극복하였던 것이다.

2. 코로나19와 국제협력

21세기에 전염병이 창궐해서 세계경제에 직접적으로 악영향을 미칠 것으로 예측한 학자는 없었다. 2019년 발생한 신종 코로나바이러스 감염증(코로나19)으로 전 세계가 많은 희생자를 낳고 있고 경제활동이 멈추면서 세계경제마저 위기를 맞고 있다. 세계경제의 불확실성이 증대되면서 초기에는 전 세계 주식시장이 폭락하였지만 시간이 지나면서 반등하였다.

한국경제도 예외는 아니었다. 국내에 투자된 해외자금의 대량 유출이 예상되면서 금융시장이 불안해 지고 곧 외환위기가 발생할 것이라는 우려에 원화 환율이 2020년 3월 한때 달러 당 1,285원까지 상승하였다. 이후 전혀 예상치 못했던 한국-미국 간 600억 달러 규모의 통화스와프가 체결되면서 급등하던 환율이 안정되고, 주식시장 역시 폭락장에서 다시 반등하게 되었다.

미국은 통화 스와프를 통해 각국의 중앙은행들이 미국 국채를 팔아 현금화하지 못하도록 선제적으로 달러를 발행해서 각국의 중앙은행들에게 공급함으로써 자국의 금리를 낮추려는 의도도 있었다. 결국 미국의 노력에 힘입어 미국의 채권 시장은 다시 안정을 찾았고, 우리 경제도 예상치 못한 통화스와프를 받으면서 환율이 안정되고 외환위기에 대한 우려가 사라지게 되었다. 이는 코로나19와 같은 사상 초유의 세계경제의 나쁜 운도 국제적 협력으로 극복할 수 있음을 보여 주는 좋은 사례가 되고 있다.

신종 코로나바이러스 감염증 사태 이후 한국경제도 수출 부진 등으로 당분간 경기침체를 경험할 것으로 예상된다. 그러나 이러한 침체는 전 세계적인 현상으로 다행스럽게도, 앞에서 지적한바와 같이 우리 창업자들이 이룩한 튼튼한 제조업 구조로 인하여 코로나19 이후 우리나라 경제 및 수출은 세계 주요기관으로부터 안정적일 것으로 평가받고 있다.

코로나19 이후 세계 경제 성장률은 당분간 둔화될 것이다. 그럼 전 세계 경제는 어떻게 변화할 것인가? 이에 대해 경제학자들의 견해(Rodrick 2020)를 정리하면 다음과 같다. 첫째, 정부의 역할이 확대될 것이다. 코로나19 사태는 위기대응에 대한 시장의 무능함과 국민 보호에서 정부 역량의 중요성을 부각시켰고, 이번 위기로 인해 보편적 건강보험, 보다 강력한 노동시장 보호책, 그리고 핵심 의료장비와 관련한 국내 공급망 보호 요구가 높아지게 됐다. 아울러 소득불평등과 경제적 불안정에 대한 대응에서 정부의 역할을 확대하여 더 활발한 국가 개입을 지향하고 있는 것은 분명하다. 정부의 역할 확대로 구시대적 통제정책의 회귀 가능성을 배제할 수 없지만 시장 경제 중심으로부터의 이탈이 녹색 경제, 양질의 일자리 그리고 중산층 재건에 초점을 맞춘 보다 포용적 형태를 띌 수도 있다.

둘째, 초세계화(hyper-globalism) 퇴보이다. 코로나19 이후 국내 생산 및 글로벌 밸류체인(가치사슬)의 붕괴에 따라 야기된 대규모 공급 충격으로 경제적 손실이 발생하였기 때문에 각국으로 하여금 글로벌 아웃소싱을 통한 비용절감과 효율성보다 생산의 탄력성과 신뢰성에 우선순위를 두도록 할 것이다. 아울러 세계화 퇴보는 무역전쟁을 격화시키고, 인종-민족주의를 고양시킬 수 있지만 세계 공중 보건, 국제적 환경 합의 등의 국제 협력이 진행될 것으로 예상된다.

3. 외환위기와 통화스와프의 필요성

코로나19 이후 미국에서 제공한 통화스와프(currency swap)는 외환위기에 직면했던 국가들에게는 그 중요성을 다시 한 번 강조하게 되었다. 통화스와프는 국가 간 단기적인 자금 융통을 행하기로 하는 계약이다. 국가 간의 통화스와프 협정은 필요할 때 두 나라가 자국 통화(예: 원화)를 상대국 통화(예: 달러)와 맞교환하는 방식으로 이루어진다. 경제학적 리스크를 대비하기 위해서 국가 간 통화스와프를 체결하면 급박하게 외화가 필요할 때 해당하는 한도 안에서 자국 통화를 상대국 통화로 교환할 수 있다. 따라서 지나치게 많은 외화를 묶어두지 않고도 유사시 불을 끌 정도의 외화를 구할 수 있게 된다.

우리 경제는 과거 미국과 일본 등 많은 국가들과 수차례 통화스와프 거래를 체결한 경험이 있다. 그러나 통화스와프를 맺는다는 건 상대적으로 국력이 약한 나라가 국력이 강한 나라에 경제적으로 종속되는 것과 같은 느낌이 있으며, 이를 정치적 목적으로 사용될 우려도 있다. 실제로 한·일간 독도 및 위안부 소녀상 등의 정치문제로 양국 간 통화스와프가 중단되었다.

최근 미국의 트럼프 정부와 중국의 시진핑 정부 간 무역마찰로 중국의 외환위기 위험이 증대될 때, 중국과 일본은 신속하게 움직였다. 오랜 된 역사적 갈등과 센카쿠열도(중국명 댜오위다오) 국유화로 인해 양국 관계가 급속히 냉각된 상태에서도 2018년 중·일 30억 달러의 통화스와프를 새롭게 체결하였다. 중·일간 발생한 이러한 흥미로운 현상은 국제금융시장에서 자국의 경제를 위해서는 영원한 적이 없음을 보여주는 사례이다. 우리에게도 이러한 지혜가 있기를 기대해 본다.

제24장_ 부(富)의 창출을 위한 규칙들

국가 경제를 호수로 비유한다면 저수량이 많은 호수를 부자 국가로, 저수량이 적은 호수를 가난한 국가로 구분할 수 있다. 한 국가의 부(富)의 크기는 호수에 담겨있는 물의 양으로 비유된다. 호수의 물 수위가 평형을 이루는 순간은 드물다. 호수의 수면은 때로는 올라가고 때로는 내려가며 항상 변한다. 물을 풍부히 저장한 국가는 다른 나라 경제를 지배하거나 영향을 주게 된다. 한편 물을 충분히 저장하지 못한 국가는 다른 나라의 경제력에 의지해야 한다.

아담 스미스는 그의 저서 국부론(1776)에서 국가의 부를 축적시킬 수 있는 과학적 처방을 주장하였다. 과학적인 처방이란 용도에 맞게 투입물(input)을 넣으면 일정하게 산출물(output)이 발생한다고 기대한다. 아담스미스의 주장에 따르면 국가는 평화, 까다롭지 않은 조세, 사법 행정을 통한 사회정의 구현 등만을 제공하고 나머지는 개인에게 맡기면 그 국가는 번영하게 된다는 것이다. 국가의 번영은 그 나라의 천연자원도 아니고, 문화적 자산도 아니며, 권력의식이나 경제적 정치적 희생정신도 아니고, 심지어 군사적 용기도 아닌 제도라는 것이다(Bernstein, 2004).

아담 스미스의 국부론이 발간된 후 250년이 지나는 세월 동안 그의 과학적인 처방에 입각한 시장경제를 채택한 서양 선진국들은 경제적으로 번창하였으며, 아시아에서는 일본과 홍콩 그리고 한국이 뒤늦게 시장경제를 채택하여 경제적 번영을 누리고 있다. 이에 따라 시장경제 제도가 국가 번영의 원천이라는 것이 분명해 졌다.

본 저서에서는 정부와 기업가들의 기업가 정신이 한국경제 성장에 어떻게 영향을 미쳤는지 이론과 사례를 통하여 분석하였다. 한국은 체계적인 경제개발 정책을 실행한 1960년대부터 1980년대까지 고도 경제성장을 기록하였다. 그리고 1990년대 이후에도 비교적 높고 안정적인 경제성장률을 유지하고 있다. 고도 경제성장을 경험한 개발도상국들이 지속적으로 높은 경제성장률을 유지하는 경우는 흔치 않으며, 한국이 유일하다고 앞서 서술하였다.

이러한 한국경제 업적을 바탕으로 아담스미스가 제시한 국가의 부(富)의 창출을 위한 과학적 처방을 정리해 본다. 이미 그 처방이 한국경제 성장을 통해 검증된 것이기에 다른 개발도상국들에게도 동일하게 적용할 수 있다고 판단된다.

국가경제가 번창하기 위해서는 첫째로, 뚜렷한 비전을 제시할 수 있는 잠재력이 풍부한 리더십이 필요하다. 경제개발을 창조해야 하는 개발도상국의 리더십은 선진국보다 더 많은 노력과 희생이 필요하다. 리더십의 역할은 정원사가 화초를 대하듯 경제에 가장 적합한 성장환경을 만들어 주는 것이다. 특히 개발도상국의 리더십은 경제적 환경 조성이외 추가적으로 경제개발 목표설정과 그에 따른 전략과 전술도 필요하다.

둘째, 국가는 가계나 기업과 같은 민간 주체에게 적절한 인센티브를 제공해야 한다. 민간주체가 추진하여 얻은 경제적 대가를 국가가 몰수하면 진보는 일어나지 않는다. 앞에서 서술하였지만 고려의 금속활자와 이조시대 도자기 산업에서 그 사례를 찾아볼 수 있었다. 한편 민간에게는 재산권의 보호가 선행되어야 하며, 인센티브가 지속될 수 있도록 사법 행정의 제도 확립도 필요하다. 그리고 국가가 민간 주체들의 노력의 대가를 너무 많이 거두어들이면 혁신 동력을 잃게 된다. 어느 정도가 적정한지는 사회적 합의에 의해서 결정되어야 한다.

셋째, 유능한 인재들이 민간 주체의 경제활동에 적극 참여되어야 한다. 교육을 통하여 인적자본을 축적하고, 취득한 지적 과학적인 지식이 충분히 활용되어져야 한다. 아무리 뛰어난 목수라 하더라도 못이나 톱 없이는 작업을 제대로 할 수 없는 것처럼, 노동자들의 값진 경험과 재능이 민간주체의 인적자본과 어우러져 생산성을 높여야 한다. 우리 노동자들과 기업이 베트남과 중동에 진출하면서 취득한 경험과 지식이 이후 국토개발과 경제개발의 밑바탕이 되었음을 기억할 필요가 있다.

넷째, 민간 주체들에게 적절한 인센티브와 지적인 도구를 가진 다음에는 자신들의 상품을 수출하고 교환하기 위해 다량의 금융자본과 시장을 얻을 수 있어야 한다. 이를 위해서는 자본을 가진 국가들의 신뢰를 얻을 필요가 있다. 이러한 측면에서 볼 때 부자 국가인 미국과 일본이 우리경제의 중요한 파트너가 되었다는 것은 우리에게 행운이었다.

마지막으로 새로운 상품을 생산하여 홍보하고 신속한 통신과 이 생산물을 나라전역에 전달할 수 있는 수송이 존재해야 한다. 일본에서 철도가 1872년 처음 개통된 이후 민간경제가 번창하였듯이, 한국도 1960년대 경부고속도로 건설로 경제성장을 가속하할 수 있었다. 또한 1988년 올림픽 대회의 성공적인 유치는 전 세계에게 우리나라 대외 이미지와 경제를 홍보하는데 크게 기여하였다.

국가 경제 발전을 위해서는 요약한 제도들 '재산권, 과학적 합리주의, 효율적인 자본시장, 현대적인 동력, 수송, 통신' 들이 구비되어야 한다. 그럼 경제성장을 추구하는 국가들에게 이들 제도들 중에서 무엇이 우선이 되어야 하는가? 제도 개선 즉, 지적 소유권 및 거래제도의 확립, 효율적인 수송 및 통신의 동력, 부패방지[34] 등이 반드시 경제성장에서 선결되는 조건은 아니다. 오히려 잘못 만들어진 제도가 경제발전에 장애가 될 수도 있다. 예를 들면, 부패가 만연한 상태에서 지적 소유권 제도만 확립하여 운영한다면 창업 기업가가 개발한 기술이 각종 부정부패로 인하여 효율적으로 보장받지 못하게 된다. 또한 지적 소유권 제도가 확립되지 않는 상태에서 시장 자유방임제도

34) Svensson(2005) 연구에 따르면 부정부패 정도가 심한 중국이 고도성장을 하고 있는 사례는 공공부문의 부정부패가 반드시 경제성장을 저해하지 않을 수도 있다는 것을 시사한다.

를 채택하여 기업의 시장 진입이 완전 허용되면 창업 기업가들이 개발한 신기술이 빠르게 복사되어 창업 기업가의 프리미엄이 사라지게 된다. 잘못 만들어진 제도 하에서는 생산적인 기업가 정신을 보장받지 못하게 되어 기업가 정신이 위축되면서 경제발전을 기대할 수 없게 된다.

과학적 합리주의, 금융자본시장, 효율적인 수송 및 통신의 동력 등이 충분히 갖춰져 있다하여도 국내시장에서 재산권이 확립되지 않으면 국가의 번영은 제한적일 것이다. 즉, 재산권 확립은 자유 시장경제의 필수조건이며 재산권 확립이 수립한 상태에서 나머지 제도들의 확립이 이뤄질 때 국가는 번영하는 것이다. 이것이 아담 스미스의 국부론이 우리에게 제시하는 국가의 부의 창출을 위한 규칙인 것이다.

본 저서를 마무리하면서, 마지막으로 한국경제의 성공 사례가 경제개발이론의 발전에 기여한 부분도 요약해 본다. 첫째, 한국이 수출주도형 경제정책으로 경제성장을 이룩함에 따라 내부지향 경제정책보다 우월하다는 것이 증명되었다. 특히 방글라데시의 'Desh' 회사의 성공사례는 수출주도형 경제정책으로 발전한 한국의 경험이 다른 개발도상국에게도 전파될 수 있음을 보여주는 좋은 사례이다. 둘째, 한국경제의 성공은 당시 유행하였던 내부지향 경제정책의 극단전인 선택인 종속이론(dependency theory)이 더 이상 개발도상국에 적용될 수 없다는 것을 확인시켜 주었다. 셋째, 국제무역이론에 따르면 자국은 비교우위가 있는 상품을 특화하여 교역하면 국제 분업의 이익을 얻을 수 있다고 한다. 한국은 경제개발 초기에 풍부한 인적 자원을 이용하여 경공업을 발전시켰지만, 이후 창업자들이 수립한 자본집약적, 기술집약적 산업이 주력산업이 되었다. 한국의 사례는 국제무역이론의 처방보다는 창업자들이 성공시킨 산업이 국가산업이 될 수 있음을 증명하였다. 넷째, 경제개발 초기 단계에서는 정부와 민간의 코디네이션이 중요하다는 것이 입증되었다. 한국은 소수 정예기업들이 정부와 민간의 협력 속에서 은근과 끈기로 대내외적인 역경을 극복하고 기술혁신을 통하여 세계시장에서 선전한 것이다.

국가가 이룩한 경제개발의 업적을 생산적으로 활용하는 것은 그 사회의 역량에 달려있다. 국내 여론이나 시민단체들이 정부의 리더십이나 기업가들을 비판하거나 그 업적을 폄하하였다면 국가의 에너지는 다른 곳으로 이전되었을 것이다. 만일 박정희 대통령 이후의 정부 정책이 철강산업 발전에 저해되는 정책을 세우거나 종사자들에게 불명예가 주어졌다면, 그리고 반도체산업, 자동차산업과 조선산업을 일으킨 기업가들이 재벌 독점이라는 불명예를 얻었다면 이에 따른 사회적인 결과는 심각하였을 것이다. 그러나 최근까지 우리에게 이러한 시행착오가 없었다는 것은 다행스러운 일이다. 우리 사회는 이들의 노고를 인정하고, 이들의 기업가 정신을 경제성장에 원동력으로 적극 활용함으로서 한국경제에 도약을 이루게 된 것이다.

왕성한 기업가 정신의 발휘만이 경제의 선진화를 가져올 수 있다는 것이 필자의 소신이다. 이를 위해 기업가 정신이 발휘될 수 있는 사회적 분위기가 조성되어야 한다. 그리고 과거 기적적인 경제발전을 이루며 우리나라 정부와 창업자들이 보여주었던 기업가 정신이 치열한 국제경쟁시대인 21세기에서도 후배 창업자들에 발현되어 다시금 국가경제 발전에 이바지하기를 희망한다.

_ 참고문헌

강광하·이영훈·최상오, 『한국 고도성장기의 정책결정체계』, 한국개발연구원, 2008.

강진구, 『삼성전자 신화와 그 비결』, 고려원, 1996.

김용삼, 『한국 자본주의의 개척자들』, 월간조선사, 2003.

권영배, 『한국의 베트남 파병이 국민경제에 미친 효과에 관한 연구』, 경성대학교 무역학과 석사학위논문, 1996.

박복영, 채 욱, 이제민, 이 근, 이상철, 『한국경제발전경험의 대(對)개도국적용 가능성 - 아프리카에 대한 시사점을 중심으로』, 대외정책연구원 (KIEP) 연구보고서 07-13, 2007.

송병락, 『한국경제의 길』, 박영사, 2006.

오원철, 『박정희는 어떻게 경제강국을 만들었나』, 동서문화사, 2006.

오원철, 『에너지정책과 중동진출』, 한국형경제정책연구소, 1997.

오원철, 『한국형 경제정책 (1) 』, 한국형경제정책연구소, 1995.

임원택 외 9인, 『한국경제의 이해』, 비봉출판사, 1987.

정주영, 『아 땅에 태어나서』, 솔, 1998.

정주영, 『시련은 있어도 실패는 없다』, 제3기획, 1991.

정주영, 『아산 정주영 연설문집』, 울산대학교, 1985.

현대중공업, 『현대중공업 30년사』, 현대중공업, 1992.

재무부·한국산업은행, 『한국외자도입 30년사』, 1993.

정성진, "한국전쟁, 베트남전쟁과 영구구비경제," 『경제와 사회』, 통권46호, 2000년 여름.

정홍식, 『한국IT정책 20년』, 전자신문사, 2007.

조남준, "三星電子의 巨大한 세계," 『월간조선』, 2002. 6.

조재호, “3저 효과와 경제정책 논쟁,” 『경제논집』, 서울대학교, 제33권 3호, 1994.

조재호, “울산경제의 장·단기 성장예측,” 『경제학 연구』, 제56권 제2호, 2008.

조재호, “베트남 파병과 한국경제성장,” 『사회과학연구』, 50집1호, 강원대학교 사회과학연구원, 2011.

조재호, “외국인직접투자가 울산경제에 미친 영향분석”, 『한국지역경제연구』, 제24집, 2013.

조재호, “아산 정주영, FDI 그리고 창조경제, ” 『경영사학』, 제28집 제2호, 2013.

조재호, “우리나라 7대 광역시 도시가구의 소득불평등에 대한 실증적 연구,”『지방정부연구』, 제21권 제4호, 2018.

조재호. “우리나라 7대 광역시와 세계 770개 도시 경쟁력 비교분석,” 『지역연구』, 제33권 4호, 2017.

황태경, 『한국 자본주의의 개척자들』, 월간조선사, 2003.

佐野孝治, “韓國經濟へのベトナム戰爭の影響,” 三田學會雜誌, 84券4号, 1992年1月.

朴根好, 韓国の経済発展とベトナム戦争, 御茶の水書房, 東京, 1993.

재무부·한국산업은행, 『한국외자도입 30년사』, 1993.

Acemoglu, Daron, Simon Johnson, and James A. Robinson, “The Rise of Europe : Institutional Change and Economic Growth,” American Economic Review, June 2005.

Amsden, Alice H., Asia''s Next Giant: South Korea and Late Industrialization, Oxford University Press, New York and Oxford, 1989.

Bai, Chong-en, Chang-Tai Hsieh, and Yingyi Qian, “The Return to Capital in China,” Brookings Papers on Economic Activity, 2006.

Baldwin, Frank, America's Rented Troops: South Koreans In Vietnam, BCAS, 1975.

Banerjee, Abhijit and Esther Duflo, “The Economic Lives of the Poor,” Journal of Economic Perspectives, 21(1), pp.141-167, 2006.

Baumol, William J., “Entrepreneurship: Productive, Unproductive, and Destructive,” Journal of Political Economy, vol.98, 1990.

Berkowitz, Daniel, Katharina Pistor, and Jean-Francois Richard, “Economic Development, Legality, and the Transplant Effect,” European Economic Review, 47(1), pp.165-195, February 2003.

Bernstein, William, The Birth of Plenty,Wiley, 2004.

Bosworth, Barry, and Susan M. Collins, “The Empirics of Growth: An Update,” Brookings Papers on Economic Activity, 2003: 2.

Bourguignon, F. and C. Morrison, “Inequality Among World Citizens”, American Economic Review, 92 (4), pp.727-744, 2002.

Broom. D, Canning D, and Sevilla J, "The Effect of Health on Economic Growth: Production Approach," World Development Vol.32, No 1, pp.1-13, 2004.

Cador, Olivier, Céline Carrère, and Vanessa Strauss-Kahn, “Export Diversification: What''s behind the Hump?” November 2007.

Caselli, Francesco, "Accounting for Income Differences Across Countries," chapter 9 in the Handbook of Economic Growth Vol. 1A, P. Aghion and S. Durlauf, eds., North Holland, 2005.

Celasun, Merih, and Dani Rodrik, "Debt, Adjustment, and Growth: Turkey." InSachs and S. Collins(eds.), Developing Country and Economic Performance, Vol.3, Country Studies: Indonesia, Korea, Philippines, Turkey, University of Chicago Press, 1989.

Chaudhury, Nazmul; Hammer, Jeffrey; Kremer, Michael; Muralidharan, Karthik; and Rogers, F.Halsey, "Missing in Action: Teacher and Health Worker Absence in Developing Countries," Journal of Economic Perspectives, 20:1, pp.91-116, Winter 2006.

Chen, Shaohua, and Martin Ravallion, "How Have the World"s Poorest Fared since the Early 1980s," The World Bank Research Observer, vol. 19, no. 2, Fall 2004.

Cho, Jae Ho, "External Debt and Policy Controversy," Southern Economic Journal, Vol 62, No 2, 1995.

Dasgupta, Partha and Debraj Ray, "Inequality as a Determinant of Malnutrition and Unemployment: Theory," The Economic Journal, Vol. 97, pp.1011-1034, 1986.

Deaton, Angus, "Global Patterns of Income and Health: Facts, Interpretations, and Policies", WIDER Annual Lecture, September 2006.

Deaton, Angus, "Income, Health, and Wellbeing around the World: Evidence from the Gallup World Poll," Journal of Economic Perspective, Vol. 22, No.2, pp.53-72, Spring 2008.

Deininger, K., and Squire, L. "A New Data Set Measuring Income Inequality," The World Bank Economic Review, Vol. 10, No. 3: 565-591, 1996

DeLong, Brad, ""India since Independence: An Analytic Growth Narrative," in Dani Rodrik, ed., In Search of Prosperity: Analytic Narratives of Economic Growth, Princeton, NJ, Princeton University Press, 2003.

Easterly, William, The Elusive Quest For Growth, The MIT Press, 2001.

Easterly, William, Michael Kremer, Lant Pritchett and Lawrence H. Summers, "Good Policy or Good Luck? Country Growth Performance and Temporary Shocks," Journal of Monetary Economics 32(3), pp.459-483, 1993

Edward Miguel and Michael Kremer, "Worms: Identifying Impacts on Education and Health in the Presence of Treatment Externalities," Econometrica 72(1), pp.159-217, January 2004.

Ekanayake, E.M., and Chatrna, Dasha, "The Effect of Foreign Aid on Economic Growth in Developing Countries," Journal of International Business and Cultural Studies, Vol. 3, 2010.

Feeny, S. and M. McGillivray, "Aid Allocation to Fragile States: Absorptive Capacity Constraints," Journal of International Development, vol.20, no.7, pp.1031-1050, 2008

Fieldhouse, D.K., The West and the Third World: Trade, Colonialism, Dependence, and Development, Blackwell Publishers, Malden Massachusetts, 1999.

Fieldhouse, Black Africa 1945-1980: Economic Decolonization and Arrested Development, London, 1986.

Glaeser, E., R. La Porta, and F. Lopez-de-Silanes, and A. Shleifer, "Do Institutions Cause Growth?"Journal of Economic Growth, September, 2004.

Jones, Charles I., Introduction to Economic Growth, W.W. Norton, 2002, chaps. 2, 3, and 8.

Hall, Robert E. and Charles I. Jones, "Why Do Some Countries Produce So Much More Output Per Worker Than Others?" The Quarterly Journal of Economics 114, pp.83-116, 1999.

Hausmann, Ricardo, Lant Pritchett, and Dani Rodrik, "Growth Accelerations," Journal of Economic Growth, 10(4), pp.303–329, December 2005.

Hausmann, Ricardo and Dani Rodrik, "Economic Development as Self-Discovery," Journal of Development Economics, December 2003.

Hausmann, Ricardo, Jason Hwang, and Dani Rodrik, "What You Export Matters," Journal of Economic Growth, 2007.

Hoff, Karla and Joseph Stiglitz, "Modern Economic Theory and Development," in G.M. Meier and J.E. Stiglitz, eds., Frontiers of Development Economics, New York, Oxford University Press, pp.389-459, 2001

Holcombe, Randall, "Entrepreneurship and Economic Growth" Quarterly Journal of Austrian Economics Vol.1, No.2, 1998.

Hsieh, Chang-Tai and Peter Klenow, "Relative Prices and Relative Prosperity," American Economic Review, June 2007.

Hsieh, Chang-Tai and Peter J. Klenow, "Misallocation and Manufacturing TFP in China and India," NBER Working Paper No. 13290, August 2007.

Imbs, Jean, and Romain Wacziarg, "Stages of Diversification," American Economic Review, 93(1), pp.63-86, March 2003.

Jensen, Robert T. and Nolan Miller, Do Consumer Price Subsidies Really Improve Nutrition? Kennedy School Working Paper No. RWP 08-025, 2008.

Johnson, Simon, John McMillan, Christopher Woodruff, "Property Rights and Finance," The American Economic Review, Vol. 92, No.5, 2002.

Jones, B. and Olken, B., "The Anatomy of Start-Stop Growth," The Review of Economics and Statistics, 2007.

Kaufmann, Daniel, Aart Kraay, and Massimo Mastruzzi, "Governance Matters VI: Governance Indicators for 1996-2006," World Bank, July 2007.

Kirzner, Israel M., Perception, Opportunity, and Profit Studies in the Theory of Entrepreneurship, The University of Chicago Press, 1979.

______, Competition and Entrepreneurship, The University of Chicago Press, 1972.

Knight, Frank H., Risk, Uncertainty, and Profit, Hart, Schaffner & Marx; Houghton Mifflin Company, 1921.

Kochhar, Kalpana, Utsav Kumar, Raghuram Rajan, Arvind Subramanian, and Ioannis Tokatlidis,

"India"s Pattern of Development: What Happened, What Follows," NBER Working Paper 12023, February 2006.

Kortum, Samuel and Josh Lerner, "Assessing the Contribution of Venture Capital to Innovation," The Rand Journal of Economics, Vol.31, No.4. 2000.

Kuznets, "Economic Growth and Income Inequality." The American Economic Review, 45(1): 1-28, 1955.

Lakner, C and Milanovic, B. "Global Income Distribution: From the Fall of the Berlin Wall to the Great Recession," The World Bank Economic Review: 1-30, 2015.

Lau, Lawrence J., Yingyi Qian, and Gerard Roland, "Reform Without Losers: An Interpretation of China's Dual-Track Approach to Transition," The Journal of Political Economy, Vol. 109, No. 1. pp.120-143, 2000.

Lempert, David, "A Demographic-Economic Explanation of Political Stability: Mauritius as a Microcosm," Eastern Africa Economic Review, Vol 3: 77-90, 1987

Lin, Justine, "Economic Development and Structural Change," Lecture, Cairo University, Cairo, Egypt. November 2009.

Lucas, Robert, "Why Doesn't Capital Flow from Rich to Poor?" American Economic Review 80, pp.1-13, 1990.

Maddison, Angus, The World Economy: A Millennial Perspective, OECD Development Centre, Paris, OECD, 2001. North-Holland, 2009.

Mankiw, N. Gregory, David Romer, David N. Weil, "A Contribution to the Empirics of Economic Growth," The Quarterly Journal of Economics, 107(2), pp.407-437, May, 1992.

Matsuyama, Kiminori, "Agricultural Productivity, Comparative Advantage, and Economic Growth," Journal of Economic Theory, pp. 317-334, December 1992.

Milanovic, Branko, Global Inequality: A New Approach for the Age of Globalization. Harvard University Press, 2016

Murphy, Kevin M., Andrei Shleifer, and Robert W. Vishny, "Industrialization and the Big Push," Journal of Political Economy, Vol. 97 (5), pp.1003-26, 1989.

North, Douglass C., Institutions, Institutional Change and Economic Performance, New York, Cambridge University Press, 1990.

Obstfeld, Maurice, "International Finance and Growth in Developing Countries: What Have We Learned?" Commission on Growth and Development, Washington, DC, 2008.

Oded Galor and Andrew Mountford, "Trading Population for Productivity: Theory and Evidence," Review of Economic Studies, 75(4), pp.1143-1179, October 2008.

Olson, Mancur, "Big Bills Left on the Sidewalk: Why Some Nations Are Rich, and Others

Poor." Journal of Economic Perspectives, vol. 10, no. 2, 1996.

Pande, Rohini and Chris Udry, "Institutions and Development: A View from Below", forthcoming in the Proceedings of the 9th World Congress of the Econometric Society, edited by R. Blundell, W. Newey, and T. Persson, Cambridge University Press.

Papaioannou, Elias and Gregorios Siourounis, "Initial Factors Behind the Third Wave of Democratization," Working Paper, 2007.

Pritchett, Lant, "Divergence, Big Time," Journal of Economic Perspectives, p.3-17, Summer 1997.

Qian, Yingyi, "How Reform Worked in China," in D. Rodrik, ed., In Search of Prosperity: Analytic Narratives of Economic Growth, Princeton, NJ, Princeton University Press, 2003.

Qian, Yingyi, "The Process of China's Market Transition (1978-1998): The Evolutionary, Historical, and Comparative Perspectives." Journal of Institutional and Theoretical Economics, 156(1), pp.151-171, March 2000.

Ray, Debraj, "Development Economics" Princeton, NJ: Princeton University Press, pp.272-279, 1998.

Rodrik, Dani, "Getting interventions right: how South Korea and Taiwan grew rich." Economic Policy, Vol. 10 Issue 1, pp.55-107, April 1995.

Rodrik, Dani and Arvind Subramanian, "From 'Hindu Growth' to Productivity Surge: The Mystery of the Indian Growth Transition," IMF Staff Papers, vol. 52, no.2, 2005.

Rodrik, Dani, Arvind Subramanian, and Francesco Trebbi, "Institutions Rule: The Primacy of Institutions over Geography and Integration in Economic Development" Journal of Economic Growth, vol.9, no.2, June 2004.

Rodrik, Dani, "Where Did All the Growth Go? External Shocks, Social Conflict and Growth Collapses," Journal of Economic Growth, December 1999.

Rodrik, Dani, "Growth after the Crisis," September 2009.

Rosenstein-Rodan, Paul N., "Problems of Industrialization of Eastern and South - Eastern Europe", Economic Journal, 1943.

Salim Uddin & Mohammed Abu Jahed. Garment Industry: A Prime Mover of the Socio Economic Development of Banladesh, The Cost and Management. Vol.35 No.1, 2007.

Schumpeter, Joseph A., Capitalism, Socialism, and Democracy, Harper & Brothers Publishers, New York, 1942.

Schumpeter, Joseph A. Economic Theory and Entrepreneurial History, Transaction publishers, New Brunswick and Oxford, (Reprinted from Change and the Entrepreneur, 1949, 63-84), 1949.

Simonsen, Mario Hanrique, "Price Stabilization and Income Policy: Theory and Brazilian Case Study." In Michael Bruno et al., (eds), Inflation Stabilization: The Experience of Israel, Argentina, Brazil, Bolivia, and Mexico, Cambridge: MIT press, 1988.

Subramanian, Shankar and Angus Deaton, "The Demand for Food and Calories," Journal of Political Economy, Vol. 104 (1), pp.133-62, 1996.

Svensson, Jakob, "Eight Questions about Corruption," Journal of Economic Perspectives, 19:3, pp. 19-42, 2005.

Timothy Besley and Maithreesh Ghatak, "Property Rights and Economic Development," in D. Rodrik and M. Rosenzweig, Handbook of Development Economics, vol. 5, North-Holland, 2009.

Todd, Daniel, The World Shipbuilding Industry, Taylor & Francis, 1985.

Weil, David, "Accounting for the Effect of Health on Economic Growth," Quarterly Journal of Economics, 2007.

Werlin, Herbert Ghana and South Korea: Lesson from World Bank case studies, Public Adminstration and Development, Vol. 11. pp.245-255, 1991.

Whyte, Martin King, "A Sociological Perspective on China's Development Record," Department of Sociology, Harvard University, November 2007.

World Bank, Growth in the 1990s Learning from a Decade Reform, 2005.

Young, Alwyn, "A Tale of Two Cities: Factor Accumulation and Technical Change in Hong Kong and Singapore," NBER Macroeconomics Annual, Cambridge, MA, MIT Press for NBER, 1992.

Zakaria, Fareed, The Future of Freedom: Illiberal Democracy at Home and Abroad, W.W. Norton & Company, 2003.